盾构隧道内部双层车道结构预制化设计技术

黄　俊　徐国平　李　勇　赵　光　著

科 学 出 版 社
北　京

内容简介

本书系统介绍了盾构隧道内部双层车道结构设计、施工等相关的工程技术问题。全书以双层车道结构预制化设计为主线，详细阐述了盾构隧道内部双层车道结构的设计、施工方法，对预制和现浇车道结构设计进行了充分的技术经济论证，对预制化设计进行了理论分析，重点介绍了“预制板+梁板节点后浇”和“预制板+支座”设计施工技术以及现场1：1模型试验和工程示范应用实践等一系列技术成果。预制化设计技术不仅可以应用于盾构隧道，而且可以结合钻爆法、明挖法、浅埋暗挖法等多种工法的大断面隧道特点进行推广应用。该技术对今后隧道的规划、设计、施工有一定的参考价值。

本书可供从事隧道与地下工程设计、施工、科研的工程技术人员和各大高校从事地下建筑、结构等专业的师生参考。

图书在版编目(CIP)数据

盾构隧道内部双层车道结构预制化设计技术／黄俊等著．—北京：科学出版社，2014.10

ISBN 978-7-03-042000-8

Ⅰ.①盾…　Ⅱ.①黄…　Ⅲ.①公路隧道-盾构（隧道）-结构设计
Ⅳ.①U459.2

中国版本图书馆CIP数据核字（2014）第223805号

责任编辑：杨向萍　张晓娟／责任校对：张小霞
责任印制：吴兆东／封面设计：陈　敬

科学出版社 出版
北京东黄城根北街16号
邮政编码：100717
http://www.sciencep.com
北京厚诚则铭印刷科技有限公司 印刷
科学出版社发行　各地新华书店经销
*
2014年10月第　一　版　开本：720×1000　1/16
2023年 3 月第三次印刷　印张：13 1/4
字数：265 000

定价：98.00元

（如有印装质量问题，我社负责调换）

序　　一

盾构法由于灵活性强、施工速度快、安全环保等优势已经在国内的隧道建设中大量应用。随着交通流量的增长，大直径盾构隧道数量也在近年来飞速增多。为满足交通功能，隧道内部空间利用率也逐步提升，双层车道结构在国内得到应用。我国在内部车道结构设计、施工等方面取得了诸多技术成果，但针对内部结构预制化设计的研究较少，总结性的专著目前尚属空白。

该书作为国内第一部系统阐述盾构隧道双层车道结构预制化设计的专著，依托南京市纬三路过江通道工程建设过程中的技术问题，介绍了双层车道结构现浇和预制的技术现状及发展，结合工程实践提出了多种预制化设计的方法，并通过试验和施工实践进行了验证。各章节的内容相对独立，又不可分割，实用性和参考性极强。对于国内隧道领域的预制化设计技术的推广应用有较强的指导性和借鉴性，对推动隧道结构预制化设计有较大的贡献，在今后隧道设计中应充分考虑和应用预制技术，实现隧道施工的标准化。

本人有幸参与了该书依托课题的评审和鉴定工作，同时，作为南京市纬三路过江通道工程的专家委员会委员，也见证了预制化技术在盾构隧道内的一次大胆尝试，效果非常好，对此感到由衷的高兴，建议工程技术人员应集思广益，将预制化技术在隧道设计中进一步总结提升并进行推广应用。

我将该书推荐给大家，希望对我国隧道预制化设计技术水平的提升有一定的推动作用，隧道设计的未来应该是预制和现浇技术的完美结合、和谐统一。

中国工程院院士

2014 年 8 月

序　　二

随着城镇化的快速发展，城市越江、跨海盾构隧道不断出现，解决了水下大直径隧道施工的技术难题，给城市交通基础设施建设提供了一种新的方法。城市功能需求的提供带来隧道断面不断加大，国外盾构隧道直径较大，内部采用双层车道结构，解决了城市路网多车道布置的问题。双层车道结构发展时间较短，实施的项目却越来越多，采用双层车道结构预制化设计的研究较少，系统性的专著目前未见。

该书系统研究了盾构隧道双层车道结构预制化设计技术，结合南京市纬三路过江通道工程双层车道结构设计施工技术问题，全面论述了双层车道结构现浇和预制技术现状、技术发展、设计方法等内容，并在项目中应用，取得了优质、经济、快速、高效的成果，得到了专家、业主和施工等各方的认可，是一项操作性强、实用的创新技术。隧道结构预制化是一个崭新的课题，可以在明挖基坑、钻爆法浅埋暗挖法隧道等领域进行深入研究，推动隧道结构预制化设计，实现隧道标准化施工。建议隧道工程技术人员通过目前不断出现的新型项目，充分论证、思考，在设计中将预制化技术进一步总结提升并进行推广应用。

该书可作为设计、施工技术人员的参考，通过本书的推广，将为我国隧道预制化设计技术的发展提供新的思路。

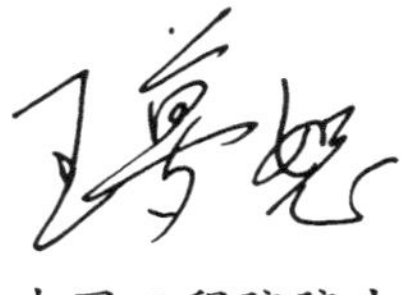

中国工程院院士

2014 年 9 月

前　言

近年来，大直径盾构隧道双层车道结构在公路隧道，尤其是水下隧道领域得到了快速发展。这种双层车道结构对于充分利用地下空间，合理进行地下、地面交通疏解，节约地下空间资源均有重大意义。可以预见，双层车道结构今后将在盾构隧道、钻爆隧道以及明挖隧道中得到大量应用。

设计师为充分利用隧道内部空间，将双层车道结构应用于国内外大直径盾构隧道设计中，展示了全新的设计思路，建成了诸多代表性工程，例如，法国 A86 隧道、上海军工路隧道。双层车道结构传统设计通常以现浇模筑法为主，其中也出现了以法国 A86 隧道、上海复兴东路隧道为代表的车道板预制设计实例。以往预制结构设计中均按照通行小型汽车为标准进行荷载结构计算，预制设计的盾构隧道直径也较小（隧道内径<11m，外径<12m），无法采用立柱结构，均通过预制管片结构和牛腿实现预制车道板的安装。随着隧道直径的增大（隧道内径>13m，外径>14m）和隧道长度的增长，为满足通风要求需增设排烟通道，这使双层行车道结构布置更为“紧凑”，给现浇模筑法施工带来了较大的困难，迫切需要满足标准化、快速化的施工要求，预制车道结构应运而生。

本书主要内容取材于江苏省交通运输科学研究计划项目（2011Y22 重大专项）“超高水压复合地层盾构隧道建设关键技术研究及示范应用”子课题 2“盾构隧道内部结构预制化”的相关成果，同时吸收了南京市纬三路过江通道工程盾构隧道双层行车道结构设计、设计优化、荷载试验和现场施工实践成果。全书以双层车道结构预制化设计为主线，系统地阐述了盾构隧道内部双层车道的结构设计、施工方法，对预制和现浇车道结构设计进行了技术经济对比，并进行了系统论述。重点对预制化设计进行了理论分析，详细介绍了“预制板+梁板节点后浇”和“预制板+支座”的设计方案、现场 1∶1 模型试验和施工实践成果，希望能供国内同行参考，为类似工程设计、施工提供借鉴，并进行推广应用。

张忠宇、马明参与了本书部分章节的撰写工作，在资料收集、书稿撰写过程中得到了王善高、刘洪洲、刘明虎、黄清飞、戴惠兰、惠国旺、黎晨、姚占虎、施谨伟、杨钊、邸耀全、邵明、季玉国、黄浩等的支持和帮助，在此表示感谢！

同时，感谢中交南京纬三路过江通道工程建设指挥部、中交隧道工程局有限公司、中交第二航务工程局有限公司、中交第二公路勘察设计研究院有限公司、中交投资有限公司、中交天和机械设备制造有限公司等单位对课题研究提供的经费资助和技术支持！最后，衷心感谢钱七虎院士、王梦恕院士在百忙之中为本书作序！

由于作者水平有限，书中难免存在不足之处，敬请读者批评指正。

作　者

2014 年 1 月

目　　录

第1章　绪　　论

1.1　盾构隧道内部结构布置形式

由于盾构工法对周边环境影响小，具有普遍的适用性，该工法已经在城市隧道施工技术中确立了稳固的主导地位[1]。近年来，随着现代盾构装备技术的长足发展，大直径盾构在跨江越海通道工程中得到了大量应用。在国外，日本东京湾公路隧道（ϕ14.14m，图1.1）、德国汉堡易北河第四公路隧道（ϕ14.2m）、荷兰高速铁路

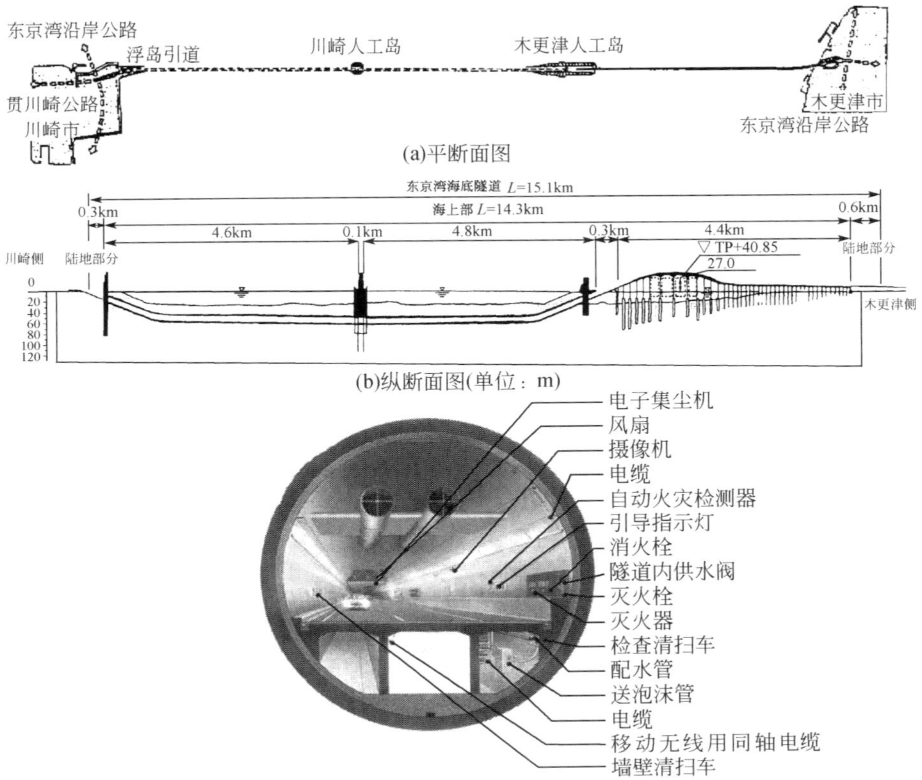

(a)平断面图

(b)纵断面图(单位：m)

(c)横断面图

图1.1　东京湾公路断面

绿心隧道(ϕ14.87m)等相继通车;在国内,上海长江隧道(ϕ15.43m)、武汉长江隧道(ϕ11.38m)、广深港狮子洋隧道(ϕ11.18m)、南京长江隧道(ϕ14.5m,纬七路)、杭州钱江隧道(ϕ15.43m)等一批大直径盾构隧道相继建成通车。

与矩形断面相比,圆形断面的利用率偏低,因此如何提高圆形断面利用率,使盾构隧道实现最大化的功能利用,具有重要的现实意义,这对大直径、超大直径盾构尤为突出。国内外典型的盾构横断面布置形式有以下几种:

(1)公轨两用。典型代表为上海长江隧道(图1.2)、武汉长江隧道(图1.3)、南京长江隧道、杭州钱江隧道等,其特点为盾构空间分成两块,上部为道路,下部为轨道。

(a)隧道横断面

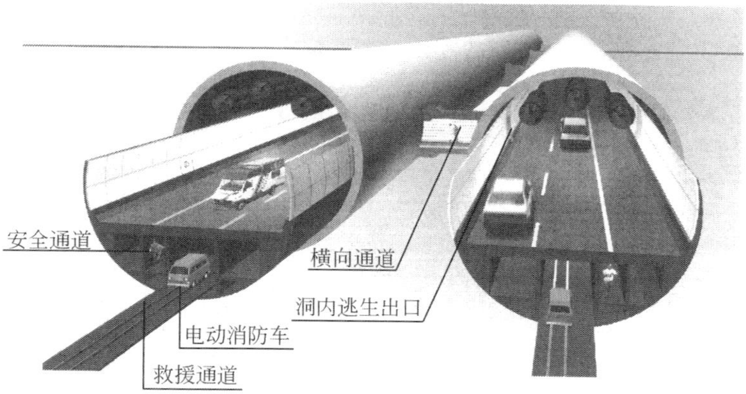

(b)隧道三维剖面图

图1.2 上海长江隧道断面

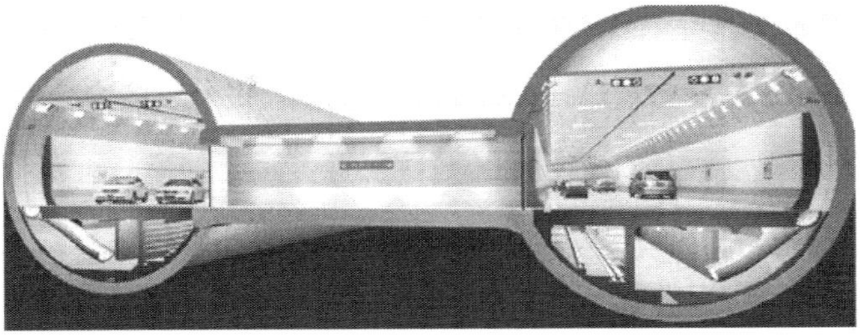

图1.3　武汉长江隧道断面

(2)双层道路。典型代表为法国A86公路隧道(图1.4)、上海复兴东路隧道(图1.5)、军工路隧道、南京纬三路过江隧道等,其特点为隧道内布置双层车道结构。

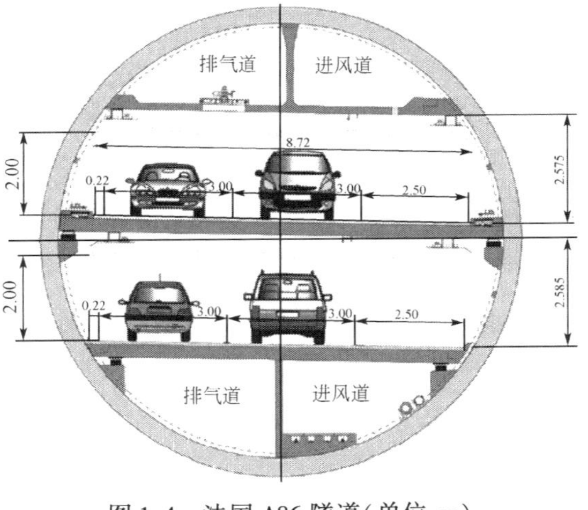

图1.4　法国A86隧道(单位:m)

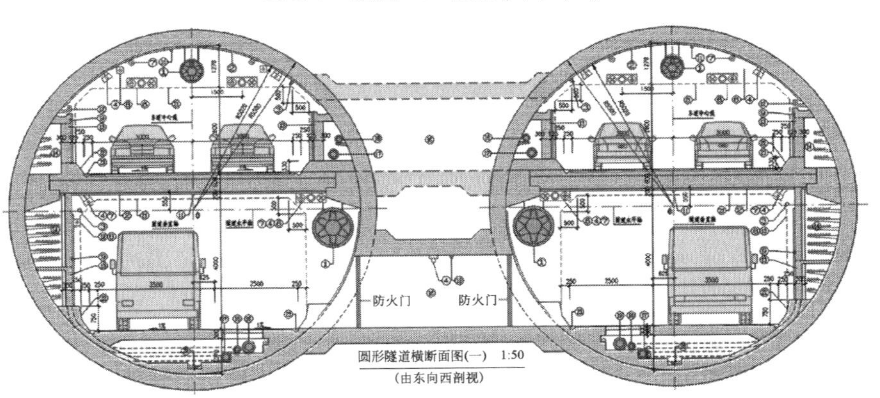

图1.5　上海复兴东路隧道

(3)道路及管道两用。典型代表为马来西亚精明隧道(图 1.6),该隧道内设置了双层车道结构,并将底部空间用作城市泄洪通道,且车道在洪水季节也作为泄洪通道。

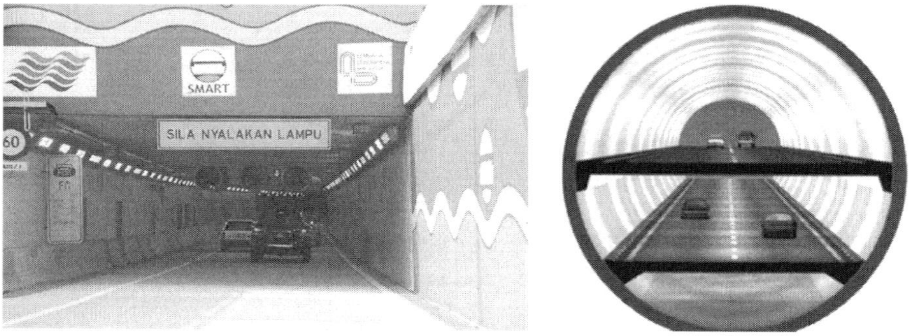

图 1.6　马来西亚精明隧道

(4)市政共同沟。日本早稻田大学提出的“东京大深度地下基础设施网构想”[2],在隧道内设置以城市垃圾处理为主的物流专用空间、余热供暖管线、上下水道及通信光缆等,断面布置见图 1.7。

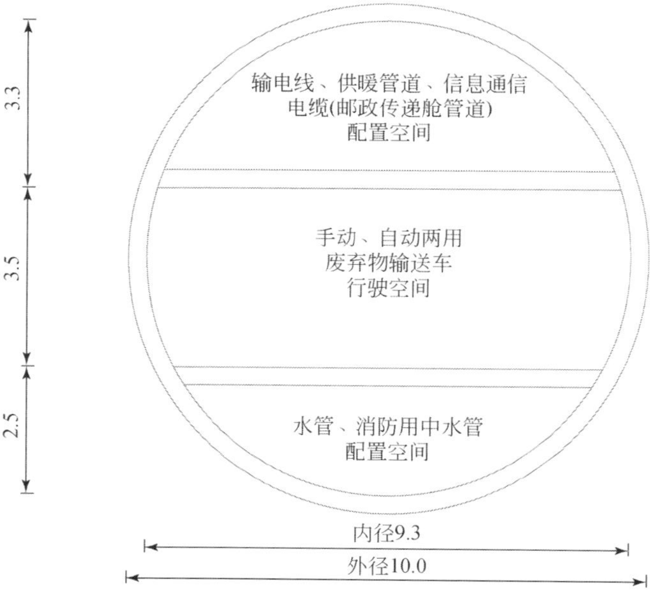

图 1.7　东京大深度地下基础设施网构想隧道断面(单位:m)

以上几种断面布置各有特点,体现了充分利用盾构隧道圆形空间的设计理念。同时,可以看出,圆形空间经过合理分区,可以大大提高断面利用率。对于大直径、超大直径盾构,在合理的范围内,分区越多,断面利用率越高。尤其应指出,世界上首次采用双层车道结构的法国 A86 隧道给其后的盾构隧道建设带来了较大的启发。上海复兴东路隧道为国内第一座采用双层车道结构的盾构隧道,随后上海上中路隧道、军工路隧道、迎宾三路隧道、扬州瘦西湖隧道、南京纬三路过江隧道等均采用了双层车道结构。

随着盾构隧道内部空间分区的增多,内部结构设计施工成为突出的问题。盾构内部结构施工一般滞后管片拼装位置一定距离,与盾构推进同步进行。内部结构施工过程中,尚需要满足盾构机配套设备、管片运输的需求。同时,随着隧道长度增加,双层隧道内部需要设置侧向排烟通道,排烟通道需要考虑防火及风压要求,上层车道与烟道之间需要设置砌块或者钢筋混凝土隔墙,内部结构施工工序与盾构掘进运输工序存在较大干扰。对采用双层车道结构的盾构隧道来讲,施工组织更为困难,因此,本书针对双层车道结构的设计施工进行探讨,供类似工程参考。

1.2 盾构隧道内部结构预制化技术

1.2.1 内部结构常用的预制化技术

由于隧道内部空间狭小,内部结构施工组织不便,如果完全采用现浇方法施工,不仅施工速度慢,而且影响盾构正常的推进,进而影响整个盾构隧道的工期。因此,在现代盾构隧道施工中,内部结构施工采用半预制化或全预制化技术是必然的趋势。预制结构采用流水线作业、机械化施工,具有标准化程度高、精度好的特点,对于保证结构质量,提高施工速度起到了重要作用。从 19 世纪末开始,预制结构在建筑、桥梁工程中得到了大量的应用。“预制化、模块化”已经成为目前设计施工的技术前沿与发展方向。

目前,内部结构施工基本属于半预制化[3]方法,即预制构件与现浇混凝土相结合的方法,结构的一部分为现浇混凝土,另一部分是预制构件,将两者结合到一起。图 1.8 给出了一些内部结构施工的案例。上海长江隧道采用了口型构件、预制板相结合的设计方法[图 1.8(a)][4];上海延安东路隧道则采用了预制板的结构形式[图 1.8(b)]。

值得一提的是,上海延安东路隧道采用预制构件与现浇混凝土相结合的结构形式,并研究了预制构件的吊装工艺、同步施工工艺、隧道纵向沉降监测与质量控制技术,大大提高了盾构内车道结构的施工速度,达到了当时的先进工艺水平[5,6]。

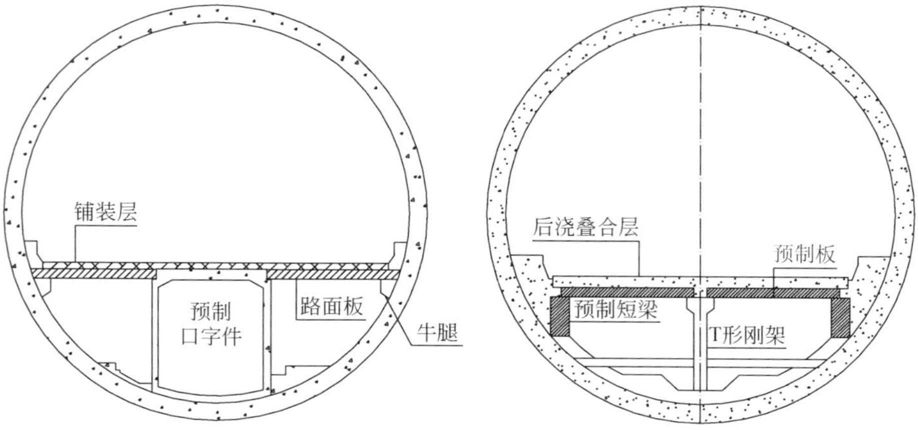

(a)口型构件方案 (b)叠合构件方案

图 1.8 盾构隧道预制构件施工横断面

采用口形、π 形(图 1.9)构件的预制化施工工艺、工序见图 1.10。

(a)口形预制构件 (b)π 形预制构件

图 1.9 预制构件图示

1.2.2 双层车道结构半预制化技术

从目前国内外的双层隧道盾构建成经验来看,双层车道结构的预制化技术仅能称为半预制化技术。法国 A86 隧道为半预制化技术的先驱,随之出现了类似的双层车道结构半预制化设计方法。上海复兴东路隧道是国内较早进行上层车道预制化设计的双层隧道,其上层车道采用了预制车道板,车道板通过支座安装于盾构管片侧面的预制牛腿顶面(图 1.11),其下层车道则采用现浇技术设计和施工[7]。

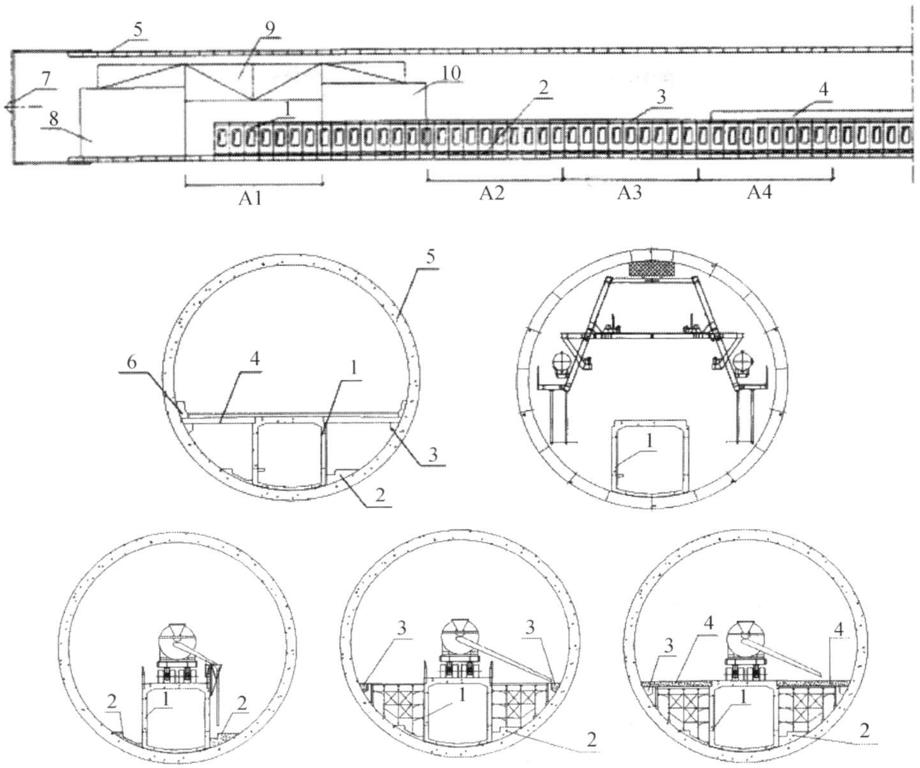

图 1.10　盾构内部单层道路同步施工工序纵、横断面

1. 下层道路预制件;2. 压重块;3. 牛腿;4. 上层车道板;5. 管片;6. 防冲撞侧墙;7. 盾构机;8. 1 号车架;9. 2 号车架;10. 3 号车架;A1. 第一工区;A2. 第二工区;A3. 第三工区;A4. 第四工区

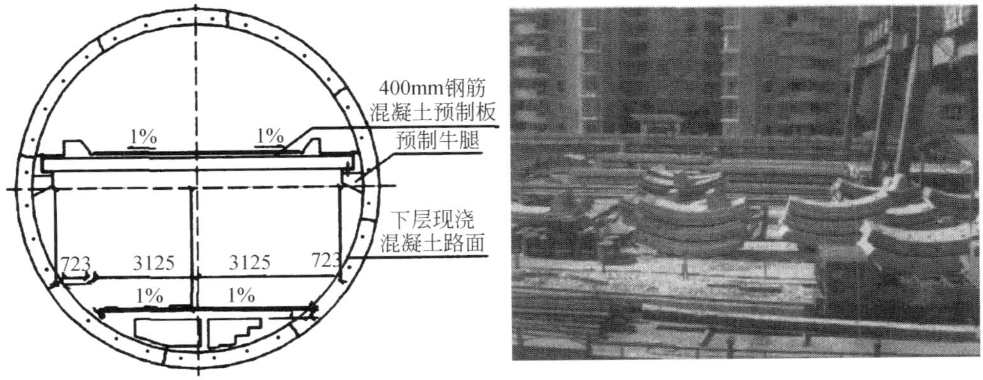

(a) 隧道横断面　　(b) 牛腿管片

图 1.11　复兴东路隧道横断面及牛腿管片照片(单位:mm)

复兴东路隧道为双管双层 6 车道盾构隧道，隧道外径 11m，内径 10.04m，上层车道净高 2.6m，下层车道净高 4m，是国内第一条泥水平衡盾构施工的双层隧道工程。上层车道板尺寸较大（9.4m×1.5m×0.4m），重 14t，起吊高度受限（到隧道顶 4.3m），同步施工难度大[8]。

为解决这一问题，上海市第二市政工程有限公司针对复兴东路隧道（图 1.12）专门研究了双层隧道同步施工技术（专利号：CN 200410025247.5，双层公路隧道的盾构掘进与道路同步施工方法），见图 1.12。该方法通过安装带有牛腿的管片，同步在牛腿上铺设钢筋混凝土行车道板，在工作井的负环管片处设置一个带开口的钢平台，用做在井口处由地面向隧道下层输送工件的垂直通道入口，上层道路预制板通过工作井井口垂直吊运至井下钢平台，再通过电机车水平运输至安装工作面，最后通过同步道路施工台车对预制板进行拼装，并浇筑路面[9]。

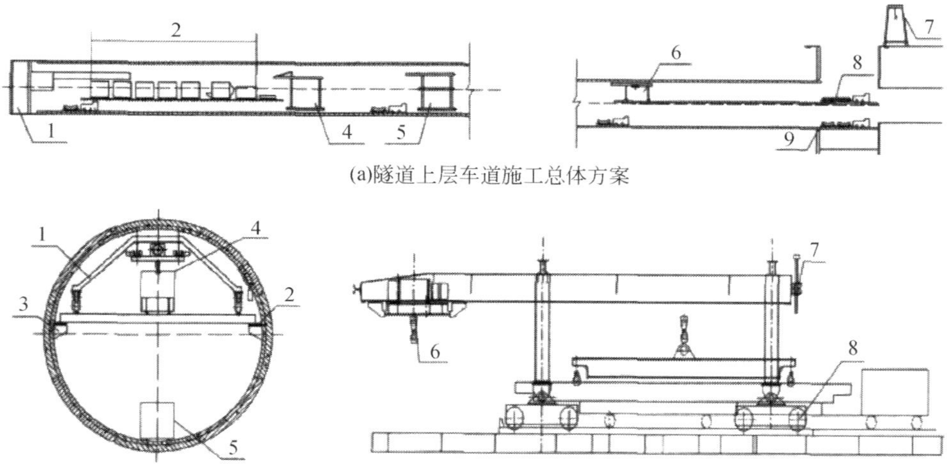

(b)隧道上层车道架梁方式示意图

图 1.12 复兴东路隧道上层车道施工示意图

1. 上层架梁行车；2. 牛腿垫层；3. 牛腿；4. 上层电瓶车；

5. 下层电瓶车；6. 钢丝葫芦；7. 台车联系梁；8. 双轨行车机构；9. 管片运输车

上述方法存在以下不足：①预制的牛腿限制了管片制造及拼装施工的灵活性；②上层车道的整体性较差，抗震不利；③管片拼装质量直接影响内部结构。上海隧道工程股份有限公司在随后的上中路隧道、迎宾三路隧道施工中对盾构隧道内双层道路结构施工问题进行了针对性的研究，并发明专利“隧道盾构推进与内部双层道路同步施工方法”，对双层道路同步施工方法进行了详细的说明。以迎宾三路隧道内部结构施工为例示意其施工过程(图 1.13)[10]。

(a)π 形构件安装

(b)立柱采用定型钢模施工

(c)立柱完成

(d)定型钢模施工上层车道

(e)完成上层车道结构

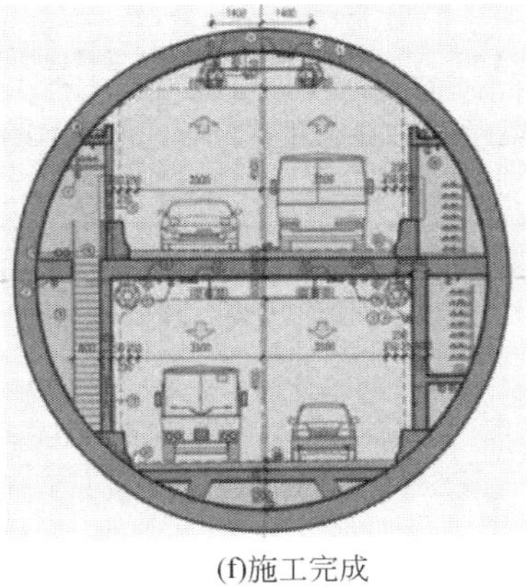

(f)施工完成

图 1.13　隧道盾构推进与内部双层道路同步施工方法

1.2.3　双层车道结构全预制化技术

上海军工路隧道采用双层车道结构,隧道内径 13.3m。该隧道内部双层结构曾进行过全预制化设计,如图 1.14 所示,双层车道结构从下到上依次分为 3 个预制结构,4 个预制构件:底部车道结构及上层车道基础、两侧的箱形构件和上层行车道板。本方案中车道板通过支座简支于两侧的箱形结构顶部。箱形结构、下层车道及上层车道均采用2m宽的预制构件进行纵向和横向拼接。

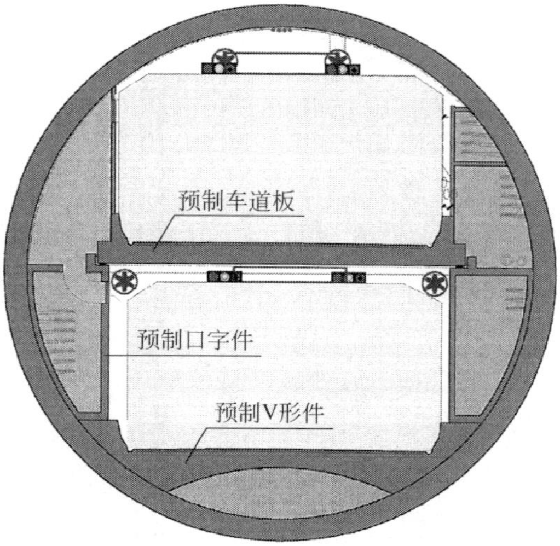

图1.14 军工路隧道预制方案图

由于隧道内部空间狭小,底部的预制车道基础、两侧的箱形预制结构安装难度大,对盾构掘进施工影响大,最终军工路隧道未采用该全预制方案,而采用了半预制化结构方案(图1.15)。

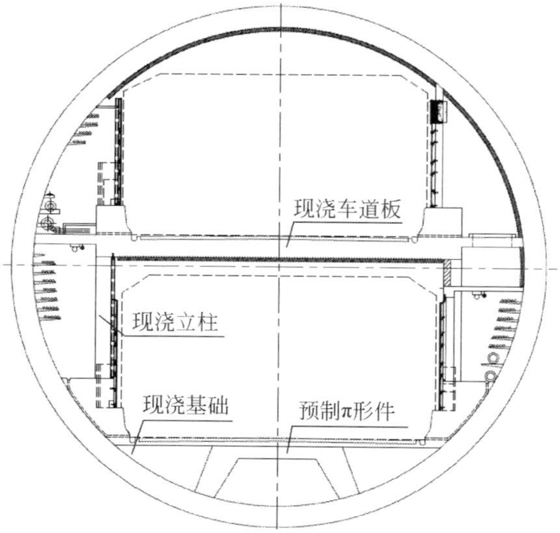

图1.15 军工路隧道半预制方案图

1.3 本书的主要内容

南京纬三路过江通道是目前国内最长、直径最大的双管双层八车道盾构隧道，N线、S线盾构隧道长度分别达到3557m和4134m。隧道直径14.5m，管片内部双层车道结构及施工管线布置见图1.16。相比国内其他隧道，纬三路隧道长度大，隧道贯通至通车施工允许时间短，内部结构施工成为影响工期的关键因素。

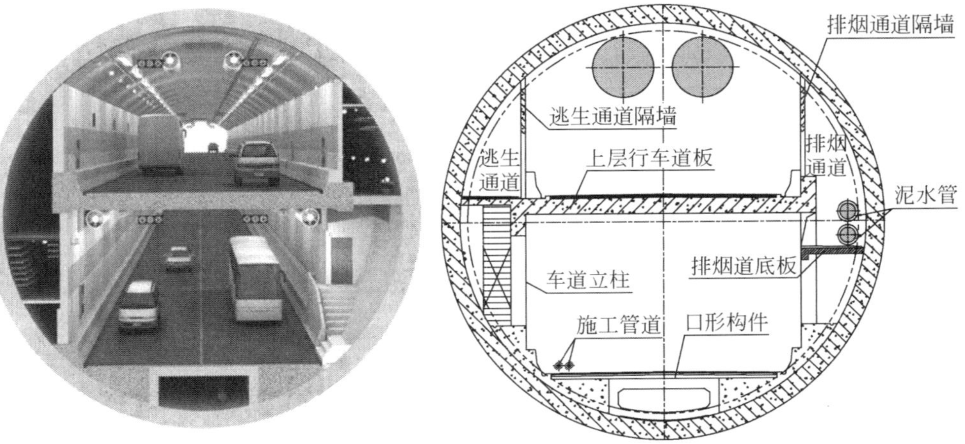

图1.16 南京纬三路隧道内部行车道结构及施工管线布置图

内部结构主要由下层车道、立柱、车道纵梁和上层车道板构成，结构体系相对简单，结构模数与盾构管片相协调，各种构件尺寸重复率高，非常适合大规模地采用预制结构进行设计。为确保工程按期完工，设计单位有针对性地进行了双层车道结构预制化设计技术研究，并探讨了多种预制化设计施工方法。

与国内外已建成的隧道相比，纬三路隧道有其自身特点，因此仅借鉴既有隧道的双层车道结构施工技术尚难以满足要求，表现在以下几点：

(1)法国A86隧道、上海复兴东路隧道预制带牛腿管片技术施工速度快，预制化程度高，但对盾构管片拼装存在较大影响。由于以上两条隧道盾构直径均未超过12m，管片通缝拼装尚能够满足盾构拼装工艺、管片止水效果等要求。纬三路盾构直径接近15m，且在高水压下穿越含砂卵石复合地层，如果管片采用通缝拼装，给管片拼装及止水效果带来的压力将是巨大的。

(2)上海上中路隧道、迎宾三路隧道以及军工路隧道等采用预制件快速施工下层车道后,现浇施工上层梁、板、柱结构,结构整体性、耐久性等效果较好,且对盾构管片拼装影响较小。但该工法预制化程度相对较低,仅下层车道板采用了预制构件,预制化技术存在较大可挖掘的潜力。

(3)与国内已建成的设置双层道路的盾构隧道相比,纬三路隧道长度要长得多(表 1.1),隧道通风设计尤为重要。此类长大盾构隧道需设置专用风道,例如,法国 A86 隧道、日本东京湾隧道、首都高速中央新宿环线隧道等(图 1.17)。纬三路隧道是国内第一条设置侧向排烟通道的超大直径盾构隧道。排烟通道隔墙如果采用现浇,无疑增加了上层车道结构的施工难度,尚无可借鉴经验[11]。

表 1.1　国内双层道路盾构隧道比较

项目	复兴东路隧道	上中路隧道	军工路隧道	迎宾三路隧道	纬三路隧道
盾构段长度/m	1215	1270/1273	1490/1560	1862	4134/3557
贯通时间/(年–月)	2004–1	2008–4	2009–9(东线) 2010–6(西线)	2011–3	/
通车时间/(年–月)	2004–9	2009–1	2011–1(东线)	2011–12	/
贯通后施工时间/月	8	9	13(东线)	9	5

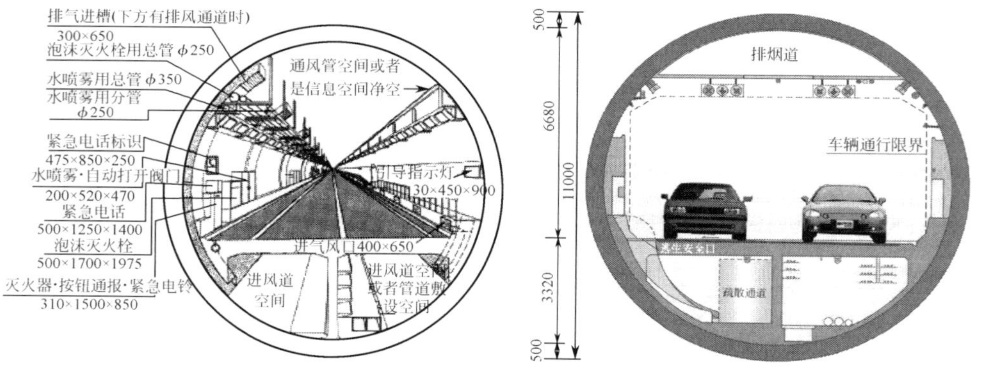

图 1.17　长大隧道内专用风道示意(单位:mm)

因此,在纬三路隧道设计过程中对盾构内双层道路结构进行了深入研究,认为上层车道结构为内部结构设计施工的关键所在。其内部结构预制化技术首创性地提出了"预制梁板后浇接头方案"和"预制板加支座方案"[12],见图 1.18、图 1.19,大大降低了隧道内部结构施工强度,提高了上层车道施工灵活性与施工速度,有效地缩短了纬三路过江通道工程的施工时间。本书以南京纬三路过江隧道工程为依托,介绍其内部结构采用的预制化技术,供类似工程参考。

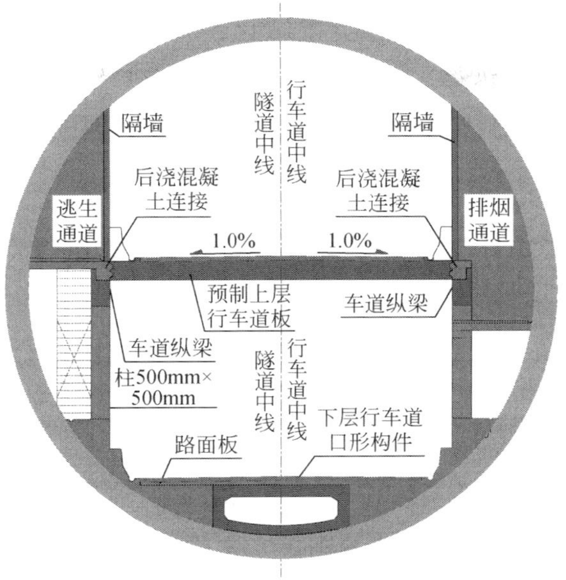

图1.18 梁板固结式预制方案示意

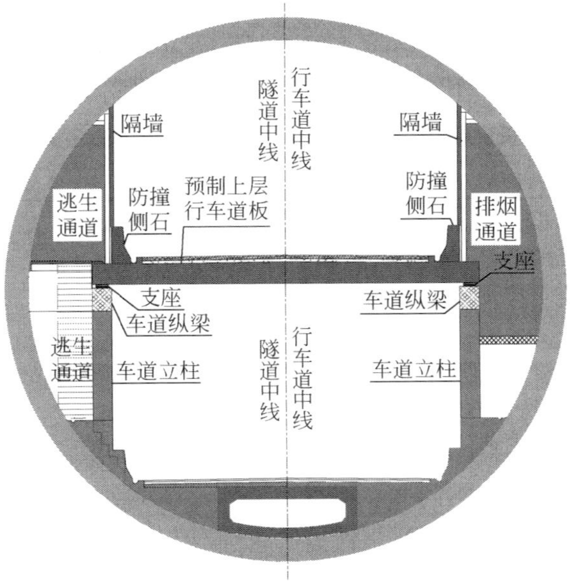

图1.19 上层车道全预制方案示意

第2章　盾构隧道双层车道结构工程实例

2.1　国内外双层车道结构实例

国外典型的双层道路盾构隧道为法国A86公路隧道，国内最早采用双层道路盾构隧道的工程为上海复兴东路隧道，借鉴了A86隧道的经验。随着盾构技术的发展，双层道路盾构隧道在国内取得了迅速发展，且适用于道路交通疏解难度较大的城市主干道、越江隧道等项目，对充分利用隧道空间、节约土地资源有着极大优势。表2.1列举了国内外先后建成以及在建的典型双层道路盾构隧道。

表2.1仅列举了公路隧道的双层车道结构，但从表中可以看到盾构隧道内双层公路隧道即双层预制化车道结构的“昨天、今天和明天”，该项技术在近年也取得了长足的进步，发展前景广阔。

法国A86隧道、复兴东路隧道代表了双层预制车道结构的“昨天”；南京纬三路过江通道隧道代表了双层预制车道结构的“今天”；美国SR99公路双层车道隧道为目前在建的直径最大的盾构隧道，代表了双层道路隧道在盾构掘进、洞内结构设计、施工技术上的发展方向，而未来在超大直径盾构隧道内将出现预制化设计的“明天”——全预制化。

2.2　上海复兴东路隧道

2.2.1　工程概况

复兴东路隧道为穿越黄浦江的隧道工程，建设规模为双管双向双层6车道，行车速度40km/h。工程西起复兴东路光启路交叉口，沿复兴东路东行，在复兴东路轮渡码头处穿越浦西岸线，过黄浦江后，在浦东杨家渡轮渡码头处穿越浦东岸线，再沿张杨路东行，工程终点位于张杨路崂山西路交叉口以东。工程总长2785m，其中盾构隧道长1214m[6]。

复兴东路隧道工程初步按照双向四车道的建设规模进行规划设计，见图2.1。

表 2.1　国内外双层车道结构工程实例

隧道名称	复兴东路隧道	上中路隧道	外滩隧道	军工路隧道	迎宾三路隧道
盾构直径/m	11.22	14.87	14.27	14.87	14.27
外径/m	11.00	14.5	13.95	14.5	13.95
内径/m	10.04	13.3	12.75	13.3	12.75
盾构段长/m	1214	1270/1273	1098	1490/1560	1862
设计车速/(km/h)	40	80	40	80	40
上层车道数量/条	2	2	3	2	2
下层车道数量/条	1	2	3	2	2
上层车型	小客车	客车	小客车	客车	客车
上层车道宽/m	3.0	3.25	3.0	3.5	3.5
上层车道高/m	2.6	4.5	3.2	4.5	4.5
上层车道结构	预制/牛腿+车道板	现浇	现浇	现浇	现浇
上层车道板厚度/m	0.4	0.5	0.5	0.5	0.5
下层车道板厚度/m	0.3	0.38	0.35	0.35	0.3
下层车道结构	现浇	预制 π 字件	预制口字件	预制 π 字件	预制 π 字件
下层车型	客车	客车	小客车	客车	客车
下层车道宽/m	3.5	3.5	3.0	3.25	3.5
下层车道高/m	4.0	4.5	3.2	4.5	4.5
通车时间/年	2004	2009	2010	2011	2011
隧道名称	扬州 瘦西湖隧道	南京 纬三路隧道	法国 A86 隧道	马来西亚 SMART Tunnel	美国 SR99 公路隧道
盾构直径/m	14.93	14.96	11.56	13.2	17.48
外径/m	14.5	14.5	11.56	12.8	17.07
内径/m	13.3	13.3	10.4	11.83	15.85
盾构段长/m	1280	4134/3557	10000	9700	2800
设计车速/(km/h)	60	80	70	—	—
上层车道数量/条	2	2	2+1	2	2+1
下层车道数量/条	2	2	2+1	2	2+1
上层车型	客车	客车	小客车	小客车	客车
上层车道宽/m	3.5	3.5	2×3+2.5	2×3.25	2×3+2.5
上层车道高/m	4.5	4.5	2.0	2.55	4.5
上层车道结构	现浇	预制车道板	预制牛腿+车道板	现浇	现浇
上层车道板厚度/m	0.5	0.5	0.3	0.3	0.6
下层车道板厚度/m	0.3	0.3	0.3	0.3	0.6
下层车道结构	现浇	预制口字件	预制牛腿+车道板	现浇	现浇
下层车型	客车	客车	小客车	小客车	客车
下层车道宽/m	3.5	3.5	2×3+2.5	2×3.25	2×3+2.5
下层车道高/m	4.0	4.5	2.0	2.55	4.5
通车时间/年	2014	在建	2006	2007	在建

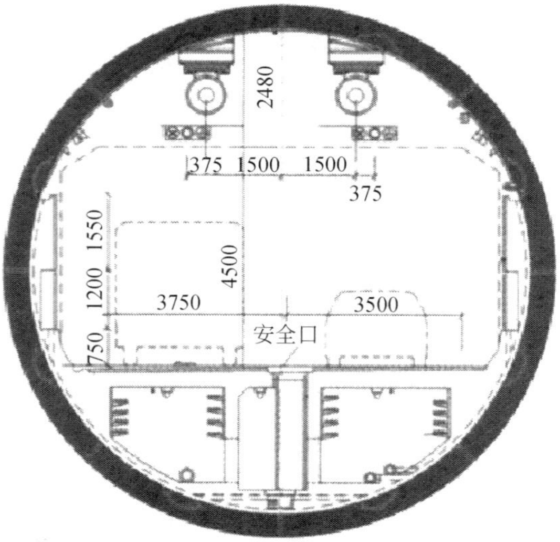

图 2.1　复兴东路隧道工程初步设计的横断面布置图(单位:mm)

工程设计期间,借鉴了法国 A86 隧道工程的经验,于 2001 年 8 月提出双层隧道建设研究的设想。设计研究了在圆形隧道断面内布置双层车道的新设计方案,并将通行标准由单层双管 4 车道调整为双层双管 6 车道方案,完善了交通功能,提高了隧道内空间利用率,是一大创新点,见图 2.2。

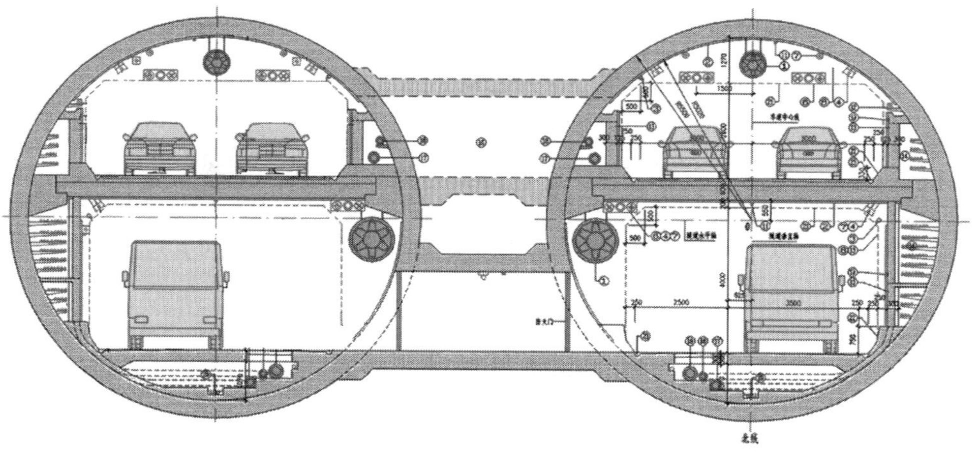

图 2.2　双层隧道横断面布置图

复兴东路隧道管片结构外径为 11.00m,内径为 10.04m。圆形隧道横断面布置图中上层小车道的通行限界为宽 6(2×3.0)m,高 2.6m;下层大车道的通行限界为宽 3.5m,高 4.0m,另设 2.5m 紧急停车带。该布置形式最大限度地利用了隧道的建筑空间,为城市隧道断面布置提供了一种崭新模式。左、右线上下层逃生区功能衔接顺畅,上层连接通道为 4 条,下层为 3 条,上下层的通道连接间距均为 300m。

2.2.2　主要技术标准

(1)规划道路等级:复兴东路、张杨路为城市次干道。

(2)设计行车速度:40km/h。

(3)隧道横断面设双向双层六车道。

(4)通行限界:上层车道,净宽 3.0m+3.0m,净高 2.6m;下层车道,净宽 3.5m+2.5m(紧急停车带),净高 4.0m。

(5)隧道设计必须满足深水航道宽不小于 300m,水深不小于 12.5m 的要求。

(6)车辆荷载:上层车道按小车双车道布载计算,消防车单车道布载验算;下层车道按城 B 级计算。

(7)抗震设防烈度为 7 度。

(8)隧道结构设计水位按千年一遇水位计算,按历史最高水位(+4.89)验算。

(9)隧道稳定抗浮系数为 1.1。

2.2.3　建筑设计

隧道的建筑设计,主要包括隧道总平面设计、隧道横断面布置、光过渡建筑、隧道排风机房、隧道雨水泵房及江中泵房、盾构工作井建筑、隧道装修及隧道管理中心等。圆隧道建筑横断面参见图 2.2。

2.2.4　圆隧道结构设计

衬砌环由封顶块 F、两块邻接块 L、3 块标准块 B 及两块带牛腿管片构成。环间采用错缝拼装,以提高隧道结构纵向、横向整体刚度,减少纵向不均匀沉降。隧道的内径为 10.04m,外径为 11m,衬砌厚 0.48m。衬砌环宽 1.5m,采用单层衬砌。

2.2.5 设计创新

1. 主要创新点

(1)复兴东路隧道的建设在国内首创了双层车道盾构隧道建设模式,建设方案集中体现了节约城市地下空间资源、高效利用隧道空间的理念,是工程建设中体现构建节约型社会思想的成功实例。

(2)复兴东路隧道采用特殊的通行限界满足了在内径10.04m的圆隧道内布置双层车道的要求,通过采取一系列有效的交通措施,保证实际运营中行车的安全性。

(3)采用牛腿与管片一次成型的工艺对提高结构刚度、保证结构耐久性具有重要意义。

(4)上层行车道板采用预制板在洞内运输、吊装、拼接施工,这是国内首次采用预制板进行设计施工。预制板厚0.4m,纵向宽1.5m,采用球形橡胶支座架设在管片牛腿上,预制板上设置钢筋混凝土调平层,最上层为道路沥青层。

2. 创新技术

1)牛腿形式的选择

牛腿形式是整体分析中最关键的问题,直接涉及盾构施工与后期结构施工。从施工工艺角度看,有以下几种方法可供采用:预埋钢板、植筋、预留钢筋、预制、接驳器。牛腿作为上层道路的主要受力部位,长期承受动载,需绝对确保使用安全。因此从质量、耐久性、可靠度等方面考虑,选择了牛腿与管片结合在一起的预制形式。为此,也对混凝土管片钢模、盾构拼装机与车架等进行了适应性改造。

2)隧道内的立体运输

为加快建设速度,工程需要进行盾构与道路同步施工或上下层道路结构同步施工。由于隧道上下坡度都很大,而运输用轨道电机车最小自重必须为14t,因此,隧道内材料运输成为了矛盾焦点。经过反复对比研究,最终决定进行上下层道路同步施工,且下层道路采用全现浇结构。但车道板是从隧道底部运输还是另辟蹊径,需要综合考虑,以下有两套方案可供参考。

方案一:从隧道底部运输,可利用盾构施工期间铺设的轨道,成本较低,但构件的起吊高度大,风险大,同时还不能施工下层结构,因而没有采用。

方案二:从架好的上层道路板上运输,上层道路板的吊装采取完全上层安装、构件悬臂回转的形式。通过优化运载平板车设计，只需适当提高上层道路板的承载能力即可较好地解决上层道路板的运输问题，下层空间则全部让给了下层道路施工使用，隧道内形成了立体运输的格局。为此，专门设计了长9m的超低运输平板车，平板车设前后两组共4根轴，为使道路板的受力分散，每组两根轴之间的间距增大到了1.6m。此外轨道下还布置了受力垫块，以便由两块板承受荷载。在此基础上，还可在井口架设开口的平台，使上层道路板的架设与盾构推进同时进行。

3）上层道路板的吊装

上层道路板的吊装采取完全上层安装、构件悬臂回转的形式。为提高有效起吊高度，比选了大量的起重设备后，行车葫芦采用了可以节约高度的双轨行走机构以及16t的钢丝绳葫芦。尽管是悬臂行车，但并没有使用配重，而是很具创新地在行车末端设计了一个顶托装置，直接顶在了隧道拱顶上。为确保大坡度下的安全，行车只在静止状态工作，并使用了锁轨器。

上层车道板在运输到位后，先将预制板卸车，电机车退回。预制板通过上层架梁行车安装到位，该行车还可通过更换前后支腿来调整支腿高度，这样可使运行小车工作坡度<2.5%。预制板的安装采用有4个吊点的铁扁担进行。

2.2.6　上下层道路施工

1. 盾构与上层道路同步施工试验

2002年底，为加快隧道建设速度，开展了盾构推进与隧道内道路结构同步施工的方法研究。该方法在延安东路隧道复线曾有过成功经验，但复兴东路隧道为双层车道结构，断面形式与延安路隧道不同，无从参考。经过研究，盾构推进与上、下层车道板同步施工的三同步施工方案由于过于复杂而未采用，最终选用了盾构推进与上层道路板同步施工的二同步方案（图2.3和图2.4）。

同步施工的核心问题是解决材料构件的运输，将上层道路施工的运输分为上下两个独立部分后，较好地解决了施工交叉的难题。上层运输通道的负环拆除后，在负环牛腿上架设预制车道板，电机车在已经架好的板上行走，通过架梁桁车进行上层预制车道板架设，而盾构掘进则在下层空间进行。该方案最大的优点是可以做到上层车道结构施工和盾构掘进施工互不干扰。

盾构掘进与上层道路同步施工分为3个阶段实施，见表2.2。

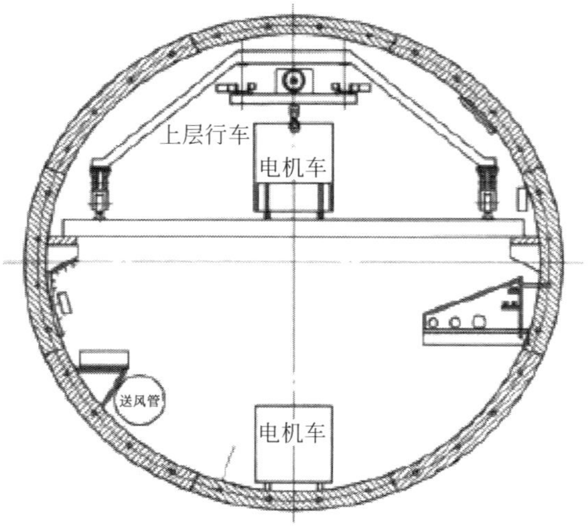

图 2.3 同步道路施工阶段隧道内剖面图

图 2.4 同步施工试验(井口平台已拆除)

表 2.2 盾构掘进与上层道路同步施工阶段分类

施工阶段	施工内容
0～90m	盾构出洞段施工,垂直运输通道为后方预留孔,仅进行盾构掘进施工。随后拆除洞口负环上盖,进行盾构隧道转换与轨枕调整,安装接管台车与牛腿垫层同步施工台车

续表

施工阶段	施工内容
90～200m	盾构单独施工，此阶段需要观测盾构隧道管片的纵向沉降，调整同步注浆量等施工参数，以达到同步施工的要求
同步道路施工阶段	先进行牛腿上钢筋混凝土垫层施工。随后安装橡胶支座，同时在工作井井口及负环牛腿上架设钢平台，安装架梁桁车，预制车道板通过地面运输，吊运至钢平台的电机车上，水平运输至工作面，吊装就位于橡胶支座上，最后浇筑调平层，实现盾构掘进与上层道路预制车道板架设的同步施工

2. 上层道路施工

1）工序流程

上层道路的施工内容包括牛腿垫层、预制板安装、路面铺装层施工。采用上层运输架设预制板与下层道路施工完全分离的工序，预制板架设完成后，再进行路面铺装层施工。

上层道路施工流程见图 2.5。

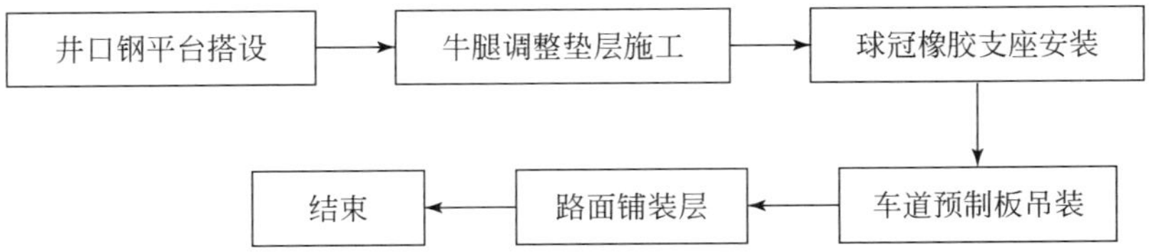

图 2.5　上层道路施工流程

2）施工工艺

（1）井口钢平台制作及安装。

①钢平台的定位。钢平台架设在-3～-8 环管片，平台顶面标高与东西两侧车道板顶面标高符合隧道坡度，相邻板台阶差不得超过±1.5mm。平台将负环管片连成整体，其下设钢管支承。支承纵向间距 1.5m，横向间距 1.5m，支承采用 ϕ609 钢管支承，钢管壁厚 16mm，见图 2.6。

钢平台单侧设下层道路施工孔，尺寸为 5m×8m，下层道路施工材料的运输从该孔口直接到达下层电瓶车，钢平台上主要通行运梁电瓶车，在井口处电瓶车靠工作井中心线侧通过，进入隧道后通过弧形轨道逐渐调整到隧道中心。

②钢平台的结构形式。钢平台结构上必须满足电瓶车满负荷运行及其他综

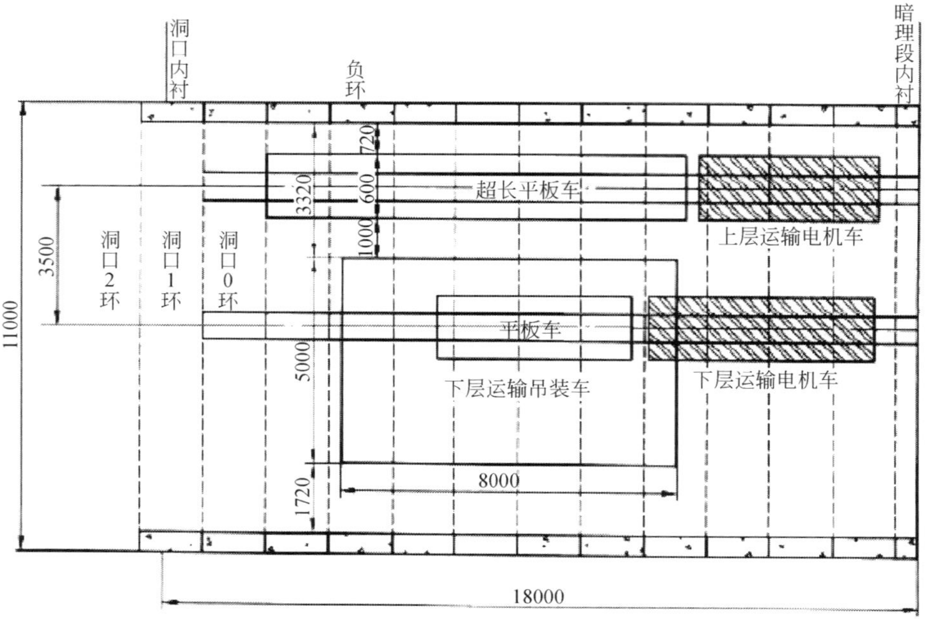

图 2.6 井口钢平台平面图(单位:mm)

合荷载的叠加,因此,对钢平台的结构受力进行周密验算后,最后确定了钢平台的结构形式,上部为型钢组合框架,上覆钢板,整体高度 40cm,下部为 ϕ609 钢管支承。

③钢平台的安装。钢平台分块安装,下部采用 ϕ609 钢管进行支承,并在钢框架上部铺设 2cm 厚钢板。在进行工字钢架设时要计算好钢板铺设时的顶面标高,及时对工字钢架设的标高进行测量,确保钢板顶面与相邻车道板顶面的衔接良好(相邻台阶差不超过±1.5mm)。

该平台在使用过程中效果良好,完全能满足要求,在施工过程后期又改用预制板作为平台,具体见图 2.7。

(2)牛腿的混凝土垫层及支座安装。

牛腿上垫层的设计厚度为 118mm,需根据管片拼装的旋转情况与隧道轴线情况做略微的调整,支座为平板球冠型橡胶支座,每块板下有 4 块橡胶支座。

①垫层施工。在盾构推进施工约 200m 后,隧道基本稳定,此时可开始进行垫层的施工。垫层与支座施工通过专用垫层施工台车进行,其结构形式基本与盾构接管台车类似,自带行走装置,跟在盾构台车后 200m,该台车在与牛腿顶面水平的位置设有操作平台。

图 2.7　预制板平台

垫层钢筋网片成型后运进隧道绑扎，垫层侧模用膨胀螺栓直接固定在牛腿上。盾构施工不可避免地会产生管片旋转，在垫层施工前对牛腿旋转情况进行测量，根据结果调整垫层厚度。

牛腿混凝土垫层施工时，模板采用 P1515 钢模，立模时在牛腿侧面上下打两支膨胀螺栓，把事先加工好的三脚架固定在膨胀螺栓上，然后将模板搁置在牛腿侧面的三脚架上，在模板侧面用三角铁加 $\phi18$ 钢管固定。三脚架在加工时预留有活络的孔洞，可根据牛腿位置变化，现场调节。

垫层混凝土的运输通过电机车进行，使用一个容量为 $1m^3$ 的钢储放箱来储放混凝土，运输到同步施工台车后通过车上的小葫芦吊运至操作面，然后通过人工进行垫层浇筑。在浇筑垫层混凝土前，一定要测量好牛腿标高，用墨斗线在管片上弹出垫层标高，然后用钢架短头焊烧在钢筋上，作为现浇混凝土垫层的标高标记，垫层混凝土收水是对照标高标记进行的，允许偏差为±1.5mm。现浇混凝土垫层时必须振捣密实，混凝土振捣器为手提式小型平板振捣器。

每次浇筑完混凝土后，必须将混凝土运输箱体冲洗干净，防止箱体内残留混凝土固结。

牛腿垫层施工长度每次分段为 30m，双面为 60m。每隔 30m 设一条变形缝，变形缝必须和隧道变形缝位置相对应。

②球冠橡胶支座安装。施工采用的橡胶支座型号为 TCYB150mm×28mm 球冠支座，每块车道板下左右各安装两个，每侧橡胶支座沿牛腿纵向宽度方向中心对称

布置，两支座中心间距为 1050mm。球冠橡胶支座安装时底部涂抹专用胶水，将其黏结于混凝土垫层上，防止支座发生位移。

在安装支座时（尤其是在隧道转弯弧形处），先在支座位置弹好十字线，确保支座位置安装正确。

牛腿后浇带与预制车道板之间有 20mm 的缝隙。在施工时用 15mm 的泡沫板外加 5mm 的胶合板嵌在预制车道板与牛腿后浇带之间，胶合板面靠在牛腿后浇带的钢筋垫块上，胶合板和泡沫板均必须满置牛腿顶面，防止浇混凝土时混凝土流滴到支座上。在牛腿后浇带混凝土达到养护期后，再把胶合板和泡沫板拆除。

(3) 构件与材料的运输。

上层道路板使用专用长平板车进行运输，由轴距 2.5m 的 14t 电瓶车牵引，并加装紧急制动装置（图 2.8）。为避免荷载直接作用在板的接缝位置，在每块板中部铺设两根垫高的垫块后再铺设轨道，同时为保证安全，对速度作了限制：斜坡时控制在 5km/h 以内，水平运输时控制在 10km/h 以内。

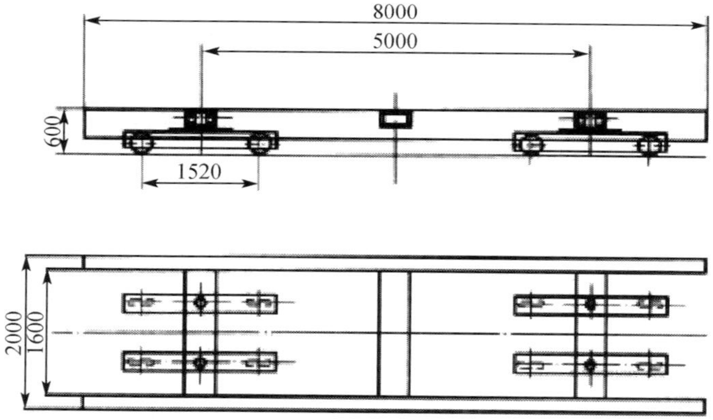

图 2.8　超长平板运输车（单位：mm）

(4) 上层道路板架设。

上层道路预制板南线和北线共计 10620 块，混凝土上层道路板的架设，该板根据衬砌环类型及接缝可分为 3 种基本型号和 3 种衍生型号，基本型号的尺寸为 1500mm×9400mm×400mm，重约 14t，见图 2.9。

为承受施工期间电机车的重载，预制板进行了相应配筋调整，预制板根据起吊工况，不采用预应力结构。

上层道路板由于其长、重，起吊高度受限（上层路面到隧道顶仅 4.3m），吊装具

图 2.9　基本型号的预制道路板

有相当大的难度，只能通过设计特殊架板桁车来解决该问题。桁车采用双梁行走机构配合 16tDEMAG 钢丝绳葫芦降低起吊高度，并通过更换前后支腿来调整支腿高度，使运行小车工作条件坡度<2.5%。此外，桁车不设配重，而是利用可调节螺栓直接顶在隧道顶部，见图 2.10。

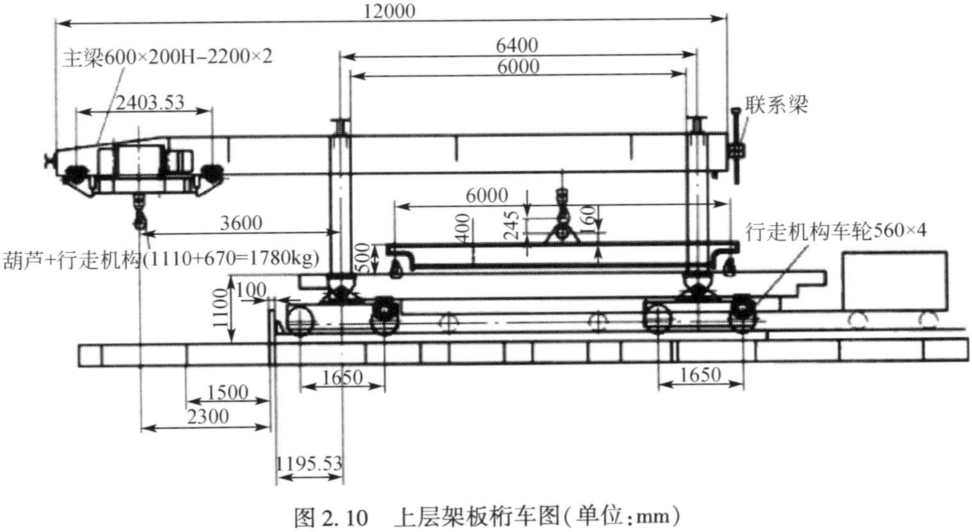

图 2.10　上层架板桁车图(单位:mm)

上层路面板在运输到位后，通过吊装扁担将预制板卸车，待电机车退回后进行前进、回转动作，最后安装到位，见图 2.11。

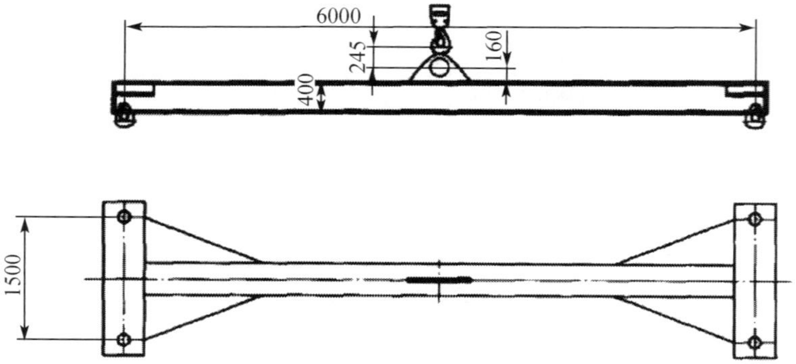

图 2.11　预制板安装扁担图(单位:mm)

因旁通道钻孔施工需要,每个旁通道需要留出 5 块预制板(7.5m)的范围。在遇旁通道钢管片的位置时架设 H 型钢作特殊处理,此区域的道路结构施工需等到旁通道施工完成后再进行。

(5)上层道路铺装层施工。

预制车道板安装结束后,进行上层道路铺装层结构施工,包括车道板间的接缝施工、铺装层、防撞栏、侧墙及侧墙顶排水沟、预留孔道与预埋件、后浇牛腿。工作内容可根据车道板安装进度进行穿插或交叉施工。

3)施工小结

上层道路的施工在盾构推进结束后随即展开,由于方案合理,组织得当,南、北线的施工都非常顺利。单条隧道平均架板 15 块一天,最高纪录为 25 块一天;两条隧道板梁的吊装都分别在不到两个月的时间内完成了。与常规现浇施工相比缩短工期,并取得了较好的经济效益。

3. 下层道路施工

隧道下层道路结构施工在上层车道板架设期间同时进行。下层道路结构施工从浦东和浦西的盾构工作井出发向江中进行,这样能缩短施工时间。根据施工需要,对下层道路进行了分段施工,每段长度为 21 ~ 30m。

1)施工流程

施工流程如图 2.12 所示。

2)主要施工方法

为保证防撞栏混凝土的浇筑质量和防撞栏的光洁度,下层道路结构施工分三次完成。第一次混凝土浇至道路现浇板底部,混凝土养护拆模后,由管线安装单位

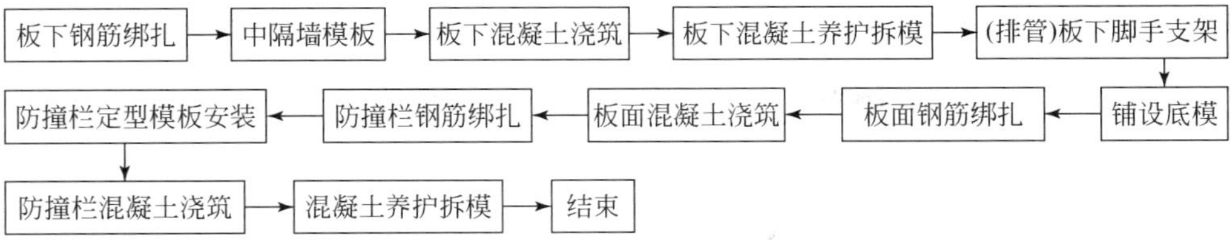

图 2.12　施工流程

进行管线安装;第二次混凝土浇筑至道路现浇板板面,防撞栏混凝土单独进行浇筑,见图 2.13。

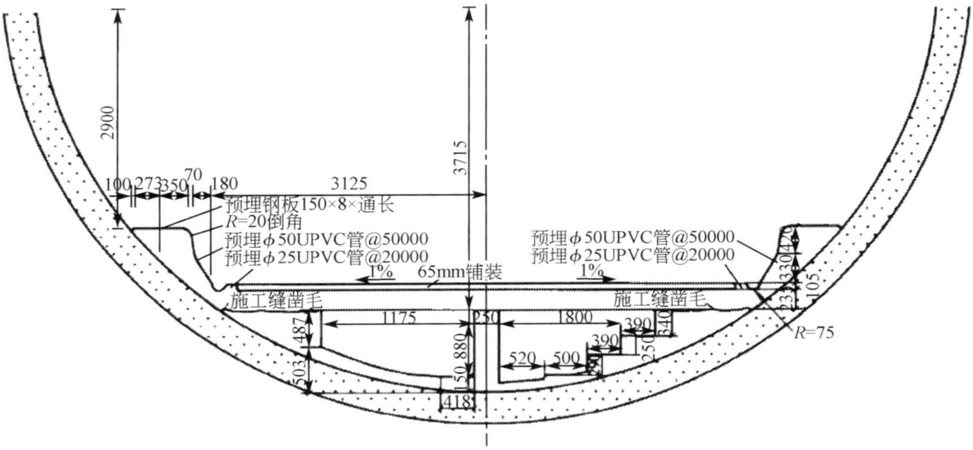

图 2.13　下层道路结构图(单位:mm)

(1) 板下结构施工。

下层道路板下结构钢筋在地面钢筋加工厂成型后,由小型机动翻斗车运输至施工现场进行钢筋绑扎。下部钢筋绑扎完成后,必须增加两层钢筋之间架设的“马登”密度,这样可避免施工人员在立模时把下部已绑扎好的钢筋踩弯、变形。

扳下中隔墙模板用小型组合钢模板,模板加固采用上下双面拉条,拉条规格可用 ϕ12 或 ϕ14 圆钢网头套丝,拉条长度为 65cm,侧面模板也用小型组合钢模板,模板可采用 ϕ20 钢筋一头焊烧在模板的横围檩上,一头锚在管片的手孔中进行固定。

待钢筋模板验收合格后采用固定泵浇筑混凝土,下部混凝土较薄处采用手提式平板振捣,其他部位采用 50 型插入振捣器进行振捣。在浇筑混凝土过程中,为防止混凝土向低处流淌,必须先从底部浇起,也可以用临时木板在侧模下部把混凝土挡住,待混凝不再流淌后把临时木板取出。在浇筑板下结构混凝土时必须在中隔墙混凝土及两侧防撞栏附近处预埋 $\phi20$ 和 $\phi22$ 钢筋，此钢筋为上面防撞栏加固用。下层道路结构防撞栏模板见图 2. 14。

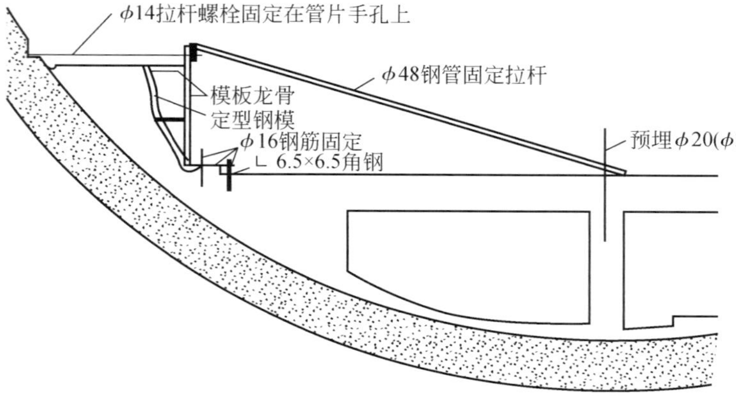

图 2. 14　下层道路结构防撞栏模板图

（2）脚手支架施工。

根据计算，脚手支架均采用扣件式 $\phi48$ 钢管，钢管壁厚 3. 5mm，立杆高度为 482 ~ 730mm，横杆采用 1. 2 ~ 1. 3m 长钢管，纵向采用 6m 长钢管。

（3）模板施工。

侧墙及隔墙墙身模板（图 2. 15）采用组合钢模板。模板拼装必须牢固、无松动，拼缝严密平整，不得漏浆。

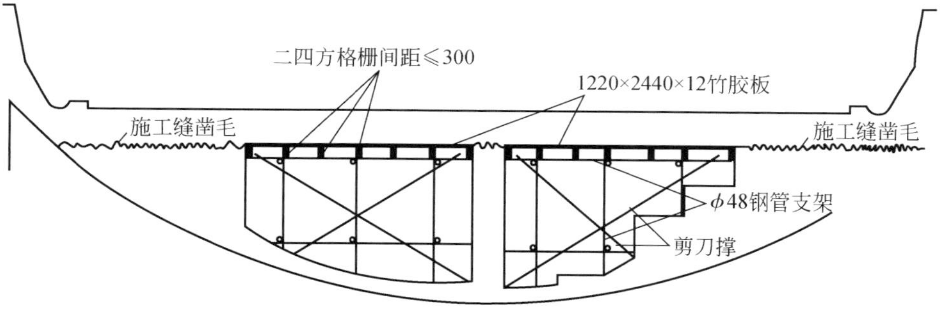

图 2. 15　隔墙及侧墙模板图（单位：mm）

（4）上部现浇板施工。

在板下部分施工完成后（包括管线安装后），即可进行现浇板的钢筋和模板施工。在施工前必须对施工缝进行凿毛处理，并清理干净。在板下有 3 根管道必须安装，且必须在管道铺设完成后才能进行现浇板与防撞栏的施工。现浇板支架采用 ϕ48 钢管搭设，在一个平面上采用 3 根立杆，两根横杆及必要的斜撑及剪刀撑。在横杆上铺二、四木方，上铺竹胶板。底模铺设完成后，测量板面标高，合格后绑扎现浇板钢筋及防撞栏钢筋，钢筋绑扎完成及验收合格后进行防撞栏模板的施工。防撞栏模板用工厂加工定型钢模板（包括防撞栏下方的排水槽模板）一起加工。

3）材料运输

下层道路施工中有大量的钢筋、混凝土需要运输。施工中，将小型卡车与橄榄车直接下到隧道内，在已经完成并达到强度的结构上行走，解决了水平运输问题。

4）施工小结

在全线浇筑的情况下，解决了工作面与运输相互干扰的问题，南北线下层道路的施工仅用了 3 个多月即全部完成，质量良好。

2.2.7　掘进与同步施工效果

经过建设者的共同努力，尽管采用了带牛腿管片，但复兴东路隧道南、北线盾构的掘进施工仍然非常顺利，正常情况下进度达到了 6 ~ 7 环/d，单线的总推进时间都不到 6 个月。管片的拼装质量良好，尤其在牛腿高差的控制方面完全符合要求（<5cm），为后继道路板的顺利铺设奠定了坚实的基础。

上层道路的施工（图 2.16）在盾构推进结束后随即展开，每天平均架板梁 15 块，最高纪录为 25 块，整个施工期间架梁速度平稳，施工中未发生任何安全事故，

图 2.16　上层车道板架设现场照片

两条隧道的板梁都分别在不到 2 个月的时间里完成了架设。较常规现浇施工,节约了工期,并取得了较好的经济效益。

2.3 上海上中路隧道

上中路隧道是中环高架沿线第一条上下层均能通行大型机动车的双层隧道,盾构机直径为 14.87m,在当时并称为“世界最大直径盾构法隧道”和“世界上最大的越江公路隧道”。

上中路越江通道工程是双管双层双向八车道隧道工程,设计速度 80km/h,上、下两层车道宽度 3.25m×2+3.5m×2,通行净高 4.5m。隧道外径 14.5m,南线长 1270m,北线长 1273m。上中路隧道和军工路隧道同为连接中环高架快速路浦东与浦西的重要纽带。与复兴东路隧道相比,上中路隧道在规模、双层空间利用设计技术方面均有突破[13]。

上中路隧道采用盾构法隧道穿越黄浦江底。黄浦江宽 400m,深 15m。隧道断面见图 2.17。隧道江底最浅覆土 10m,隧道纵坡 4.5%。盾构法圆形主隧道两岸各设一座工作井,矩形暗埋段和引道段共长 1052m,分别采用地下连续墙和 SMW 围护桩明挖法施工。

上中路隧道单管内设双向 4 车道,上层为两个宽 3.25m 的车道,下层为两个宽 3.5m 的车道,见图 2.18。盾构段隧道间隔 100m 设置上下层车道互通的逃生疏散楼梯,满足消防要求。上层车道结构采用现浇施工,在立柱顶部采用模板台车施工上层车道结构。

为了缩短工期,两条圆形隧道的道路结构施工与隧道盾构推进同步进行:下层车道及防撞墙等现浇结构滞后于 2 号台车 150m,并实施左右分段分幅施工,保证运输线路畅通,上层车道施工滞后于 2 号台车 250m。隧道上、下层车道结构施工横断面如图 2.19 所示。

下层车道板采用预制构件形式,底部为一块门形预制车道板。预制车道板的尺寸为 4000mm×2000mm×1240mm,重约 10t。下层路面预制构件的吊运安装同步于盾构推进,一方面起到施工阶段隧道抗浮作用,另一方面提供运输车辆及 2 号车架的行走基面,实现盾构快速推进。

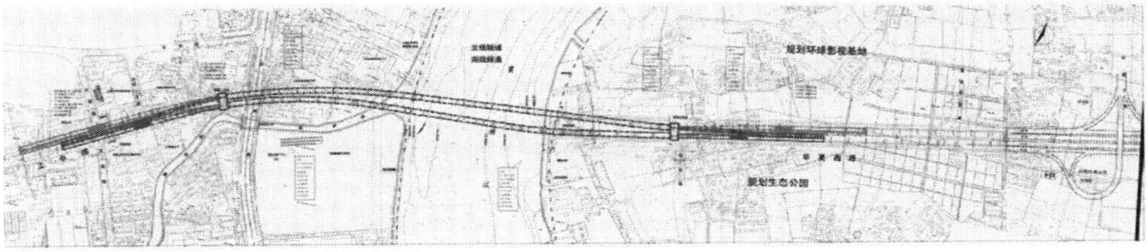

(a)平断面图

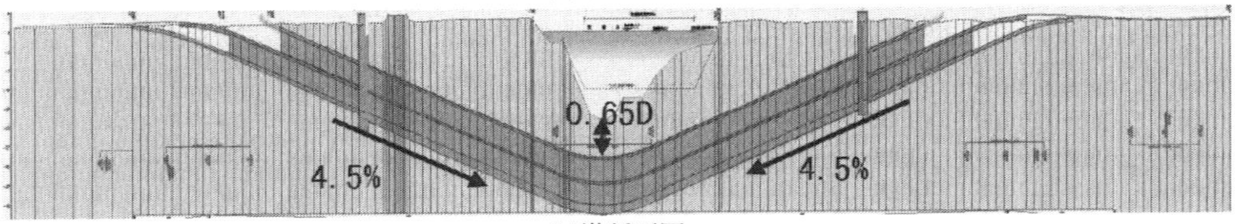

(b)纵断面图

(c)横断面图

图2.17　隧道断面图

下层预制车道板运输到盾构推进处的2号车架——预制车道板吊运车架之下,再用车架吊运设备吊至预制车道板位置处进行铺设,即预制车道板的铺设与隧道衬砌环同步进行。预制车道板吊装前,必须先将隧道内的污泥和杂物清除掉,并将管片冲洗干净、手孔螺母拧紧,然后在衬砌环底面标出车道板位置,再将预制车道板吊运到位,进行铺设。预制车道板铺设完成后,进行素混凝土填充施工,保证下层预制板的稳定性。

上中路隧道工程于2004年1月9日正式开工,2008年4月全线贯通。2009年1月22日晚8时上中路隧道南线实现“单管双层”试通车。上中路隧道虽然和已建成的复兴东路隧道一样,为双层隧道,但多了两条车道,在当时又创造了一项“世界第一”。

上中路隧道是采用了标准隧道建筑限界的双层盾构隧道,是系统化设计的一次革新，是双层隧道设计的一次突破，隧道的功能定位和人性化设计都得到了充分的体现。

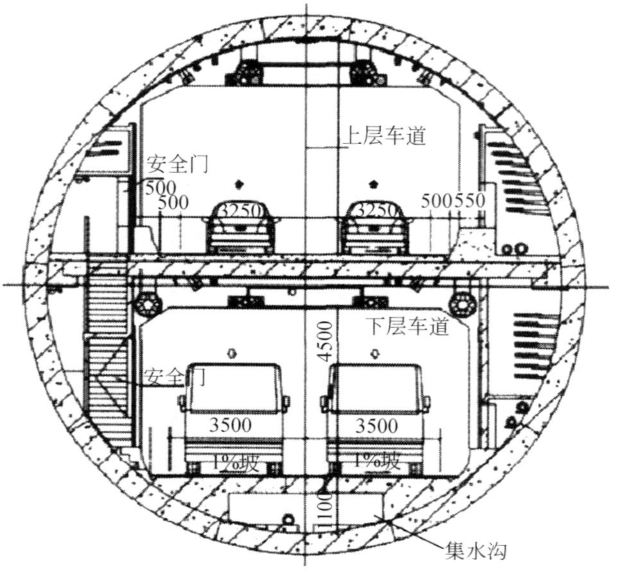

图 2.18　隧道横断面布置图

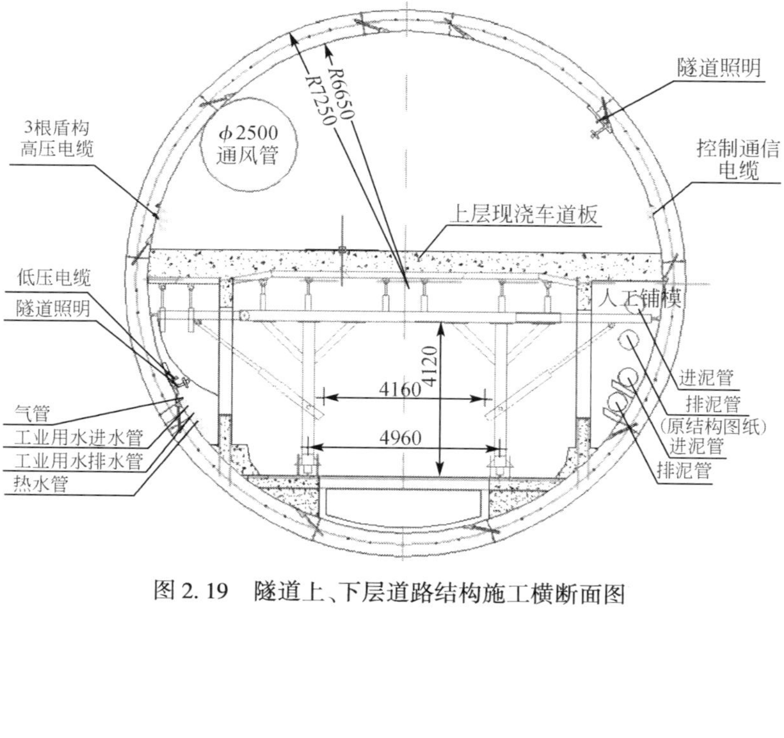

图 2.19　隧道上、下层道路结构施工横断面图

2.4　上海外滩隧道

外滩隧道是上海井字形通道工程的重要组成部分,分流外滩 70% 的过境交通,缓解地面交通压力。外滩隧道为单孔盾构法隧道,设计速度 40km/h,盾构隧道内径 12.75m,长 1098m。上下层每层设同向 3 车道,限界高度均为 3.2m,车道宽 3m,双向双层共 6 车道,仅供小车通行。外滩隧道横断面布置见图 2.20。

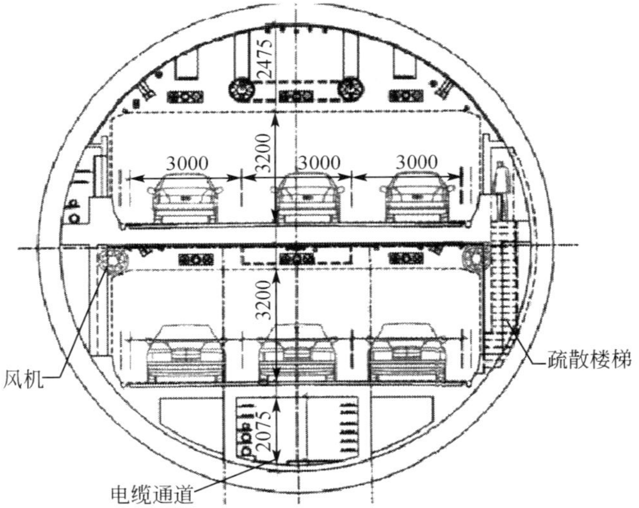

图 2.20　外滩隧道横断面布置图

电缆、水管通道设置于下层车道底部,上下层车道之间的逃生救援通过侧向逃生疏散楼梯实现。外滩隧道上层车道结构采用现浇施工,在立柱顶部采用模板台车施工上层车道结构。

外滩隧道所选用的仅供小车通行的建筑限界是把隧道功能定位作为首要考虑的结果。这样的设计充分考虑了外滩地区的地域特点和车流特征,没有被设计规范所禁锢,没有为控制成本来降低隧道运能,也没有为其增加额外的负担,这是隧道设计理念的进步。

整个工程于 1992 年正式立项批复,1992 年 3 月启动。作为外滩交通综合改造的核心,外滩通道工程主线外滩隧道南起中山南路老太平弄,北至吴淞路海宁路,全长约 3700m,其中地下道路长约 3300m。外滩隧道分上下两层,上层车辆由南向北通行,下层车辆由北向南通行,每隔 100m 的逃生通道通过台阶上下层连通。外滩隧道只能通行小型车,大巴士则需走地面道路。

2.5　上海军工路隧道

军工路隧道是中环线两个越江隧道之一,也是上海市总体规划 17 座隧道之一。军工路隧道是上海中环线的组成部分,南北走向,北起杨浦区军工路,向南穿越黄浦江后止于浦东新区金桥路张江路,全长 3050m,双向 8 车道,设计速度 80km/h。隧道的平、纵断面及横断面分别见图 2.21 和图 2.22。

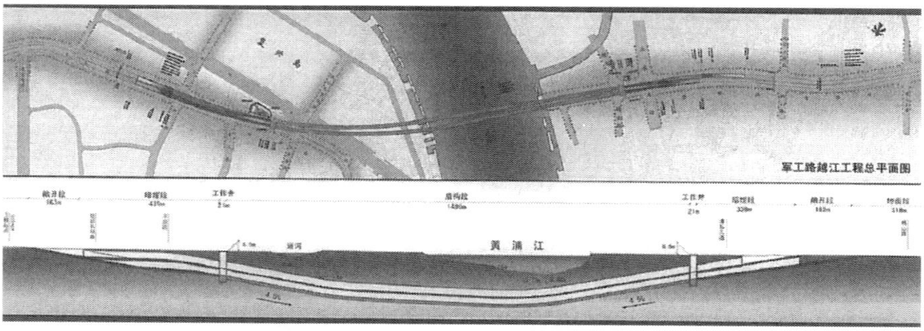

图 2.21　隧道平、纵断面

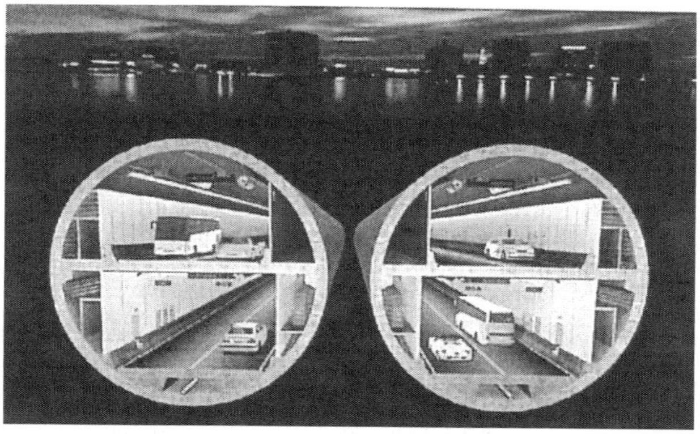

图 2.22　隧道横断面

上海军工路隧道内部双层结构施工曾进行过全预制化设计,采用两个箱形结构作为上层车道的支承结构(图 2.23)。箱形结构、下层车道及上层车道均采用预制结构。上层车道采用 2m 宽预制车道板,车道板通过支座简支于下层箱形结构顶层。

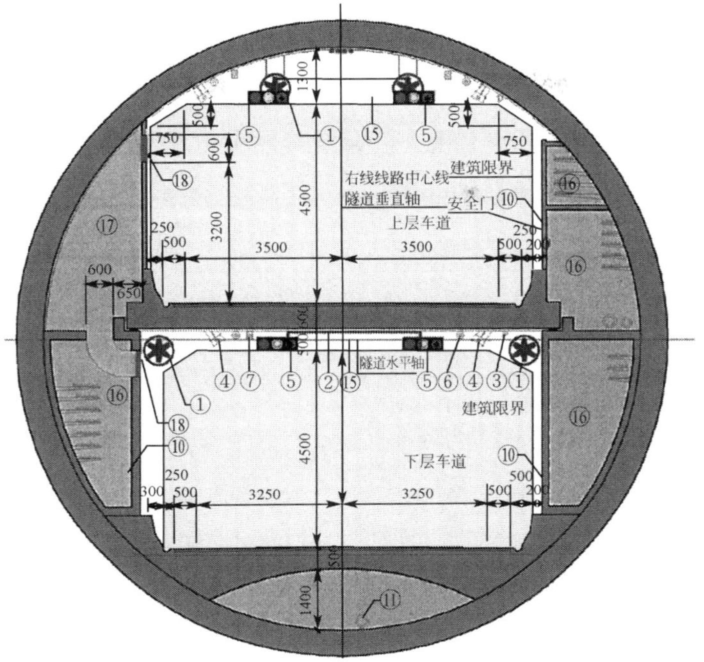

图 2.23　军工路隧道预制方案图

在实施过程中,全预制结构由于在施工方面具有一定的局限性,因而未被采用。设计方案调整为现浇结构,见图 2.24。隧道下层采用 π 形预制结构,两侧立柱基础、立柱上层车道板均采用现浇结构。

2.6　扬州瘦西湖隧道

扬州瘦西湖隧道为地下单管双层四车道隧道,该隧道是以“古城保护至上”为原则进行设计,有效地缓解了城区交通拥堵的压力。该工程东起漕河路与史可法路交叉口,西至杨柳青路与维扬路交叉口,自东向西分别从地下穿过北门遗址公园南侧、友谊路、长春路、瘦西湖公园、税务总局党校和扬子江路,全长 4.4km,主要建设内容包括主体隧道、匝道、接线道路及风塔和设备管理用房等。隧道主体盾构段采用 14.93m 的超大直径泥水平衡盾构机施工。

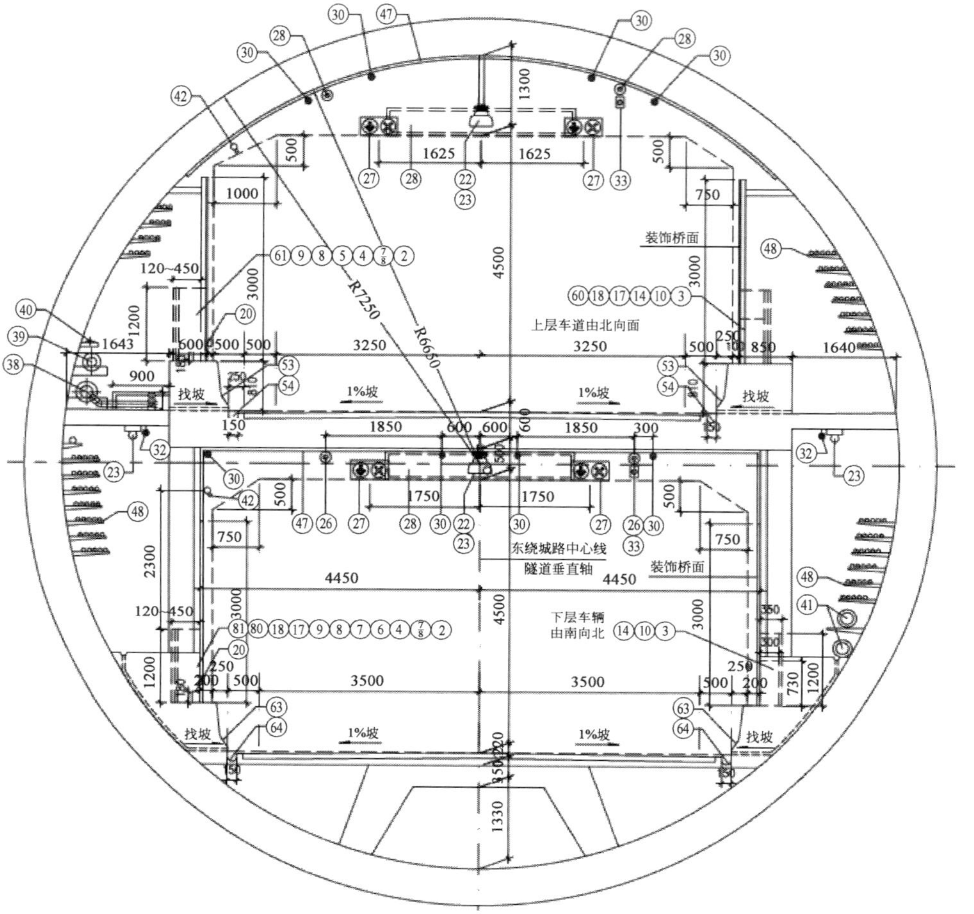

图 2.24　军工路隧道现浇方案图

①射流风机；②消火栓箱（手动报警按钮）；③灭火机箱；④水喷雾控制箱（电源箱）；⑤风机控制箱；⑥风机双电源箱；⑦电话箱；⑧弱电设备箱；⑨模块箱；⑩基本照明配电箱；⑪加强照明配电箱；⑫光过渡照明配电箱；⑬COVI 检测仪箱；⑭维修电源箱；⑮雨水泵房控制箱；⑯江中泵房控制箱；⑰光端机箱；⑱电子警察控制箱；⑲环线检测箱；⑳安全疏散标志；㉑安全门顶部疏散标志；㉒基本照明灯具；㉓应急照明灯具；㉔加强照明灯具；㉕电话指示灯；㉖扬声器；㉗车道信号灯；㉘可变情报板；㉙COVI 检测仪；㉚漏泄电缆；㉛点式火灾探测器；㉜线式火灾探测器；㉝监控摄像机；㉞限速板；㉟环线检测器；㊱转向灯；㊲隧道禁闭指示灯；㊳DN200 水喷雾管；㊴DN150 消火栓管；㊵DN70 泡沫管；㊶DN250 排水管；㊷水喷雾头；㊸超高检测器；㊹声光报警器；㊺混流风机；㊻龙门架；㊼防火内衬；㊽电缆桥架；㊾电缆通道；㊿安全通道（横通道）；51集水沟；52建筑限界；53防撞侧石；54路边沟；55排风阀；56风阀控制箱；57车辆检测器箱；58环形线圈；59引道照明箱；60弱电配电箱；61疏散标志电源分布箱

盾构隧道段长 1. 28km，设计速度 60km/h，采用单管双层方案，上下层各布置两条车道，隧道管片外径 14. 5m，内径 13. 3m，隧道标准横断面见图 2. 25。隧道双层车道结构采用框架结构设计，上层车道板厚 0. 42m，下层车道结构采用门字件和回填混凝土结构，门字件宽 3m，高 1. 3m，结构厚度 0. 3m。洞内结构采用现浇施工，施工照片见图 2. 26。

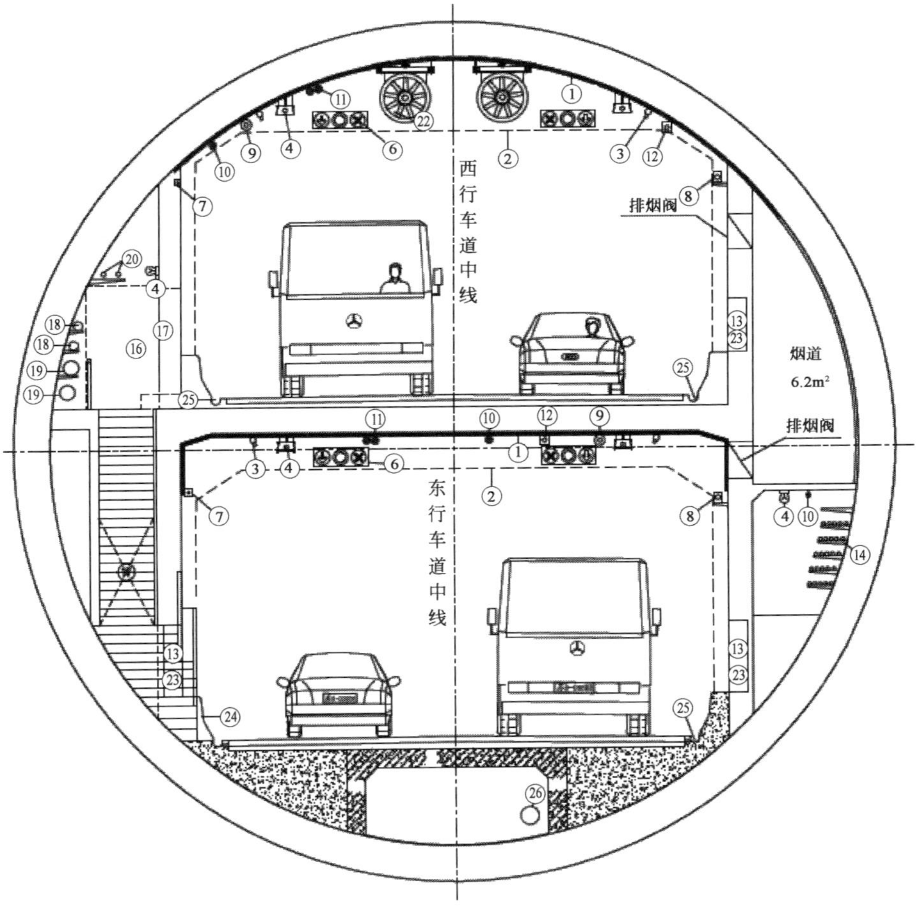

图 2. 25　隧道标准横断面

①内衬(防火、吸声)；②建筑限界；③水喷雾头；④基本照明灯具、应急照明灯具；⑤加强照明灯具；⑥车道信号灯；⑦扬声器；⑧监控摄像机；⑨点式火灾探测器；⑩线式火灾探测器；⑪漏泄电缆；⑫COVI 检测仪；⑬设备箱；⑭电缆桥架；⑮电缆通道；⑯疏散通道；⑰疏散楼梯；⑱DN150 消火栓管；⑲DN250 水喷雾管；⑳DN80 泡沫管；㉑中心集水沟/废水泵房；㉒射流风机；㉓紧急电话；㉔防冲击侧石；㉕路边沟；㉖DN300 排水总管

(a)立柱模筑施工　　　　(b)上层车道板模筑施工

图 2.26　隧道内部结构施工照片

2.7　上海迎宾三路隧道

迎宾三路隧道位于虹桥机场南侧，线路走向为东西向，隧道西起 SN6 路、沿规划迎宾三路向东下穿七莘路、北横泾、虹桥机场南侧、101 铁路线并沿现有迎宾三路出地面，止于 A20 公路，计算行车速度 40km/h。工程全长约 3166m，由接线道路及隧道（明挖段、盾构段）两部分组成。隧道全长约 2860m，其中明挖段隧道长约 1000m，盾构段隧道长约 1862m。隧道主线最大纵坡为 5.5%，最小平曲线半径为 730m。全线设东、西两个工作井，迎宾三路隧道平面见图 2.27。

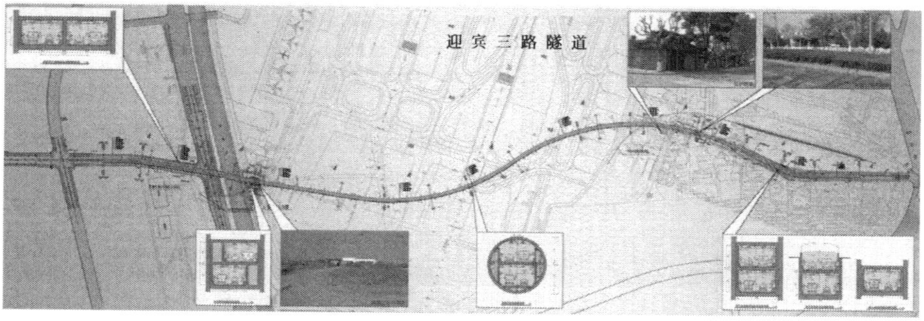

图 2.27　迎宾三路隧道平面

本工程隧道为上下两层，每层均为单向双车道（图 2.28）。隧道衬砌采用通用环管片（双楔形）错缝拼装，每环 9 块，结构尺寸：外径 13.95m，内径 12.75m，管片厚度 0.6m，环宽 2m，楔形量 7.92cm，混凝土强度 C60 级，抗渗等级 S12。

隧道下层采用 π 形预制结构，两侧立柱基础、立柱及上层车道板均采用现浇结构。

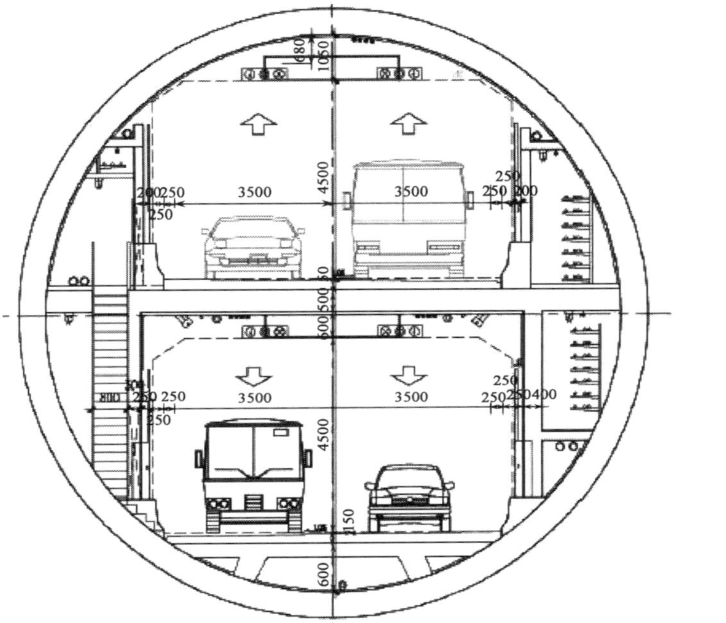

图 2.28　隧道横断面（单位：mm）

2.8　南京纬三路过江隧道

南京市纬三路过江通道位于长江大桥与纬七路长江隧道之间，直接连接南京主城区与浦口规划新市区中心。江北连接定向河路，与浦珠路相交，其中南线（S 线）经潜洲中部、梅子洲尾部过江，与主城的定淮门大街、新模范马路、玄武湖隧道相连；北线（N 线）经潜洲北部过江与主城的扬子江大道相接。纬三路过江通道工程平面如图 2.29 和图 2.30 所示。

纬三路过江通道将采用八车道 X 形隧道方案，从浦口到定淮门将有两条隧道 X 形交叉过江，隧道设计为双层双向八车道。隧道在江中段采用双层盾构，左右线分离布置两管，左线（N 线）隧道盾构段长 3557m，右线（S 线）隧道盾构段长 4134m。盾构直径为 14.5m，内设上下层双向四车道（图 2.31），上层均为江北至江南方向，下层均为江南至江北方向。左右两条单管均具有独立的交通能力，左线隧道直接与扬子江大道顺接,主要承担扬子江大道与浦口间的交通联系;右线隧道直接与定淮门大街顺接,主要承担纬三路的直行交通。

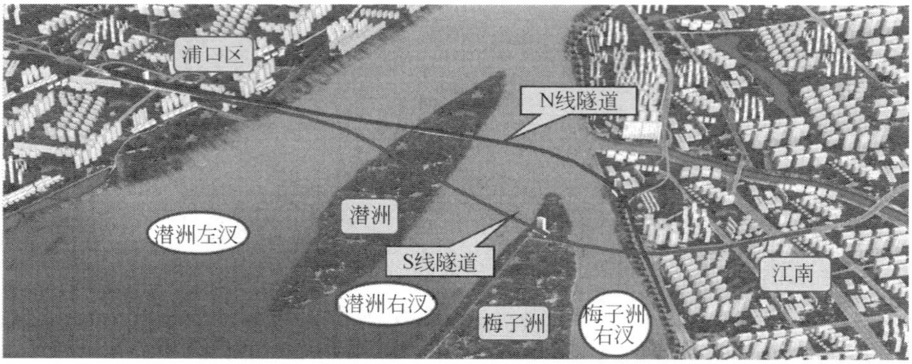

图 2.29 纬三路过江通道工程平面

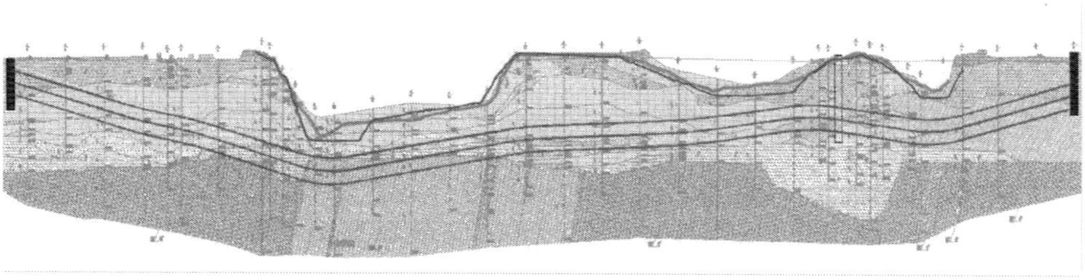

图 2.30 纬三路过江通道工程纵断面

图 2.31 盾构机及盾构横断面

隧道上层车道两侧分别设计有排烟通道和逃生通道(图 2.32)。上层行车道采用 520mm 厚混凝土板，上覆 100mm 厚沥青混凝土路面。上层行车道板支承于两侧的上层车道纵梁，纵梁截面 500mm×1200mm。上层车道通过车道立柱支承于下层车道基础，立柱截面 500mm×500mm。下层车道采用预制口型构件与现浇车道基础两部分组成。盾构隧道内部施工实景见图 2.33。

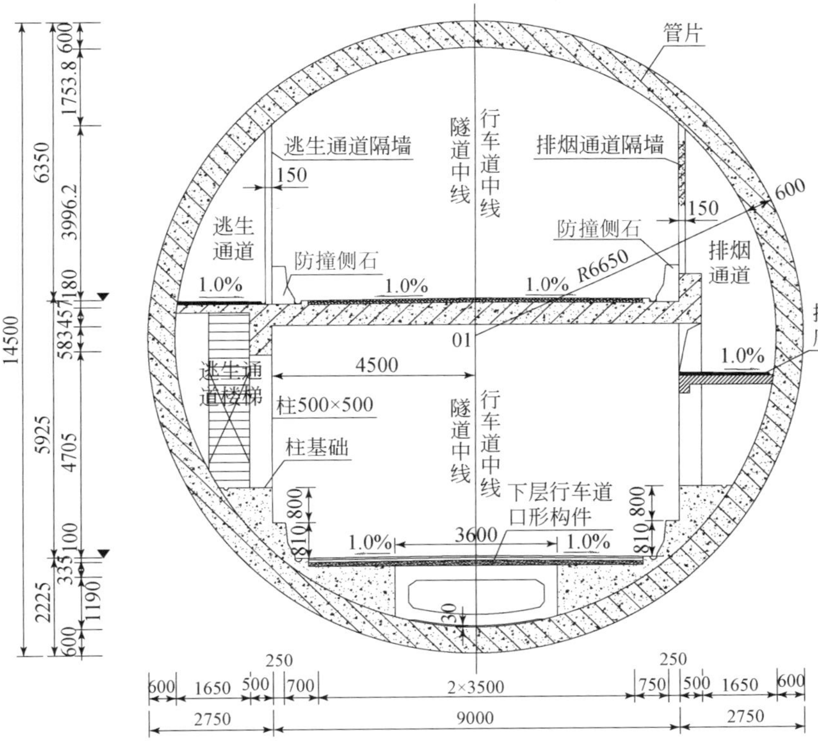

图 2.32　纬三路盾构隧道施工图设计横断面（单位：mm）

图 2.33　纬三路盾构隧道内部施工实景照片

2.9　法国 A86 公路隧道

法国 A86 公路是巴黎环线外约 10km 外的一条环线，相当于国内的城市外环，总长 80km，与从巴黎中心城区辐射处的放射状道路 A1、A3、A4、A6、A13、A14、A15 和 N118 相交，是连接放射状道路网的重要交通要道。A86 公路环线在 Rueil Malmaison 和 Pont Colbert 以东的路段已经开放交通，并且为地面道路。而连接 Rueil Malmaison 和 Pont Colbert 的路段为隧道，隧道平面见图 2.34 ~ 图 2.36。

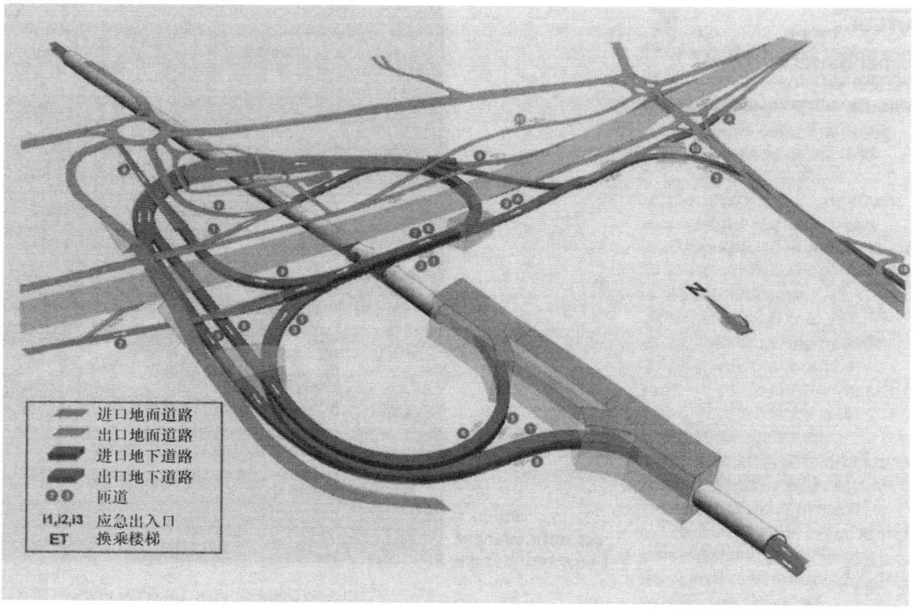

图 2.34　隧道平面

A86 公路隧道由两座隧道组成，分别为东隧道和西隧道，连接 Rueil Malmaison 和 Pont Colbert 的为东隧道，连接 Rueil Malmaison 和 Versailles 的为西隧道。东隧道是世界上首条双层盾构隧道，全长约 10.162km，双向双层 6 车道，每层的 3 个车道中包括两条行驶车道和一条紧急停车道。盾构隧道内径 10.4m，外径 11.24m，上下两层设计通行小型车，车道净高 2.55m，行车高度 2m，车辆行驶车道宽度 3m，紧急停车道宽度 2.5m。

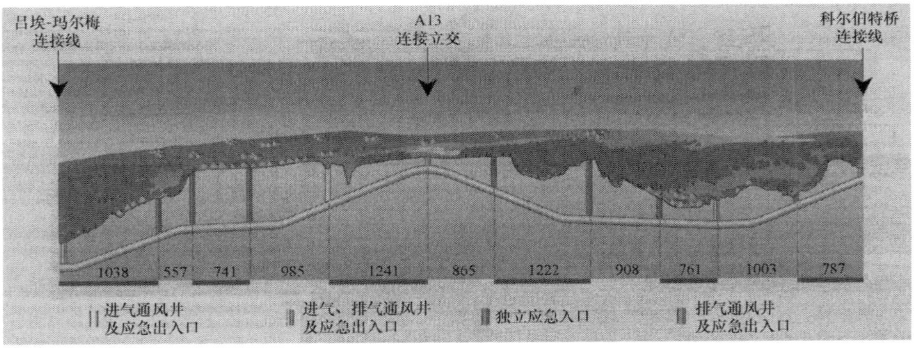

图 2.35　A86 隧道东线隧道纵断面(单位:m)

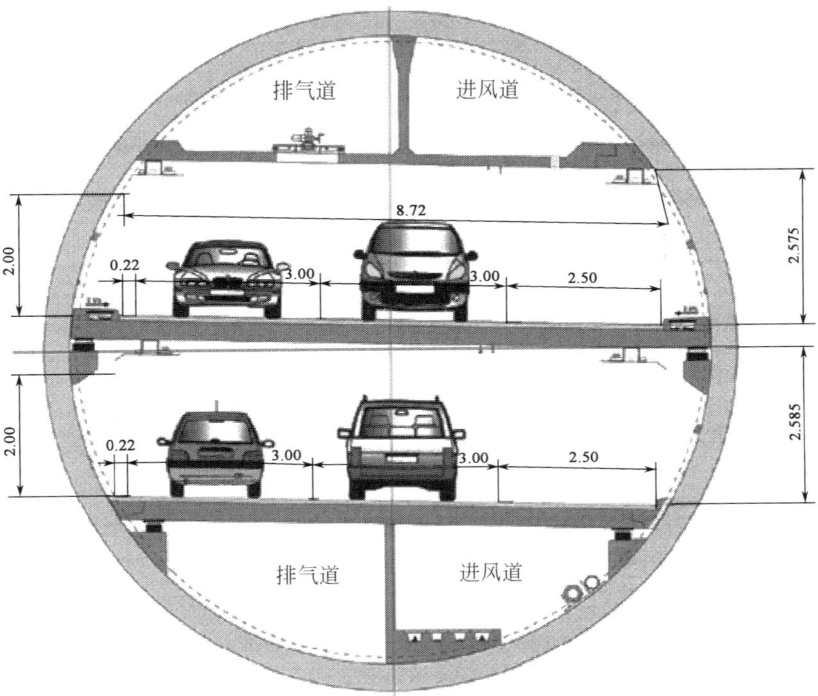

图 2.36　隧道横断面

隧道设计行车速度70km/h，最大纵坡4.5%，满足法国隧道安全设计规范。隧道埋深15～90m，采用盾构法施工，盾构机直径11.57m[14]。

隧道上层车道的上部和下层车道的下部都设有相互独立的通风和排气通道，并且上下两层是隔开的，在一层发生火灾的时候火势不会蔓延到另外一层。为了保证在事故（尤其是火灾）已经发生的情况下人员能够安全撤离，隧道内每隔200m设置1个紧急通道与避难所，见图2.37和图2.38。每隔1000m设有通向地面的安全井，隧道内的人员可以通过紧急逃生竖井撤离事故现场，见图2.39，同时救援人员也可以通过安全井或专用消防车（图2.40）抵达事故现场。隧道建成后的洞口及内部实景见图2.41。

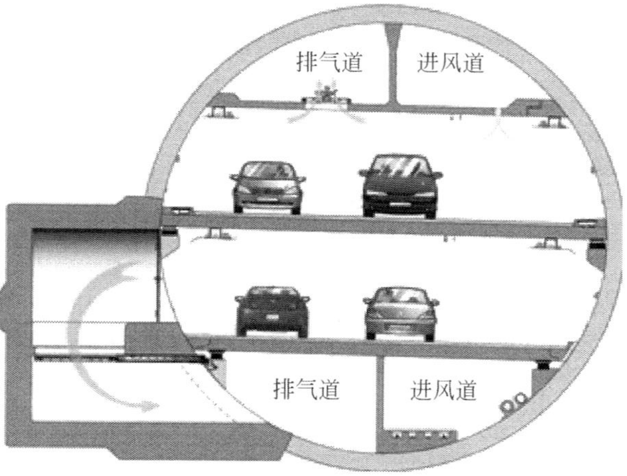

图2.37　通风和排气通道示意

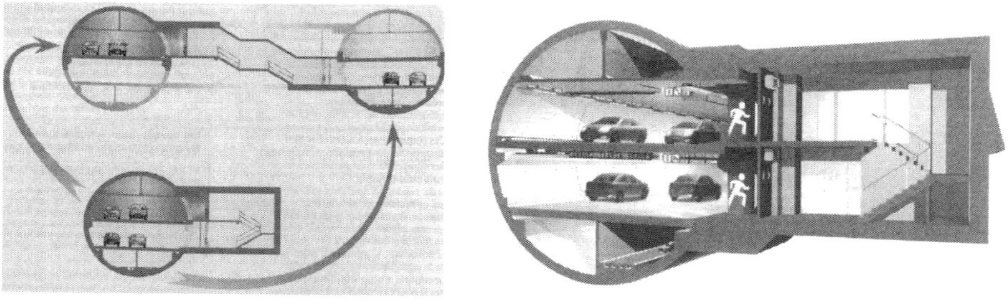

图2.38　紧急通道与避难所

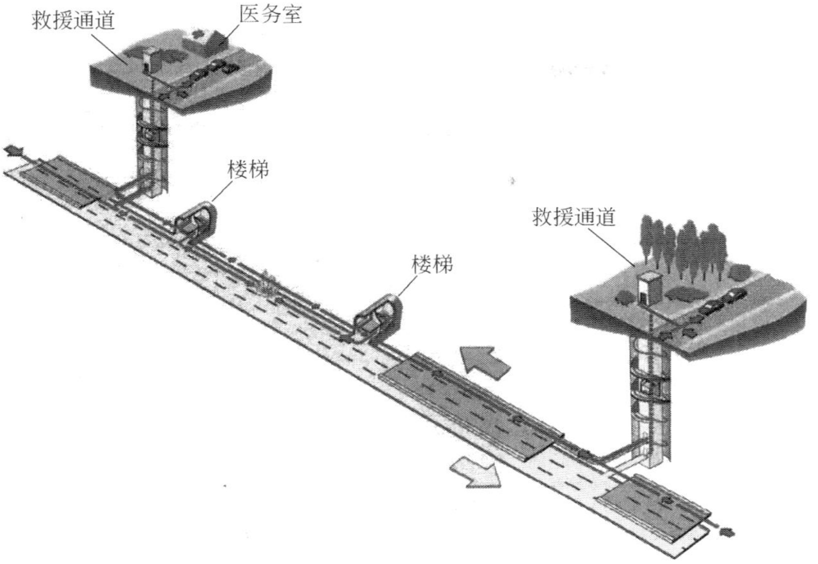

图 2. 39　紧急逃生竖井

图 2. 40　A86 公路隧道专用消防车

图 2. 41　A86 公路隧道洞口及内部实景

2.10　马来西亚 SMART Tunnel

因其泄洪方式的多样化而得名的“聪明的隧道”，位于马来西亚吉隆坡 E38 高速上，隧道长 9.7km(6 英里)，是东南亚第一，亚洲第二的泄洪、公路两用隧道。

这条隧道的主要功能是为了解决吉隆坡的洪灾问题，同时缓解 Pudu 地区 Jalan Sungai Besi 和 Loke Yew 高架在高峰时段的拥堵状况。隧道由泄洪区和机动交通区组成，是世界上最长的多功能隧道。该隧道总投资约 5.146 亿美元，采用泥水平衡盾构法修建，盾构外径 13.2m，隧道标准横断面见图 2.42。

图 2.42　隧道标准横断面

“聪明的隧道”之所以“聪明”，体现在这条隧道对交通和泄洪的处理能力有以下四种智能模式(图 2.43 和图 2.44)。

1. 模式一

当天气晴朗、小雨或无雨时，隧道内的机动交通区开放。

2. 模式二

当雨量中等，监控径流速度上限达到 70 ~ 150m^3/s 时，底层泄洪区启用此模式，径流速度为 50m^3/s 时允许向下游流动；多余的洪水将通过 SMART 进行储存至地层的泄洪区，并排放到 Desa 的衰减池(desa attenuation pond)；公路区将继续使用。

3. 模式三

当大暴雨发生且监控径流速度超过 150m^3/s 或高于 L4 等级时启用此模式；公

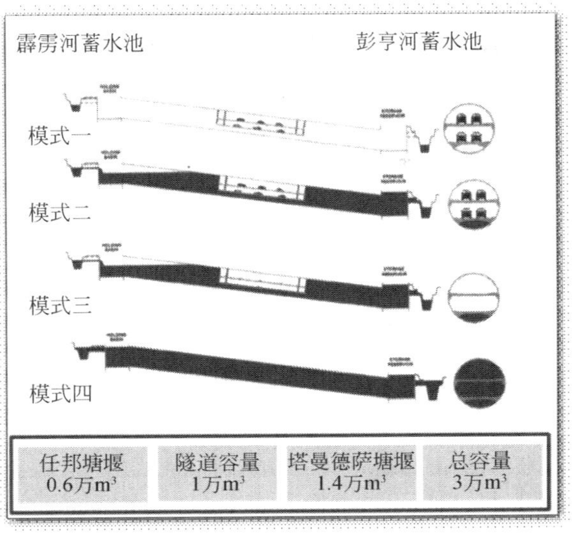

图 2.43 隧道四种运营模式

图 2.44 建成后上下层车道及底部泄洪道示意

路区车辆在 1h 内撤离，径流速度为 $10m^3/s$ 时允许向下游流动；如果大雨、暴雨提前停止或由于某些特定情况，交通隧道则不会被淹没；公路区将在关闭后的 2 ~ 8h 内重新启用。

4. 模式四

如果出现持续的特大暴雨，通常模式三启用后的 1 ~ 2h 内尚未解除，该模式将被启动；公路区范围将参与泄洪，径流速度为 $10m^3/s$ 时允许向下游流动；公路区将在关闭后的 4d 内重新启用。

隧道直径 12m，隧道内部设置双层车道结构，车道板与管片通过牛腿连接，牛腿与车道板均采用现浇施工，该隧道做法类似法国 A86 隧道。施工过程及建成后实景见图 2.45 ~ 图 2.47。

(a)下层车道板

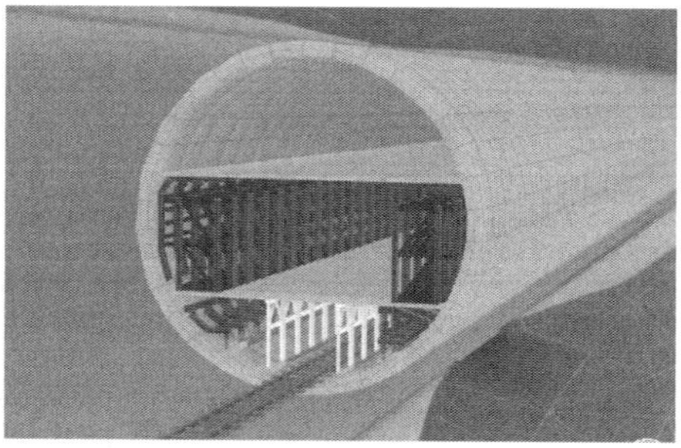

(b)上层车道板

(c)建成后下层实景

(d)现场浇筑混凝土

图 2.45　上、下层车道施工示意图

图 2.46　建成后上层车道

图 2.47　建成后上层车道充水照片

2.11　美国 SR99 公路隧道

美国西雅图的 SR99 公路隧道，长 2.8km，采用直径 17.48m 的盾构机，隧道内径 15.85m，管片厚度 0.61m，隧道外径 17.07m，隧道横断面见图 2.48。管片分块为 10 块，纵向长度 2m。内部设置双层双向 4 车道，车道外设置紧急停车道，侧面设置排烟道和电缆通道[15]。

图 2.48　隧道横断面布置

为完善西雅图的交通，替代阿拉斯加至今已有 60 年历史且在 2001 年遭到过地震破坏的高架道路，最终决定修建美国西雅图 SR99 Alaskan Way Tunnel。该项目是阿拉斯加高速公路改造计划的一部分，SR99 公路隧道的建设将改变西雅图的交通使用方式。

SR99 公路隧道长 2. 8km,采用直径 17. 48m 的盾构机,隧道内径 15. 85m,管片厚度 0. 61m,隧道外径 17. 07m。管片分块为 10,纵向长度 2m。隧道为单洞双层双向 4 车道,车道宽 3. 35m,路肩宽度 1. 83m,人行道宽度 0. 61m,两层车道净高 4. 57m,可容纳所有类型的流量。车道外设置紧急停车道,侧面设置排烟道和电缆通道。

该项目南岸采用明挖方式,随后进入盾构隧道段和高架桥下的支路向北沿着第一大道抬升路线,最终采用明挖回填方式在北岸与现有公路相接。

该项目已于 2012 年 10 月正式奠基,隧道内部的双层结构采用现浇设计,但在后期的施工中不排除采用预制化设计、施工技术。

2. 12　盾构隧道内部典型双层车道结构

双层车道结构中上层车道板结构主要分两种,一种为横框架梁板柱结构,即上层结构为梁板柱结构,上层车道板通过立柱、纵梁支承;另一种为牛腿车道板结构,即上层车道板通过牛腿支承,实现上层行车的功能。

下层车道板主要采用预制构件和现浇充填相结合的结构形式,预制构件有口形件、π 形件等,预制构件两侧现浇混凝土,形成下层车道整体结构。当然下层车道结构也可以采用预制车道板直接与管片之间连接,或者采用牛腿连接。

2. 12. 1　横框架梁板柱结构

横框架梁板柱结构如图 2. 49 所示,下层为口形构件,两侧为现浇混凝土基础,基础上方为立柱,立柱顶部设置纵梁和车道板,整个结构为整体式框架结构。

2. 12. 2　牛腿车道板结构

牛腿车道板结构如图 2. 50 所示,下层为口形构件,两侧为现浇混凝土基础。车道板位于牛腿上方,牛腿可以通过现浇和预制施工,复兴东路隧道是牛腿和管片一起预制,也可以采用在管片上植筋施工牛腿的方案,上述两种方法分别为简支和整体式框架结构。

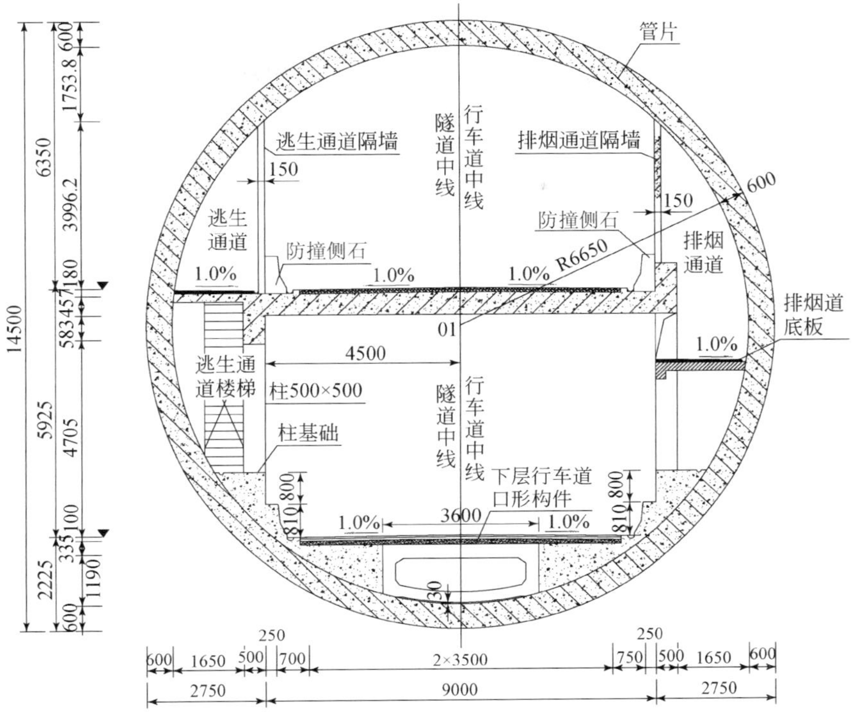

图 2.49　横框架梁板柱结构横断面(单位:mm)

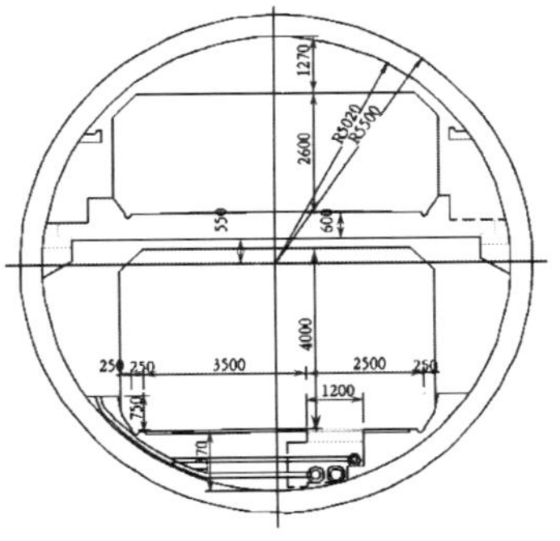

图 2.50　牛腿车道板结构(单位:mm)

2.13　盾构隧道内部双层车道结构修建技术

2.13.1　现浇结构修建技术

双层车道现浇修建技术主要采用定型模板台车(图 2.51)施工。这是传统的施工方法,在盾构隧道单层车道结构、双层车道结构的隧道施工中都得到了充分的实践,也取得了一系列的成果及专利。

图 2.51 定型模板台车

2.13.2 预制结构修建技术

双层车道预制修建技术主要采用洞外预制、洞内拼装方法。对机械设备的要求较高,可实现标准化施工。图 2.52 为双层车道结构的全预制横断面,从图中可以

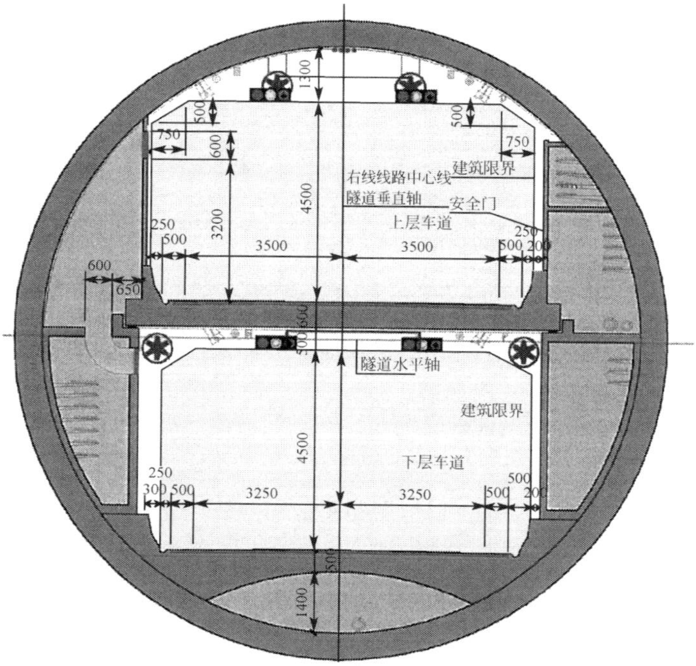

图 2.52 双层车道结构的全预制横断面

看出,如果能实现这样的预制施工,则实现了双层车道标准化设计施工的一大创新。但是在实施的过程中,仍有诸多技术问题需要解决。本书仅仅是对预制化设计施工进行了初步的研究和探索。

第3章　上层车道结构现浇方案设计及施工

3.1　上层车道结构现浇方案设计

3.1.1　总体设计

双层道路结构设计及施工的关键点在于上层车道结构。上层车道结构采用现浇混凝土结构方案时,结构具有较好的整体性、抗震性及耐久性。另外,现浇结构施工方法成熟,施工组织相对简单。因此,工期条件允许的情况下,上层车道结构采用现浇方案不失为一种可行的方法。国内的上中路隧道、迎宾三路隧道及军工路隧道等均采用了上层车道现浇施工的半预制化方案。纬三路隧道内部结构在设计之初也采用该设计思路,因此,本章对上层车道结构的现浇方案设计及施工做简要说明。

受盾构隧道自身特点的限制,其内部结构设计除最基本的结构受力要求外,尚需满足以下两个方面的要求:

(1)盾构隧道属线状柔性结构,盾构管片容易受盾构推进施工、地层变化等方面的影响而发生差异沉降,因此为适应该特点,内部结构应按照一定间距设置横向变形缝。

(2)隧道内部结构施工组织复杂,后期维修处治困难,因此内部结构设计应满足耐久性要求,拟定设计使用年限100年。

南京市纬三路过江通道隧道直径14.5m,隧道内部布置有双层行车道结构体系(图3.1)。内部结构构件主要包括:上层行车道板、纵梁、防撞侧石、上层预制隔墙、逃生通道楼板、排烟通道底板、立柱、立柱基础、逃生通道楼梯、陶粒混凝土砌块隔墙、下层行车道正常段口形构件、江中泵房段口形构件和隔板。上层车道两侧分别设计有排烟通道与逃生通道,排烟通道与逃生通道采用混凝土隔墙与行车区域分隔,隔墙厚150mm。

内部结构间隔适当距离设置变形缝。上层车道结构标准段长度32m,柱间距6.5m+3×6.0m+6.5m,边柱外悬挑梁0.5m(图3.2)[14]。局部受盾构管片沉降缝设置影响的地方,上层车道结构中柱数随之调整,中柱数可为1~4。上层行车道板支承于两侧的上层车道纵梁,纵梁截面 500mm×1200mm。上层车道通过车道立柱支承于下层车道基础,立柱截面 500mm×500mm。下层车道由预制口形构件与现浇车道基础两部分组成。

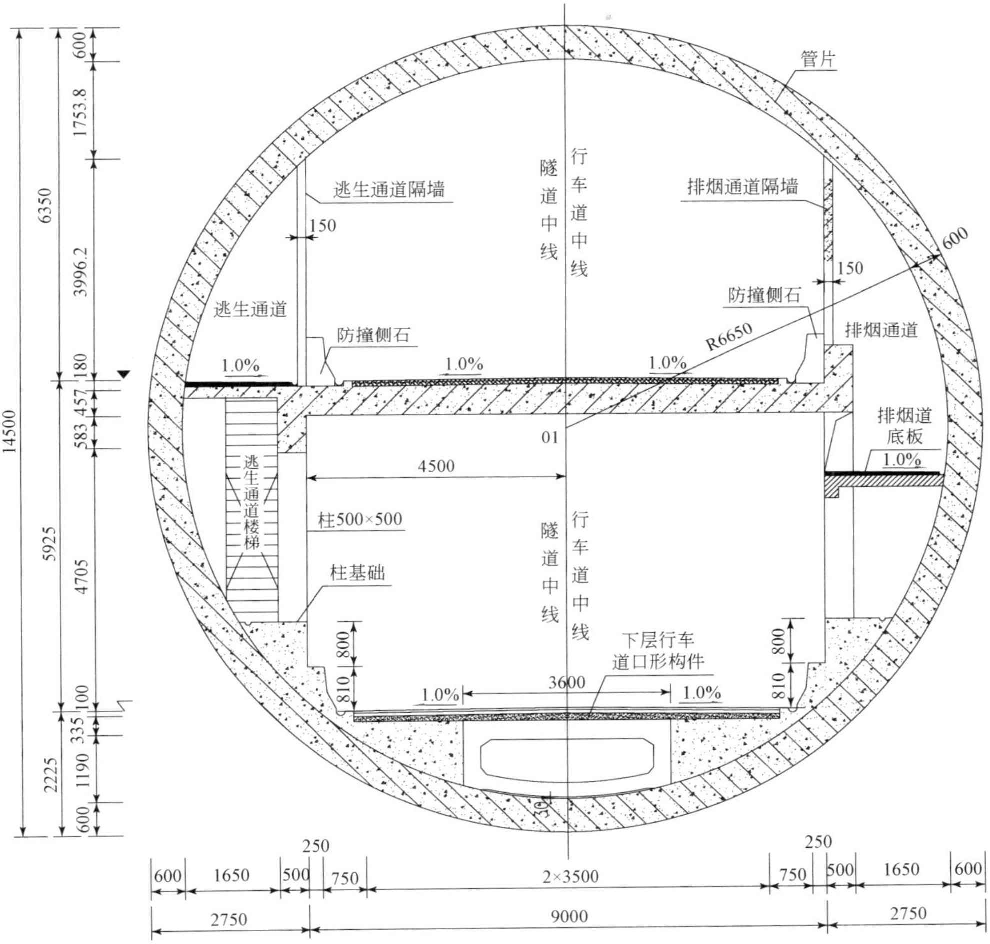

图 3.1　纬三路盾构隧道横断面(单位:mm)

3.1.2　结构计算

1. 技术标准

结构计算的技术标准如下:

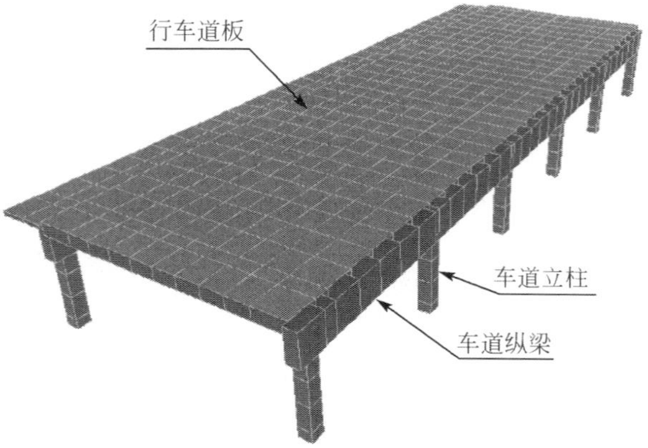

图 3.2　上层车道结构标准段三维模型

(1)结构设计使用年限为 100 年,结构安全等级为一级,结构重要性系数取 1.1。

(2)结构变形验算:消除结构自重产生的长期挠度后梁最大计算变形 $\leqslant L_0/600$ (L_0 为计算跨径)。

(3)钢筋混凝土结构的裂缝宽度不得大于 0.2mm。

(4)地震基本烈度为 7 度,结构抗震设防烈度为 8 度。

2. 荷载与计算工况

主要设计荷载与作用如表 3.1 所示。

表 3.1　主要设计荷载与作用

荷载类型	荷载名称
永久荷载	①结构自重
	②路面面层自重(2.2kN/m^2)
	③混凝土收缩及徐变作用(湿度按 75% 取值)
可变荷载	④车道荷载:公路-I 级
	⑤设备自重(3.2 kN;设备动力系数=3)
	⑥人群荷载(4.0kN/m^2)
	⑦温度荷载(0 ~ 10℃)
	⑧汽车荷载制动力(165kN/车道)
偶然荷载	⑨地震作用

对以上荷载按下列四种情况进行组合:

1)基本组合

(1)1.2×[①+②]+1.0×③+1.4×④+1.4×0.8×[⑤+⑥]

(2)1.2×[①+②]+1.0×③+1.4×④+1.4×0.8×⑧

(3)1.2×[①+②]+1.0×③+1.4×④+1.4×0.7×[⑤+⑥+⑧]

(4)1.2×[①+②]+1.0×③+1.4×④+1.4×0.6×[⑤+⑥+⑦+⑧]

(5)1.2×[①+②]+1.0×③+1.4×[⑤+⑥]+1.4×0.8×④

(6)1.2×[①+②]+1.0×③+1.4×[⑤+⑥]+1.4×0.7×[④+⑧]

(7)1.2×[①+②]+1.0×③+1.4×[⑤+⑥]+1.4×0.6×[④+⑦+⑧]

2)偶然组合

(1)1.0×[①+②+③]+0.5×[④+⑤+⑥+⑦+⑧]+1.0×⑨

3)作用短期效应组合

(1)1.0×[①+②+③]+0.7×④+1.0×[⑤+⑥]+0.8×⑦+1.0×⑧

4)作用长期效应组合

(1)1.0×[①+②+③]+0.4×[④+⑥]+1.0×[⑤+⑧]+0.8×⑦

3. 计算结果

上层车道结构现浇方案为典型的三维框架结构,计算时应注意车道板上荷载分布对结果的影响。采用SAP2000通用有限元软件建立上层车道板及主体框架结构三维计算模型,计算时考虑车道侧面排风道局部荷载作用(1.5kPa)的影响。计算结果如图3.3~图3.13所示。

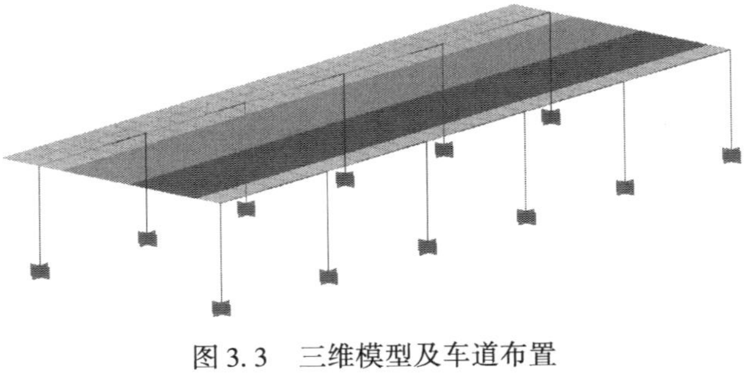

图3.3 三维模型及车道布置

为保证内部结构具有较好的稳定性,柱脚及基础通过植筋与盾构管片连接。

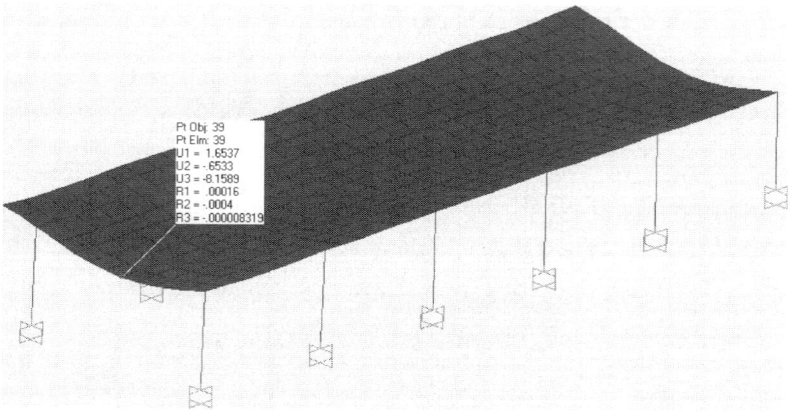

图 3.4　上层车道板跨中挠度

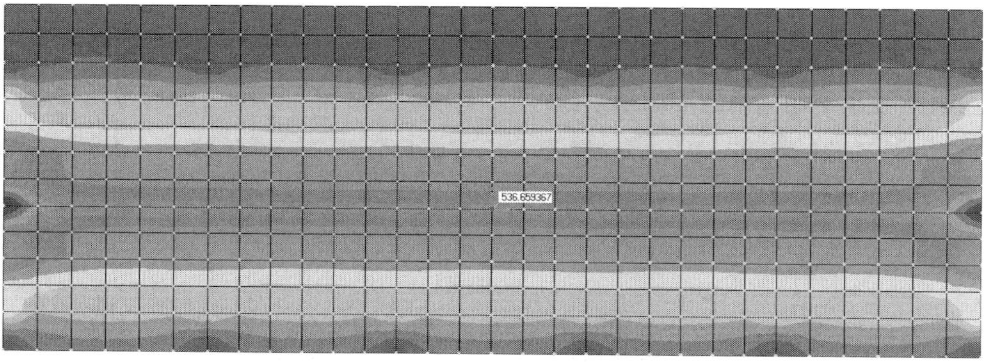

图 3.5　上层车道板横向弯矩(单位:kN · m)

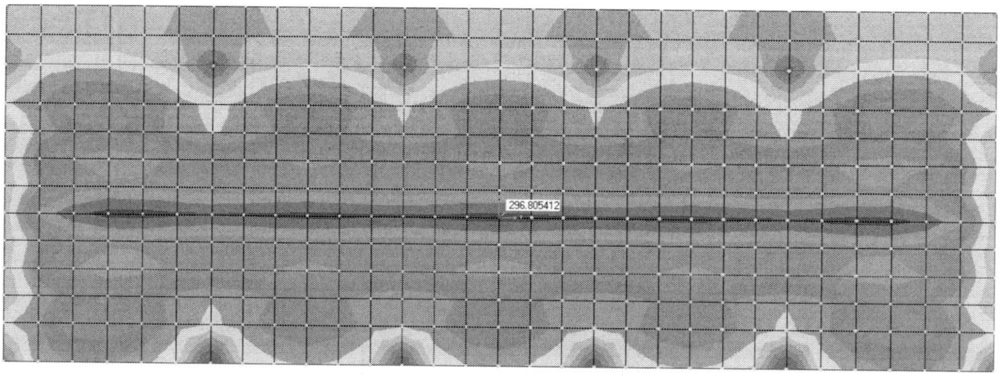

图 3.6　上层车道板纵向弯矩(单位:kN · m)

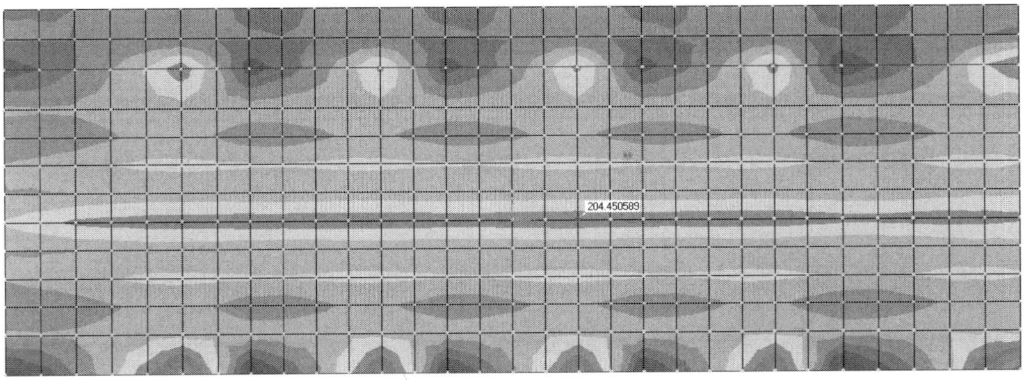

图 3.7　上层车道板剪力(单位:kN)

基础范围如图 3.14 阴影部分所示,基础下端与下层车道口形件两侧通过浇筑混凝土相连接。

取每个预制管片间的基础长度作为分析对象,基础的反力计算示意图见图 3.15(a),柱脚的反力计算图示见图 3.15(b)。基础中心反力正方向如图 3.16 所示,压力以朝管外侧力为正方向,水平力以平行管底面向下为正,弯矩以逆时针方向为正。

基础与预制管段之间以植筋进行连接,基础与管段间剪力按冲切进行计算,冲切截面高度取 2350mm,取 2000mm 长管段进行计算。柱脚、基础中心点反力控制值见表 3.2 ~ 表 3.4。基础采用 C30 混凝土,不考虑压力 N 的有利作用时,基础冲切最大抗力:

$$F_1 = 0.7\beta_h f_t \eta A = 4234\text{kN}$$

显然切向力 T 均小于冲切抗力,满足规范要求。

计算沿管段最大、最小压应力:

$$\sigma = \frac{N}{A} \pm \frac{M}{W}$$

根据基础中心点反力控制值,可以得到最大应力 406.7kPa,最小应力 11.8kPa,所有基底应力均为压力,基础与管段之间仅需构造配筋。

图 3.8　主梁计算模型

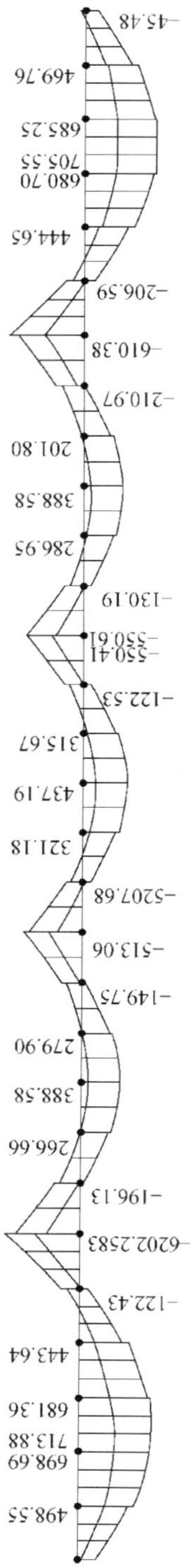

图 3.9　主梁弯矩包络图(单位:kN · m)

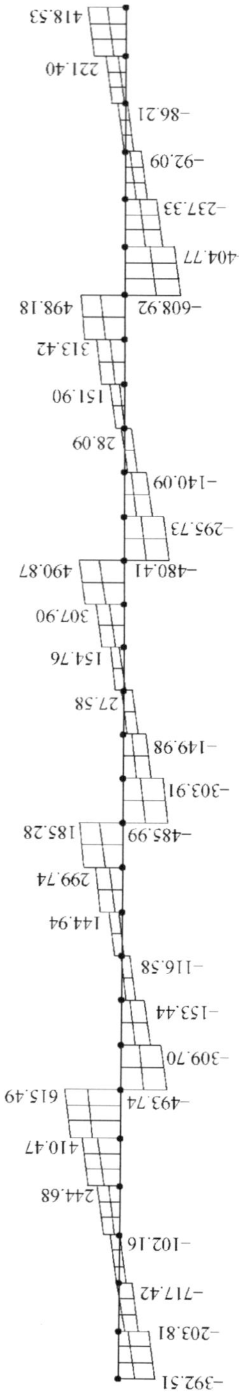

图 3.10　主梁剪力包络图(单位:kN)

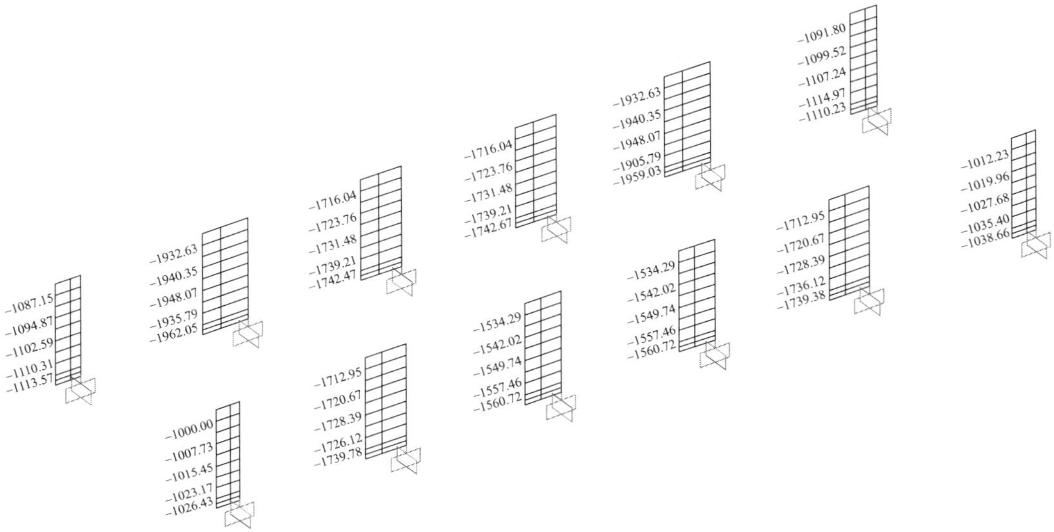

图 3.11　框架柱轴力包络图(单位:kN)

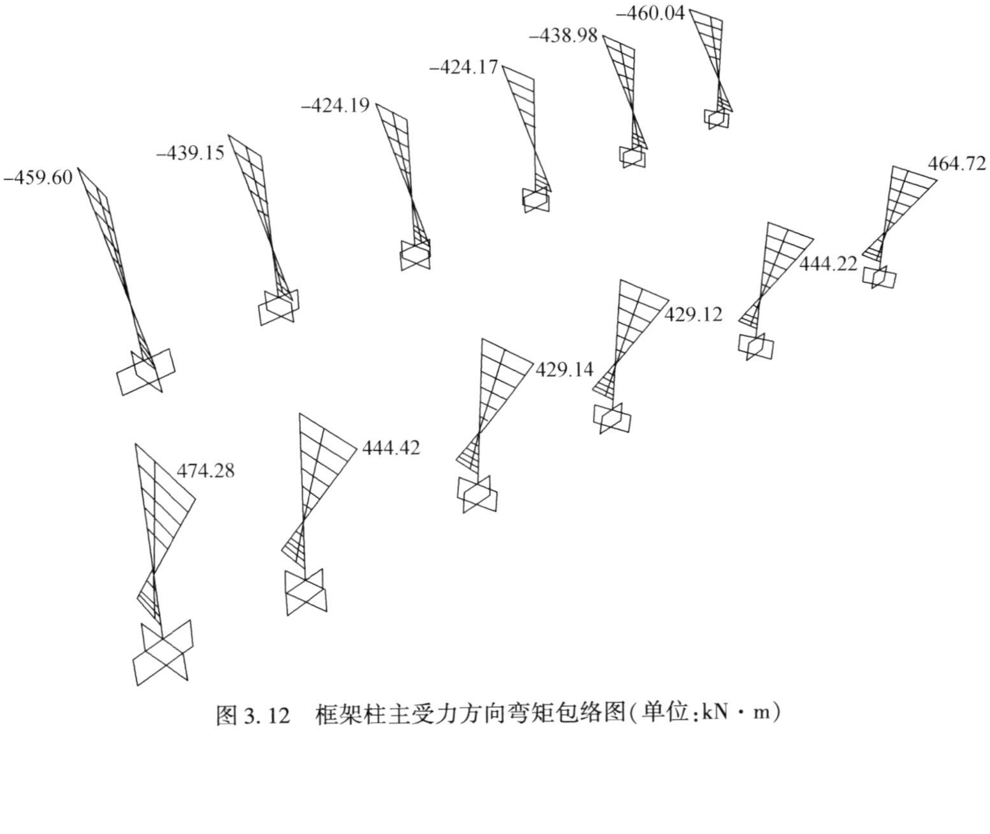

图 3.12　框架柱主受力方向弯矩包络图(单位:kN · m)

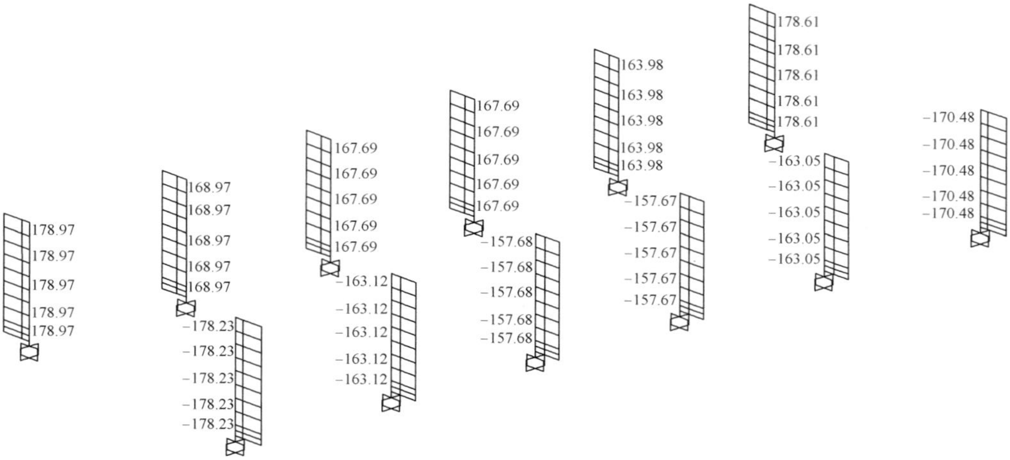

图 3.13　框架柱主受力方向剪力(单位:kN)

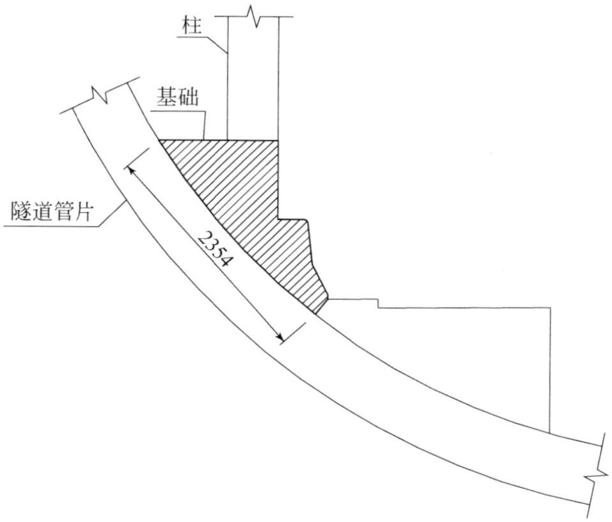

图 3.14　基础范围(单位:mm)

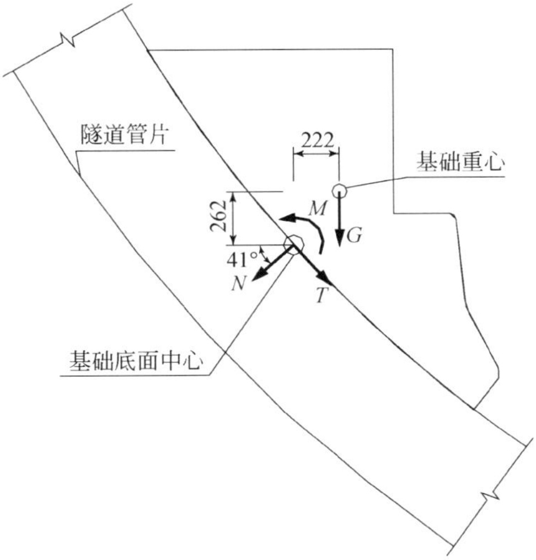

(a)基础自重计算图示

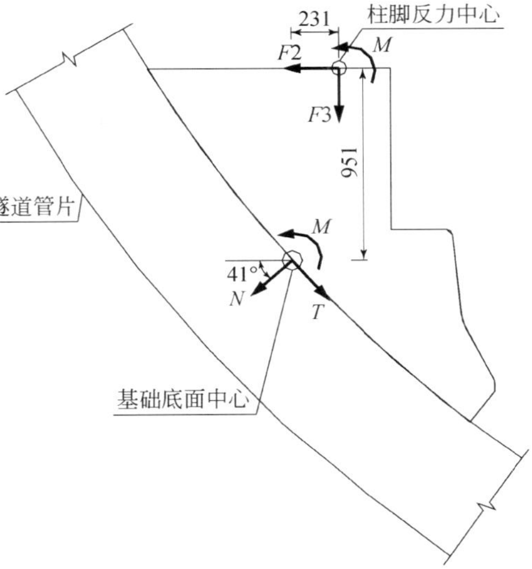

(b)柱脚反力计算图示

图 3.15 基础反力计算示意图

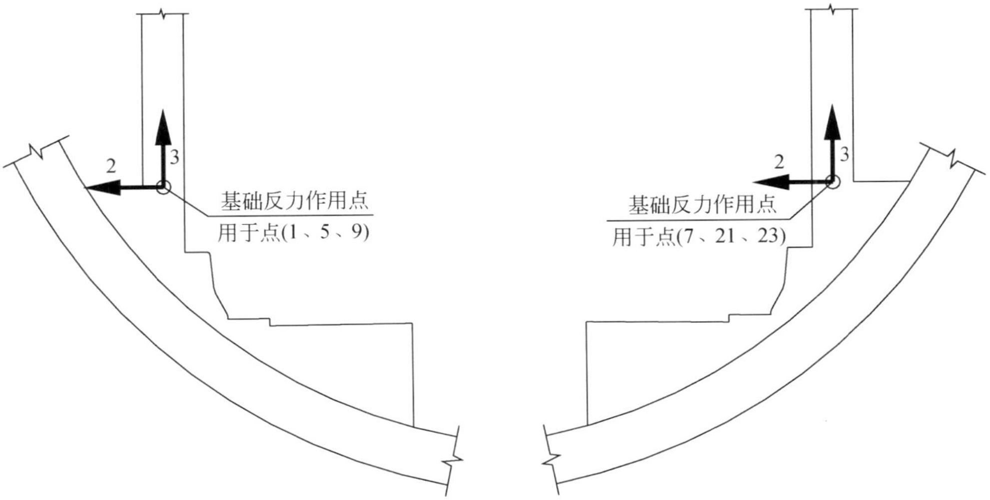

图 3.16 柱脚反力作用点示意图

表 3.2 边柱柱脚反力控制值

节点号	*F*1/kN	*F*2/kN	*F*3/kN	*M*1/(kN · m)	*M*2/(kN · m)	*M*3/(kN · m)
1	-70.69	51.78	411.52	-178.06	-159.70	-0.02
2	-26.54	170.40	1038.66	-85.31	-37.05	-0.02
3	-42.90	72.66	504.64	-213.78	-59.85	-1.18
4	-30.50	-72.80	1118.23	218.89	-42.09	1.00
5	-46.79	-170.51	583.19	90.41	-64.78	-0.12

表 3.3 中柱柱脚反力控制值

节点号	*F*1/kN	*F*2/kN	*F*3/kN	*M*1/(kN · m)	*M*2/(kN · m)	*M*3/(kN · m)
1	-32.37	163.12	1692.53	-108.93	-66.16	0.55
2	-34.03	-83.66	1959.05	193.09	-68.69	0.54
3	-82.09	-139.24	1213.45	72.74	-155.08	-0.54
4	-33.16	-89.28	1892.85	209.51	-67.20	0.54
5	-50.40	64.92	909.79	-158.89	-97.07	-0.54

表 3.4 基础中心点反力控制值

序号	总合力 *N*/kN	总合力 *T*/kN	总合力矩 *M*/(kN · m)
1	360.72	329.57	115.74
2	865.11	720.67	-9.07
3	438.06	385.48	149.81
4	844.74	844.94	13.31
5	563.39	379.47	101.35
6	1292.93	1215.21	-143.42
7	1410.02	1467.48	-196.39
8	957.59	872.23	-91.65
9	1370.36	1414.17	-159.33
10	700.72	694.05	-6.03

3.2 上层车道结构现浇施工技术

3.2.1 施工总体工序

采用现浇方案施工上层车道结构的工序主要有七道，施工总体工序见图3.17。

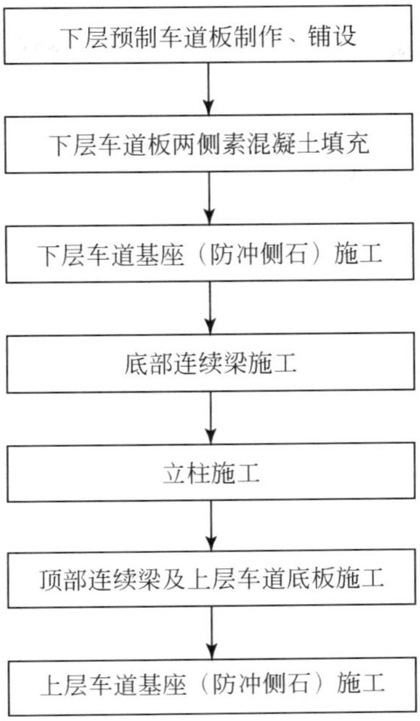

图 3.17　施工总体工序

3.2.2　关键施工工序

1. π 形、口形构件预制及安装

π 形、口形构件在工厂进行预制，存放在工地附近，采用管片车运输至盾构隧道内，紧跟盾构掘进 1 号台车后面，一般距离掌子面约 40m。π 形、口形构件安装并浇筑两侧混凝土后即可形成下层行车道板（图 3.18 和图 3.19）。两侧上层车道立柱基础混凝土浇筑前应做好口形构件及两侧管片位置的凿毛及清洗，以保证后浇混凝土施工质量。

2. 立柱基础施工

上层车道标准段长度 32m，柱间距 6.5m+3×6.0m+6.5m，边柱外悬挑梁 0.5m。局部受盾构管片沉降缝设置影响的地方，上层车道结构中柱数随之调整，中柱数可为 1 ~4。立柱及基础通过植筋与管片连接，尤其为保证立柱的受力效果，部分立柱钢筋需植入管片。因此，对立柱的定位要求较高。施工中，应根据立柱的平面布

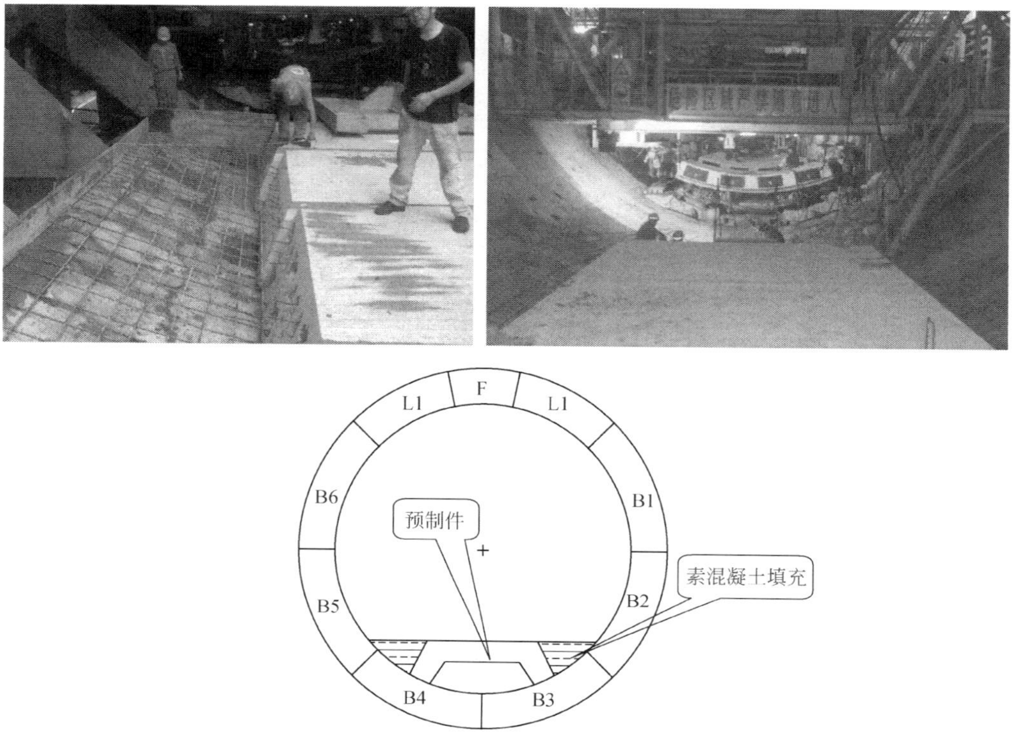

图 3.18　下层车道板（π 形构件）预制及安装

图 3.19　下层车道板（口形构件）安装

置确定每个柱中心坐标，并逐根放线，位置偏差要满足设计要求。立柱及基础植筋示意及照片如图 3.20 所示。

为节约施工时间，立柱基础与防撞侧石浇筑成一体。根据防撞侧石设计构造

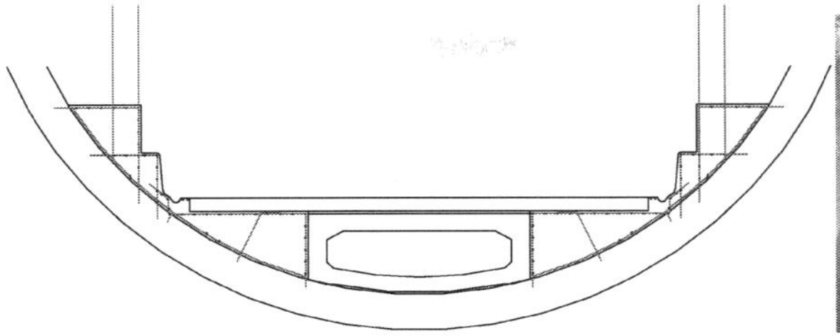

图3.20　立柱及基础植筋示意及照片

定制加工钢模板，立柱基础模板由基础上部模板、防撞侧石构造模板及水沟构造模板三部分组成，通过法兰连接，方便安装和拆除。立柱基础模板设计示意如图3.21所示，立柱基础施工见图3.22。

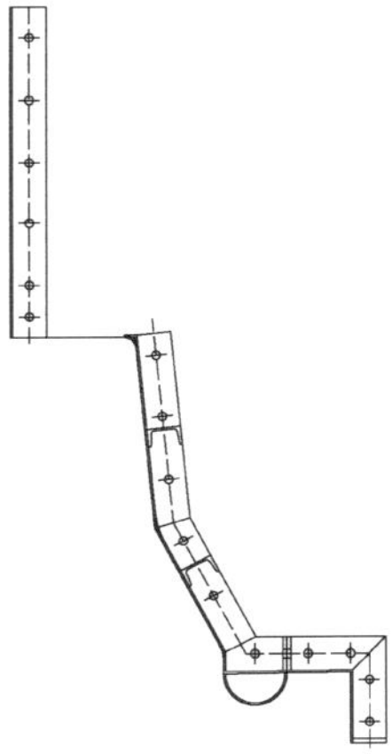

图3.21　立柱基础模板设计示意

3. 梁、板、柱现浇施工

为保证内部结构施工与盾构推进同步，便于内部结构施工组织，梁、板、柱现浇施工（图3.23）主要分成两部分：柱施工及梁板施工。其中，梁板施工应采用定制模板台车以保证施工安全、质量及速度。

4. 上层车道板现浇施工

上层车道板采用定型模板台车（图3.24）浇筑施工。

图 3. 22　立柱基础施工

图 3. 23　立柱现浇施工

图 3. 24　定型模板台车施工

第4章 上层车道结构预制方案设计

4.1 上层车道结构预制化可行性分析

预制结构自19世纪末发展至今,在建筑、桥梁工程中得到了大量的应用。混凝土预制结构通常用于结构梁、板、柱、墙等部位,结构预制构件在工厂制作,各构件运至现场拼装,并以后浇混凝土与连接钢筋形成整体。预制结构还经常采用叠合结构设计方法,采取部分预制部分现浇的组合式受弯构件。

盾构内部车道结构自下而上包括:下层车道口形构件、上层车道基础、上层车道立柱、上层车道纵梁与上层行车道板。下层车道口形构件采用预制化设计,施工时,直接将口形构件吊装到位即可行走施工车辆。上层车道基础浇筑于口形构件两侧,一方面固定口形构件,另一方面作为车道立柱基础,起到支承上层车道的作用。

从结构功能角度分析,上层车道基础是结构受力传递的关键环节,应采用现浇结构。从施工工艺角度分析,植筋并后浇混凝土才能保证节点连接形成整体,预制结构在结构的整体性上存在劣势。因此,车道基础不宜按预制构件进行设计。

预制柱是装配式结构中用到一种预制构件,预制柱内部钢筋与下部结构连接可以通过钢筋接头或灌浆套筒连接钢筋(图4.1)。现场施工时,首先将预制柱内部钢筋与下部结构预留钢筋相连接,然后支模浇筑连接区段内混凝土。混凝土养护达到设计强度后拆模进行下一步施工。

上层车道立柱钢筋布置较多,且部分钢筋直接植入管片内部,采用预制化设计存在以下难点:

(1)立柱内部钢筋数量较多,采用钢筋接头连接,增加工程费用较多。

(2)立柱按预制构件进行设计,柱脚及柱头仍不可避免节点现浇施工,在施工组织及施工时间上与现浇混凝土柱相比并不占优势。

因此,从经济性及施工便利性角度考虑,上层车道立柱不宜采用预制化设计。

预制梁、板是预制结构中常用的结构构件形式。上层车道结构中的梁、板为预制化技术研究的关键点。车道纵梁(板)可以采用预制梁(板)、叠合梁(板)等思路

图 4.1　灌浆套筒连接钢筋

设计。根据纵梁、车道板之间不同的连接方式可以形成以下不同的预制方案，本书重点讨论以下三种预制方案。

1. 车道纵梁、车道板全预制方案

车道纵梁、车道板均按预制构件设计，施工时首先吊装预制车道纵梁、预制车道板，然后再浇筑混凝土，连接车道纵梁、车道板与车道立柱（图 4.2）。

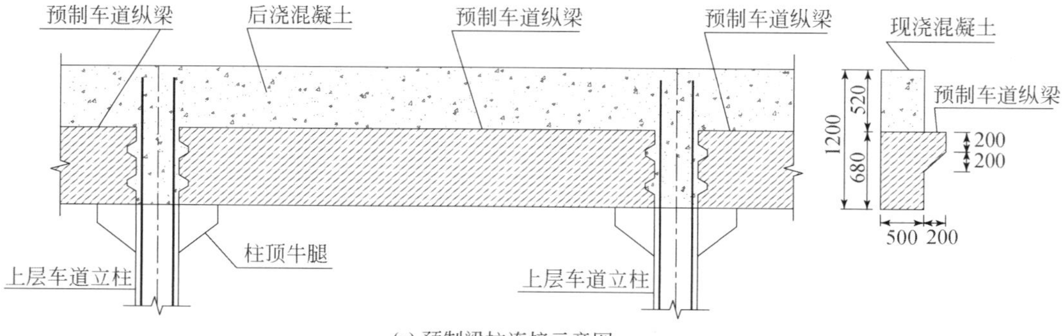

(a) 预制梁柱连接示意图

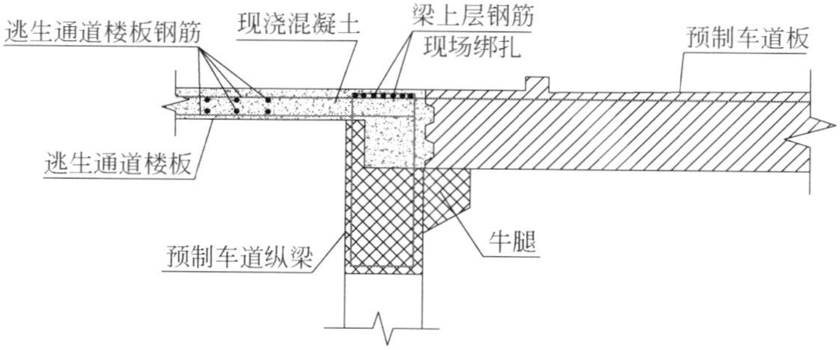

(b) 预制梁板连接示意图

图 4.2　车道纵梁、车道板全预制方案一

上层车道板也可以做成叠合板,以加强结构整体性,见图4.3。

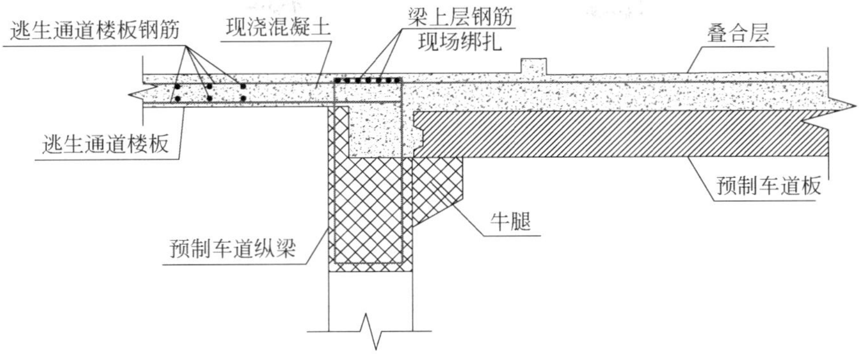

图4.3　车道纵梁、车道板全预制方案二

该方案于立柱现浇后直接架设纵梁和车道板,预制化程度高,施工速度快。但是预制纵梁的设计、施工存在以下技术难题:

(1)预制纵梁与车道立柱连接节点施工难度大。预制纵梁与车道立柱节点处钢筋数量较多(图4.4),吊装纵梁时梁柱钢筋相互干扰,施工精度要求高、难度大。

(2)预制纵梁与车道立柱未形成整体前需在梁端采取防扭措施,防止施工过程中出现纵梁扭转失稳,出现安全事故。

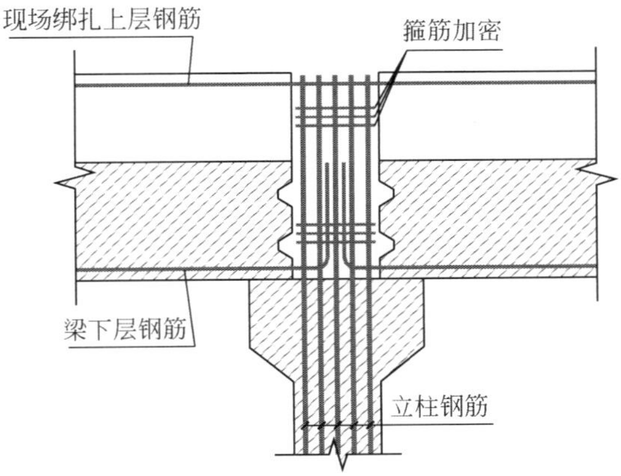

图4.4　预制梁柱连接节点

2. 车道板预制+节点后浇方案

上层车道立柱、纵梁按现浇工艺施工,上层车道板在施工现场拼接后,梁板节点通过混凝土后浇形成整体结构，见图4.5。

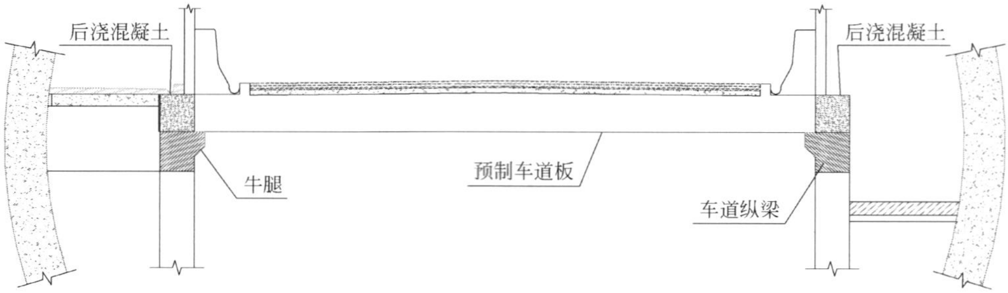

图4.5　车道板预制及节点后浇方案

3. 车道板预制+支座方案

上层车道立柱、纵梁按现浇工艺施工，纵梁上设置支座后，安装预制车道板，见图4.6。

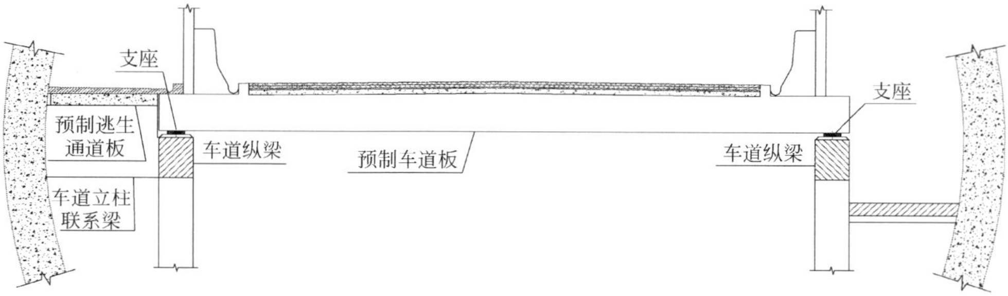

图4.6　车道板预制及支座方案

4.2　车道纵梁、车道板全预制方案一

4.2.1　概述

为保证较高的预制化程度，上层车道纵梁与行车道板均按预制构件设计，其中，车道纵梁采用叠合梁形式。首先预制车道板下方的车道纵梁，车道纵梁架设完成后，将上层车道板临时安装于车道纵梁两侧的牛腿上，并现场浇筑车道纵梁上层混凝土，以将车道纵梁、车道板连接成为一个整体。该预制方案设计要点如下：

(1)借鉴桥梁工程经验及现浇方案成果,板厚取52cm。为保证板顶平整度,施工完毕后,在预制车道板顶面铺装8cm调平层。车道板预制的关键点在预制板连接形式及车道板分块。

预制车道板之间的连接形式有三类:①不做连接,直接拼接,这一做法施工最简单,但各预制车道板之间无连接,结构整体性差;②在板之间设置铰缝以加强车道整体性,这一做法施工略为复杂,铰缝构造相对复杂,铰缝内部尚需增加钢筋,但该作法在桥梁结构中应用广泛,是一种成熟的做法;③采用叠合板设计方法,在板下层设置连接钢筋,通过一定的结构连接,可以做到双向板受力状态,对车道板受力更为有利。

为了研究车道板间接缝对结构的影响,方案研究时对板间直接拼接与铰缝连接两种做法进行了对比分析(图4.7)。

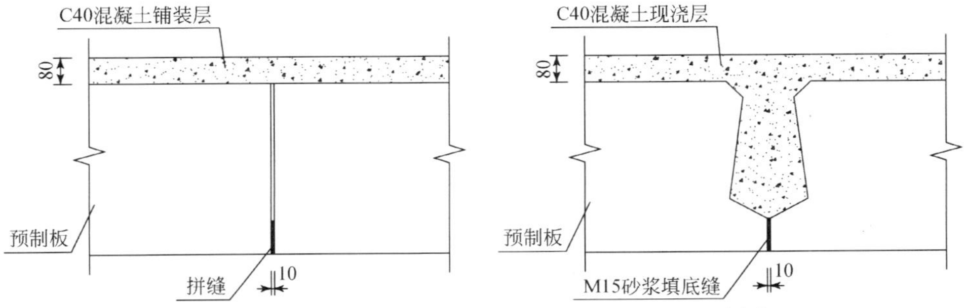

(a) 直接拼接 (b) 铰缝连接

图4.7 车道板连接作法示意图(单位:mm)

对车道板来说,车辆荷载为点荷载,预制车道板直接承受车辆荷载作用。采用预制化设计方法进行结构设计,一方面要考虑行车道板纵向分段与车道柱布置相对应,另一方面也要考虑行车道板宽度变化对结构受力的影响。为研究预制车道板宽度对结构受力的影响,分别对三种宽度的预制车道板方案进行对比分析:1.5m、2.0m、3.0m(图4.8)。

(2)上层车道纵梁采用叠合梁设计方式,预制纵梁截面500mm×680mm。车道板安装后,在预制梁顶面现浇混凝土,施工完毕后梁截面500mm×1200mm。预制纵梁施工时支承于车道立柱牛腿位置,相邻两段预制梁之间预留现浇混凝土空间。上层车道板在隧道外预制,在隧道内部进行吊装作业;安装时上层车道板支承于车道纵梁内侧牛腿顶面。立柱间距需根据预制车道板模数进行相应调整(图4.9)。

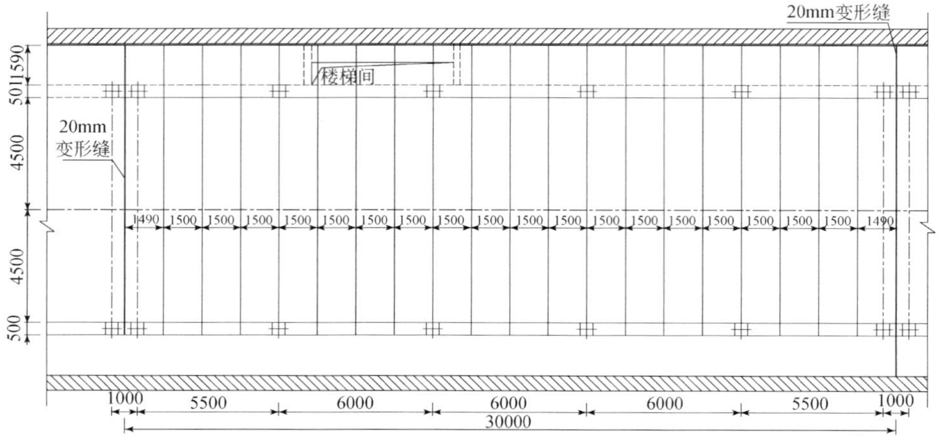

(a) 1.5m板布置

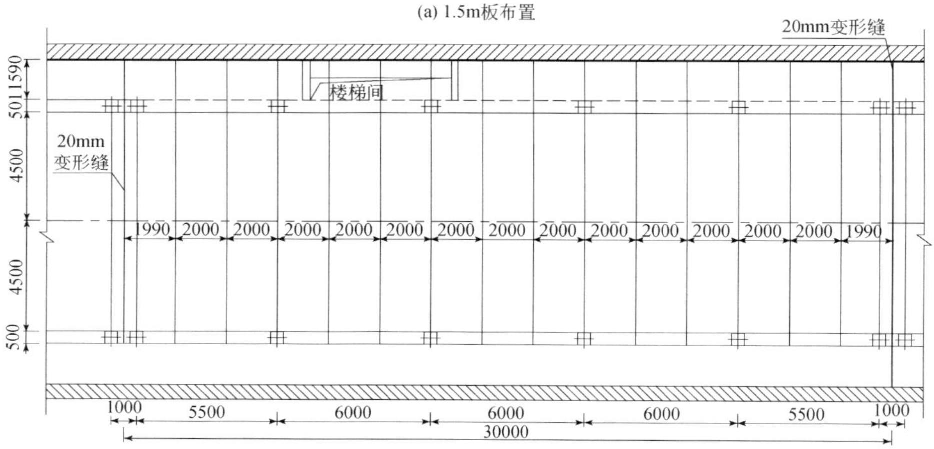

(b) 2.0m板布置

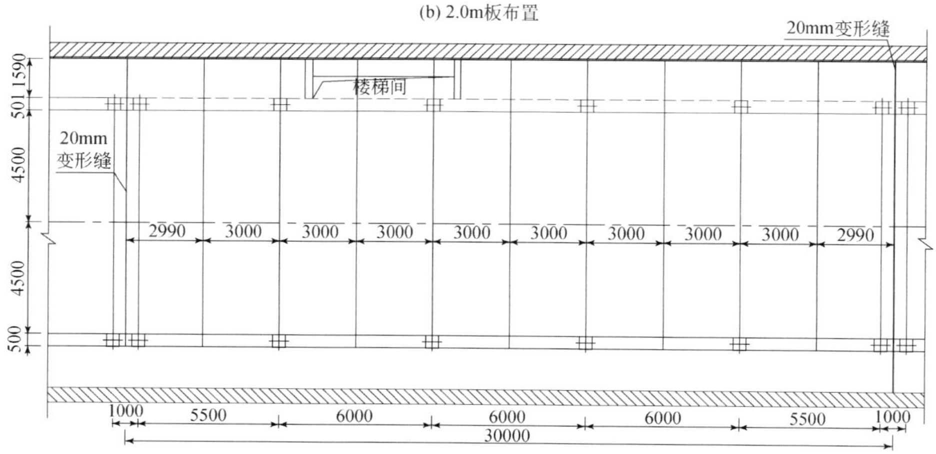

(c) 3.0m板布置

图 4.8　预制车道板分块布置(单位:mm)

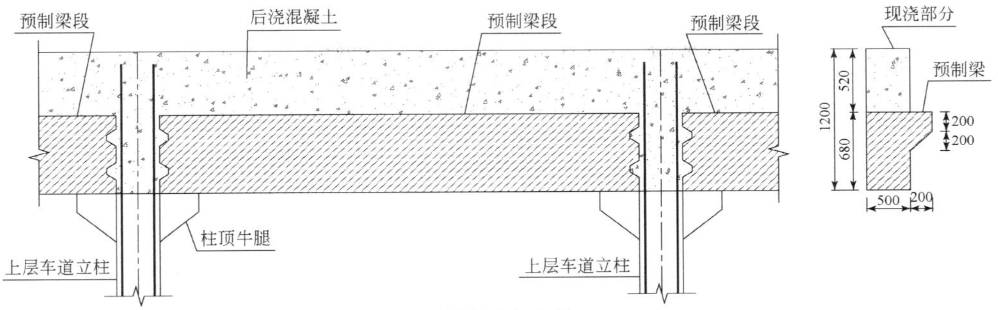

(a) 预制纵梁立柱安装

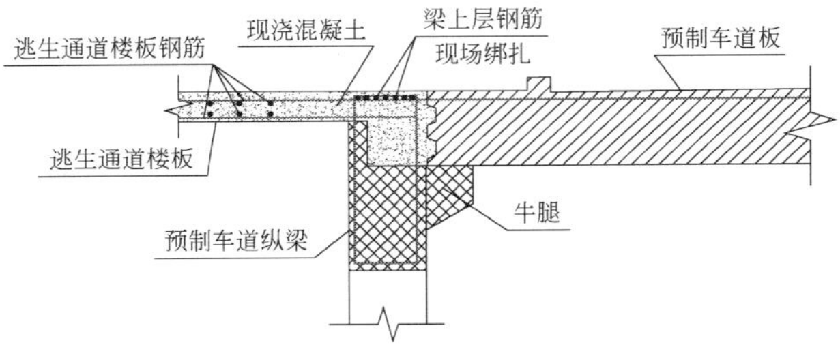

(b) 预制纵梁、预制车道板安装

图4.9　预制纵梁布置与施工安装布置(单位:mm)

4.2.2　施工阶段结构分析

1. 施工阶段荷载组合

根据设计方案,施工期间,预制车道板简支安装于预制纵梁两侧。施工期间需在板顶通车并浇筑8cm调平层。由于施工期间车道板与车道纵梁连接较弱,设计时考虑施工期间仅在车道板正中开通1车道供施工车辆使用。施工期间车辆活动范围见图4.10。

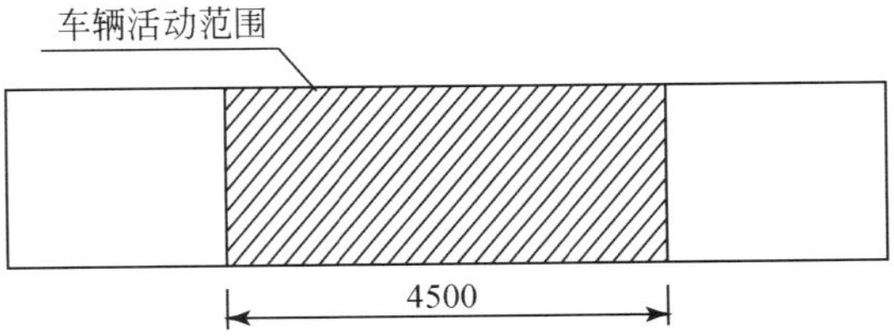

图4.10　施工期间车辆活动范围(单位:mm)

施工期间，车道板主要设计工况：①1.2×恒载+1.2×铺装混凝土恒载+1.4×施工荷载；②1.2×恒载+1.4×车辆荷载。

2. 施工阶段计算分析

1）车道板

预制车道板跨度9m，根据结构布置，分别进行宽1.5m、2.0m、3.0m板的计算分析，为单向受力板。根据《公路钢筋混凝土及预应力混凝土桥涵设计规范》（JTG D62—2004），单向板荷载分布宽度最小为$2L/3$，达6m，远大于板宽。因此，施工阶段可将车道板作为一个简支梁进行计算，施工阶段结构计算示意见图4.11。

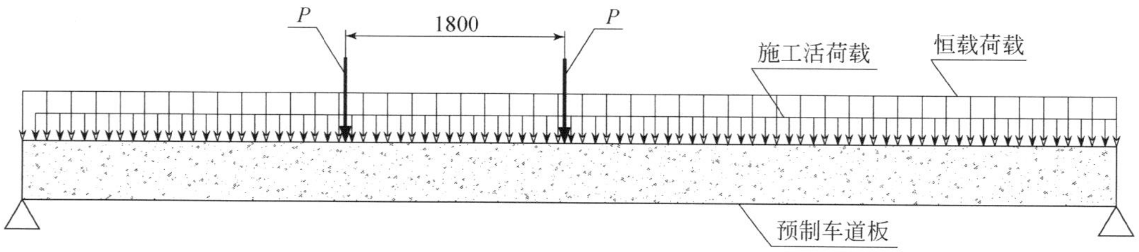

图4.11　施工阶段结构计算示意（单位：mm）

考虑到车道板宽度影响，施工阶段，不同宽度预制板承受的最大车道荷载见表4.1。

表4.1　不同宽度预制板承受的最大车道荷载

板设计宽度/m	1.5	2.0	3.0
施工阶段车辆荷载P/kN	70×1.5	70×2	70×2

车道板内力计算采用Sap2000结构分析软件进行分析，车辆荷载考虑影响线分析，采用最大内力进行计算。根据《公路钢筋混凝土及预应力混凝土桥涵设计规范》（JTG D62—2004）相关规定，结构整体计算，梁刚度取$0.8EI$。

根据结构计算，施工阶段车道板内力见表4.2，图4.12为施工阶段3m宽车道板内力图，车道板跨中变形见表4.2。

表 4.2　施工阶段车道板内力

预制板宽度/m	工况	跨中弯矩/(kN·m)		支座剪力/kN	
		总内力	单位宽度内力	总内力	单位宽度内力
1.5	恒载	228	152	102	68
	设计内力	1018	679	393	262
2.0	恒载	304	152	136	68
	设计内力	1357	679	524	262
3.0	恒载	455	152	203	68
	设计内力	1571	523	620	207

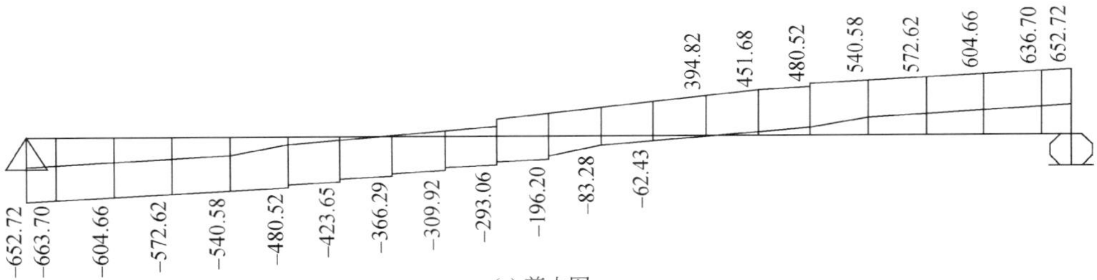

(a) 剪力图

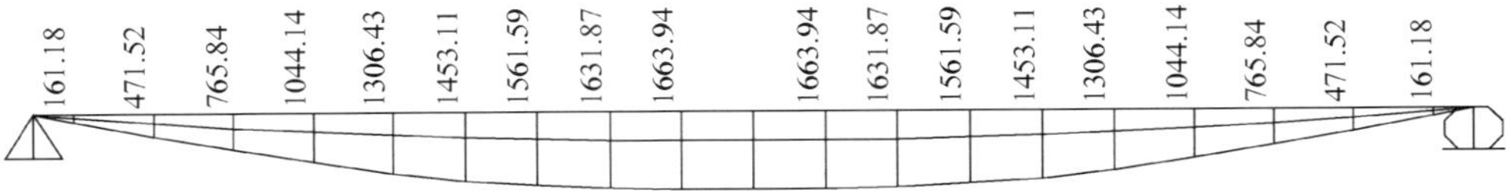

(b) 弯矩图

图 4.12　施工阶段 3m 宽板设计内力图

根据弹性计算,不同荷载作用下,施工阶段车道板跨中变形见表 4.3。

表 4.3　施工阶段车道板跨中变形

预制板宽度/m	工况	跨中变形/mm
1.5	恒载	4.2
	车道荷载	6.6
2.0	恒载	4.2
	车道荷载	6.6
3.0	恒载	4.2
	车道荷载	4.4

2) 车道纵梁

施工阶段，车道纵梁支承于车道立柱两侧牛腿位置。车道板支承于车道纵梁侧面牛腿，车道板反力点作用在车道纵梁上的位置如图 4.13 所示。

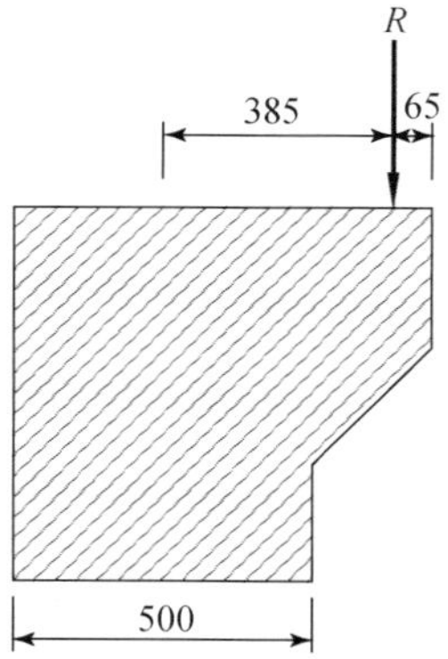

图 4.13 施工阶段车道板反力点作用在车道纵梁上的位置(单位:mm)

车道纵梁两侧需采取固定措施，防止施工期间纵梁发生扭转。采用 Sap2000 软件进行计算分析，车道板反力以荷载形式施加于车道纵梁。模型中梁刚度取 0.8EI，根据实际情况，梁柱以铰接方式连接，约束梁扭转自由度。预制方案一施工阶段车道梁柱计算模型见图 4.14。

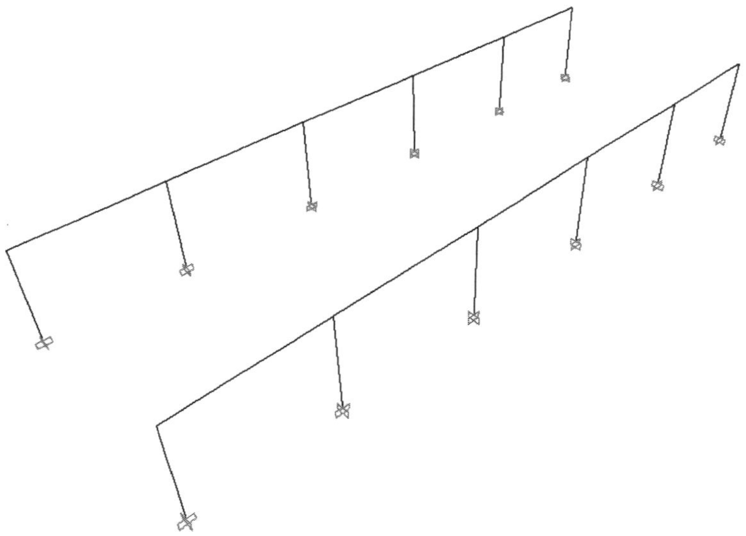

图 4.14 预制方案一施工阶段车道梁柱计算模型

根据计算分析,施工阶段车道纵梁内力见表4.4,施工阶段车道纵梁设计内力见图4.15。

表4.4　施工阶段车道纵梁内力

预制板宽度/m	工况	跨中弯矩/(kN·m)	支座剪力/kN	扭矩/(kN·m)
1.5	恒载	370	213	66
	设计内力	894	419	147
2.0	恒载	370	213	66
	设计内力	915	426	148
3.0	恒载	370	213	66
	设计内力	877	413	144

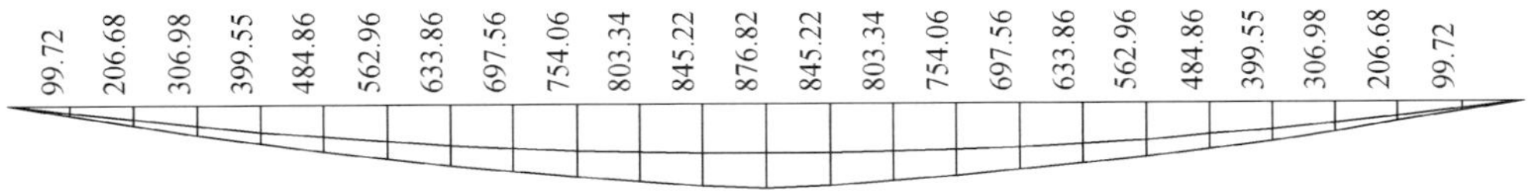

(a) 纵梁弯矩图

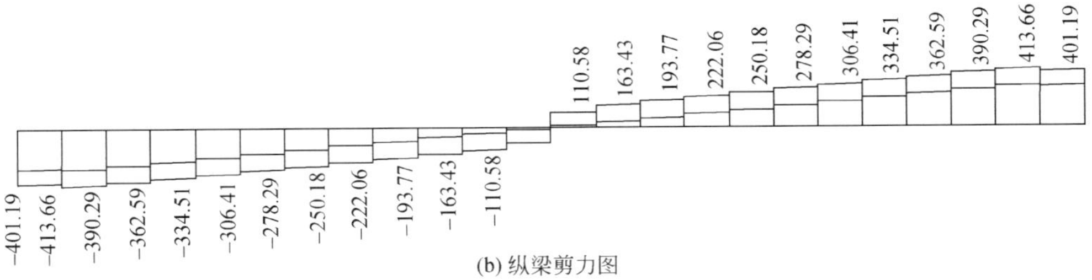

(b) 纵梁剪力图

图4.15　施工阶段车道纵梁设计内力

根据设计计算,不同荷载作用下,施工阶段车道柱顶变形见表4.5。

表4.5　施工阶段车道柱顶变形

预制板宽度/m	工况	柱顶水平变形/mm
1.5	恒载	7
	车道荷载	2.4
2.0	恒载	7
	车道荷载	2.5
3.0	恒载	7
	车道荷载	2.3

4.2.3 使用阶段结构分析

1. 使用阶段荷载

使用阶段，上层预制车道板与车道纵梁连接成为一体，形成整体受力的结构体系。上层车道整体结构体系承受新增使用荷载。车道结构设计内力由施工阶段恒载内力设计值与使用阶段新增荷载内力值叠加得到。

在正常使用情况下，上层行车道板新增主要荷载与作用有：

（1）恒载：沥青混凝土层 2.2kN/m^2。

（2）人群荷载：4kN/m^2，不与汽车荷载共同考虑。

（3）隔墙自重：隔墙采用轻质隔墙，自重 3.2kN/m，沿车道纵梁分布。

（4）车道荷载：根据《公路桥涵设计通用规范》（JTG D60—2004），车道荷载为均布荷载与集中荷载的组合，对于上层车道板，计算跨度 9.5m，集中荷载 P_k = 198kN，计算剪力时 1.2 P_k = 237.6kN。使用阶段上层车道共 2 车道，每车道宽度 3.5m。根据车道频率计算，汽车荷载冲击系数取 1.37。

（5）车辆荷载：车辆荷载用于计算桥梁结构局部加载分析，应根据车轮不同位置布置情况进行局部分析。车辆荷载局部加载冲击系数取 1.3。

（6）制动力：按每个变形缝间距车道结构为一个计算单元，2 车道，每车道制动力 165kN。

另外，在具体设计中尚需进行收缩徐变分析、温度作用分析及地震作用分析，这些荷载对所有车道结构设计方案影响基本相同。因此，在方案分析阶段暂不考虑这些荷载影响。

考虑结构重要性系数，使用阶段上层车道结构效应设计组合：

（1）1.1×（1.2×恒载+1.4×车辆荷载）

（2）1.1×（1.2×恒载+1.4×人群荷载）

对于车道梁、柱尚需额外考虑以下设计组合：

（1）1.1×（1.2×恒载+1.4×车辆荷载+1.4×0.8×制动力）

（2）1.1×（1.2×恒载+1.4×0.8×车辆荷载+1.4×制动力）

短期效应组合：

1.0×恒载+0.7×车辆荷载

长期效应组合：

1.0×恒载+0.4×车辆荷载

2. 使用阶段结构分析模型

施工完毕后,上层车道预制梁板结构形成一个整体。使用阶段采用整体模型进行计算分析,车道纵梁高度 1200mm。作为分析比较,使用阶段模型同时考虑预制车道板拼接作法与铰接作法两种情况。

根据《公路钢筋混凝土及预应力混凝土桥涵设计规范》(JTG D62—2004),单向板荷载分布宽度最小为 $2L/3$,达 6m;对于边跨板,荷载分布宽度可取 3m。因此,在上层车道使用阶段计算中,可将上层车道作为一个整体进行计算。由于预制板宽度远小于单向板荷载分布宽度,设计内力均按单块预制板统计计算。

采用铰接作法时,车道结构板按整体模型建模分析(图 4.16),各预制板截面均按实际截面建模,预制板铰缝混凝土之间仅传递剪力,不传递弯矩,在计算模型采用弱化铰缝处板截面抗弯刚度方式输入,板宽采用铰缝宽度。

采用拼接作法时,车道结构板间留缝,预制车道板仅与车道纵梁相连接。

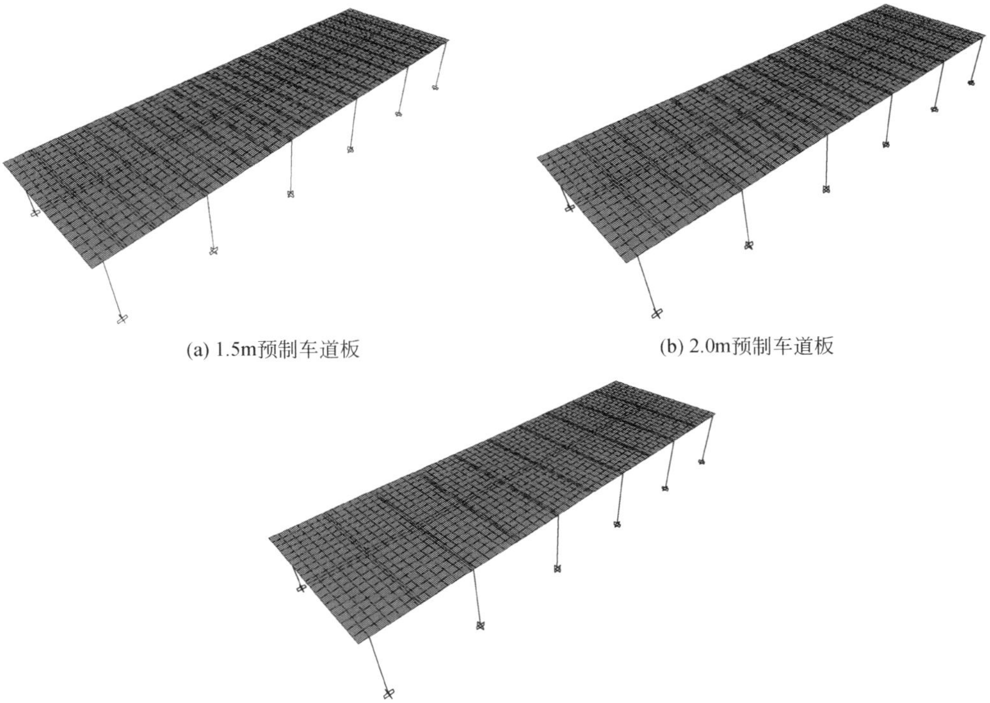

(a) 1.5m预制车道板

(b) 2.0m预制车道板

(c) 3.0m预制车道板

图 4.16　预制方案一使用阶段上层车道板计算模型

3. 计算结果

使用阶段计算对铰缝方案与拼接方案分别进行了计算，表 4.6 和表 4.7 对不同方案、不同宽度预制板设计内力进行了统计。表 4.8 和表 4.9 统计相应方案的长期、短期组合内力。

表 4.6 不同预制方案预制车道板设计内力

预制板宽/m	预制板位置	跨中弯矩/(kN·m)		支座弯矩/(kN·m)		支座剪力/kN	
		铰缝方案	拼接方案	铰缝方案	拼接方案	铰缝方案	拼接方案
1.5	边跨	1112	1545	533	997	624	827
	中间跨	879	1511	315	1075	468	825
2.0	边跨	1371	1754	561	955	716	891
	中间跨	1103	1716	326	1040	558	890
3.0	边跨	1843	2152	581	890	878	1018
	中间跨	1533	2073	334	989	721	1018

表 4.7 不同预制方案单位宽度预制车道板设计内力

预制板宽/m	预制板位置	跨中弯矩/(kN·m)		支座弯矩/(kN·m)		支座剪力/kN	
		铰缝方案	拼接方案	铰缝方案	拼接方案	铰缝方案	拼接方案
1.5	边跨	741.3	1030.0	355.3	664.7	416.0	551.3
	中间跨	586.0	1007.3	210.0	716.7	312.0	550.0
2.0	边跨	685.5	877.0	280.5	477.5	358.0	445.5
	中间跨	551.5	858.0	163.0	520.0	279.0	445.0
3.0	边跨	614.3	717.3	193.7	296.7	292.7	339.3
	中间跨	511.0	691.0	111.3	329.7	240.3	339.3

表 4.8 不同预制方案预制车道板短期、长期组合内力

预制板宽/m	预制板位置	短期组合				长期组合			
		跨中弯矩/(kN·m)		支座弯矩/(kN·m)		跨中弯矩/(kN·m)		支座弯矩/(kN·m)	
		铰缝方案	拼接方案	铰缝方案	拼接方案	铰缝方案	拼接方案	铰缝方案	拼接方案
1.5	边跨	514	656	186	337	404	484	113	197
	中间跨	435	645	111	361	358	478	68	210
2.0	边跨	647	773	196	325	517	587	120	191
	中间跨	557	761	115	351	464	581	71	205
3.0	边跨	899	1001	204	308	734	790	126	184
	中间跨	796	975	119	336	674	777	74	198

表 4.9　不同预制方案单位宽度预制车道板短期、长期组合内力

预制板宽/m	预制板位置	短期组合				长期组合			
		跨中弯矩/(kN·m)		支座弯矩/(kN·m)		跨中弯矩/(kN·m)		支座弯矩/(kN·m)	
		铰缝方案	拼接方案	铰缝方案	拼接方案	铰缝方案	拼接方案	铰缝方案	拼接方案
1.5	边跨	342.7	437.3	124.0	224.7	269.3	322.7	75.3	131.3
	中间跨	290.0	430.0	74.0	240.7	238.7	318.7	45.3	140.0
2.0	边跨	323.5	386.5	98.0	162.5	258.5	293.5	60.0	95.5
	中间跨	278.5	380.5	57.5	175.5	232.0	290.5	35.5	102.5
3.0	边跨	299.7	333.7	68.0	102.7	244.7	263.3	42.0	61.3
	中间跨	265.3	325.0	39.7	112.0	224.7	259.0	24.7	66.0

在车道荷载作用下，行车道板跨中最大变形见表 4.10。

表 4.10　车道荷载作用下不同方案预制车道板跨中最大变形

预制板宽/m	预制板位置	车道荷载作用下车道板跨中变形/mm	
		铰缝方案	拼接方案
1.5	边跨	6.4	9
	中间跨	5.1	9
2.0	边跨	5.9	7.4
	中间跨	4.5	7.3
3.0	边跨	5.6	6.3
	中间跨	4	6.1

注：表中变形为弹性计算结果，尚需根据规范要求进行开裂刚度并考虑荷载长期效应影响进行分析。

车道纵梁在施工阶段为简支受力，使用阶段为连续梁受力，纵梁设计内力应将施工阶段恒载产生内力与使用阶段内力相叠合。车道纵梁设计内力见表 4.11。

表 4.11　不同预制方案车道纵梁使用阶段设计内力

预制板宽/m	纵梁位置	跨中弯矩/(kN·m)		支座弯矩/(kN·m)		支座剪力/kN	
		铰缝方案	拼接方案	铰缝方案	拼接方案	铰缝方案	拼接方案
1.5	边跨	1109	1123	476	473	708	760
	中间跨	1058	1076	485	484	912	832
2.0	边跨	1020	1032	477	473	710	759
	中间跨	983	995	483	480	924	832

续表

预制板宽/m	纵梁位置	跨中弯矩/(kN · m)		支座弯矩/(kN · m)		支座剪力/kN	
		铰缝方案	拼接方案	铰缝方案	拼接方案	铰缝方案	拼接方案
3.0	边跨	1106	1115	463	465	711	756
	中间跨	1054	1063	470	478	913	826

4.2.4 预制方案分析

1. 车道板预制方案分析

计算结果显示,车道板预制宽度与连接做法对预制车道板设计内力有很大的影响。车道板在施工阶段为单板受力状态,车道板内力受车辆荷载分布有很大影响。图 4.17 对不同宽度预制车道板跨中设计弯矩进行了对比,从中可以看出,随着车道板宽度的增加,单位宽度车道板设计内力减小。对于拼接方案,边跨预制车道板设计内力比中间跨预制车道板设计内力略大,数值接近;对于铰缝方案,中间跨预制车道板可与其他车道板协同工作,设计内力远小于边跨预制车道板。

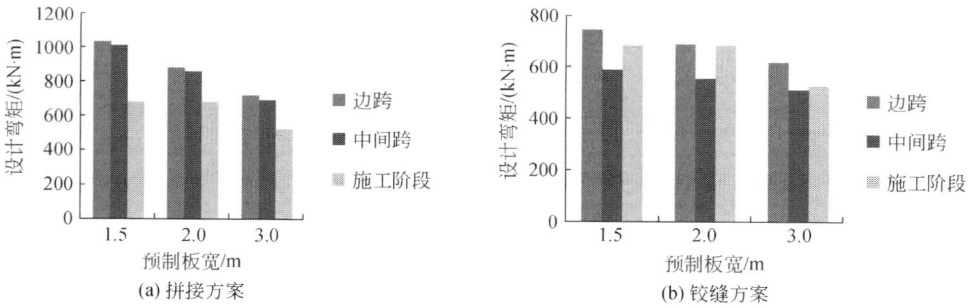

图 4.17 预制车道板单位宽度跨中设计弯矩对比图

预制车道板设计时需同时考虑使用阶段内力与施工阶段内力。对于拼接方案,施工阶段车道板设计内力远小于使用阶段设计内力;对于铰缝方案,中间跨预制车道板使用阶段设计内力小于施工阶段设计内力,应按施工阶段设计内力进行结构设计。

图 4.18 拼接、铰缝方案不同宽度预制车道板跨中设计弯矩进行对比,显然随着预制板宽度的增加,车道板单位宽度上的跨中设计弯矩减小。铰缝可以增加各板之间协同受力,对减少板跨中弯矩起到了很大作用,对于同样宽度的预制车道板,拼接方案跨中弯矩均远大于铰缝连接跨中弯矩。

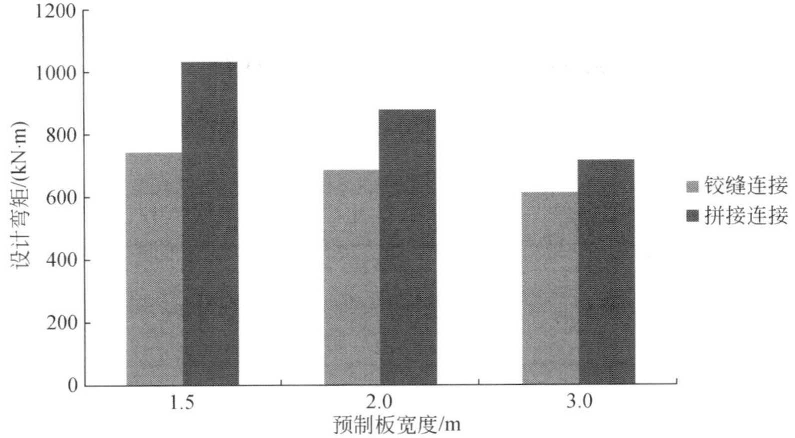

(a1) 边跨单位宽度跨中设计弯矩

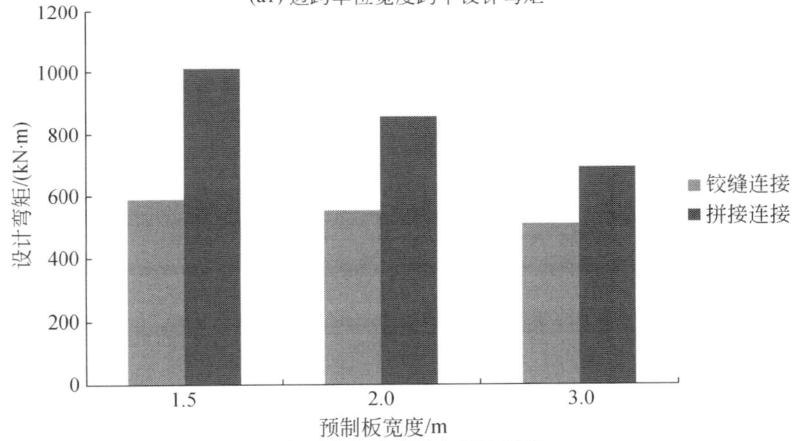

(a2) 中间跨单位宽度跨中设计弯矩

(a) 不同宽度预制板对比

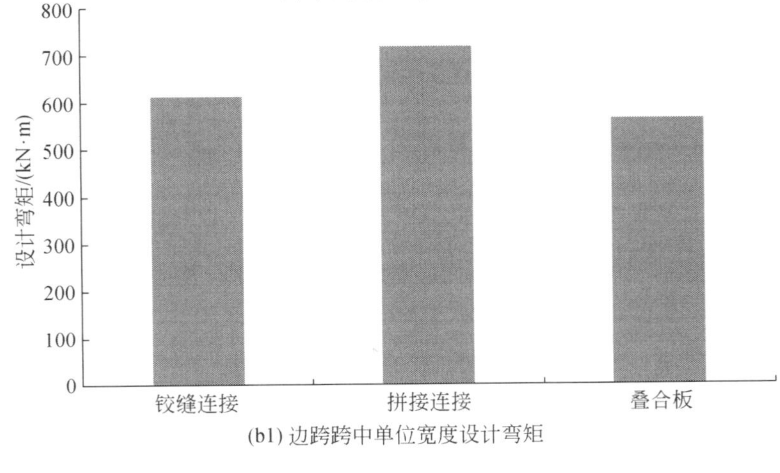

(b1) 边跨跨中单位宽度设计弯矩

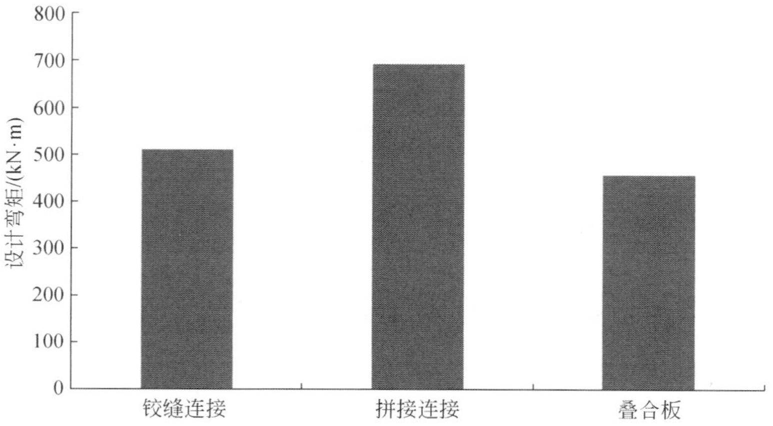

(b2) 中间跨跨中单位宽度设计弯矩

(b) 3m宽预制板不同连接作法对比

图 4.18　拼接、铰缝方案预制车道板跨中设计弯矩对比

预制车道板跨中变形计算结果见表 4.12。

表 4.12　车道板跨中变形计算

板宽/m			1.5	2.0	3.0
消除自重影响后梁最大挠度/mm	拼接方案	边跨板	17.2	16.7	14.9
		中间跨板	17.2	16.5	14.4
	铰接方案	边跨板	12.2	13.3	13.2
		中间跨板	9.7	10.2	9.5

根据规范规定，考虑荷载长期效应影响，消除自重影响后梁最大挠度不大于板计算跨度的 $l/600=15.8$mm。显然，采用拼接方案时，1.5m 与 2.0m 宽预制车道板的最大挠度均超过了规范限值，需采取增加截面刚度的方法，例如，增加板截面高度或使用预应力技术等方式。采用铰缝拼接方案时，由于铰缝对车道板变形协同作用，预制板变形小于拼接方案，均满足规范限值。

由以上对比分析可以看出，预制车道板之间采用直接拼接方式连接时，各车道板之间单独受力，车道板内力远大于铰缝连接形式，当采用 1.5m 与 2.0m 预制板宽时，车道板挠度超过规范限值。因此从结构受力角度分析，预制车道板之间采用直接拼接连接是不经济的，建议车道板之间采用铰缝进行连接。

对比铰接方案，可以看出，随着预制板宽度的增加，单位宽度内预制车道板设计内力逐渐减少。减少使用阶段车道板设计内力，同时加大预制板宽度，可以减少同一工程中预制数量与运输次数,减少施工时间。因此,在施工、运输可行的情况下,建议采用较大宽度的预制板。

2. 车道纵梁预制方案分析

车道纵梁采用叠合梁方式进行设计,施工阶段车道纵梁为简支受力状态,使用阶段车道纵梁为连接梁受力状态。图 4.19 对比了施工阶段不同车道板宽度下的车道纵梁跨中设计弯矩。图 4.20 对比了使用阶段不同车道板宽度、不同预制板间连接情况下车道纵梁跨中设计弯矩。

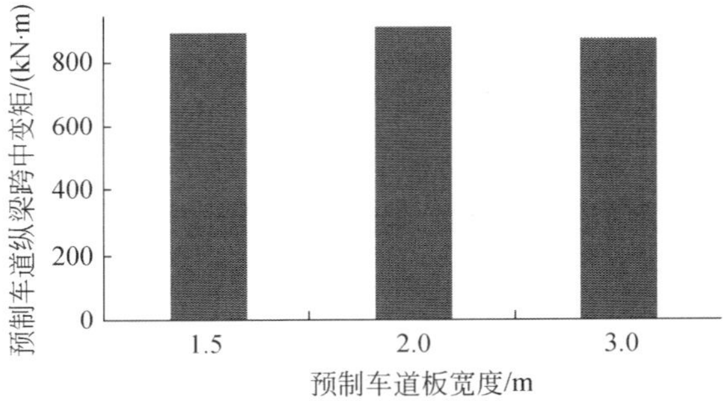

图 4.19　施工阶段预制车道纵梁跨中弯矩对比

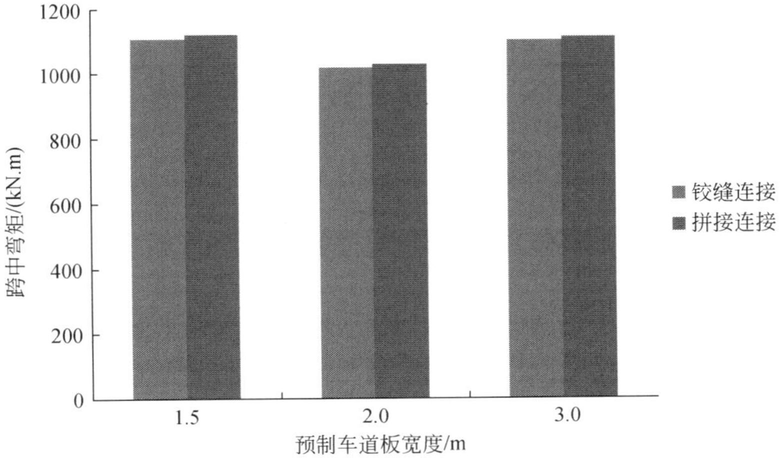

图 4.20　使用阶段车道纵梁跨中弯矩对比

由图 4.19 和图 4.20 可以看出,对应于不同的预制车道板宽度,施工阶段及使用阶段车道纵梁设计内力变化不大,跨中弯矩最大变化为 11%。车道纵梁设计需考虑施工阶段车道设计内力与使用阶段车道纵梁设计内力。施工阶段梁截面较小,而车道纵梁跨中弯矩较大,对整个纵梁的设计起到了控制作用。另外,车道纵梁设计时需考虑剪力、扭矩的影响。

车道纵梁断面设计如图 4.21 所示。

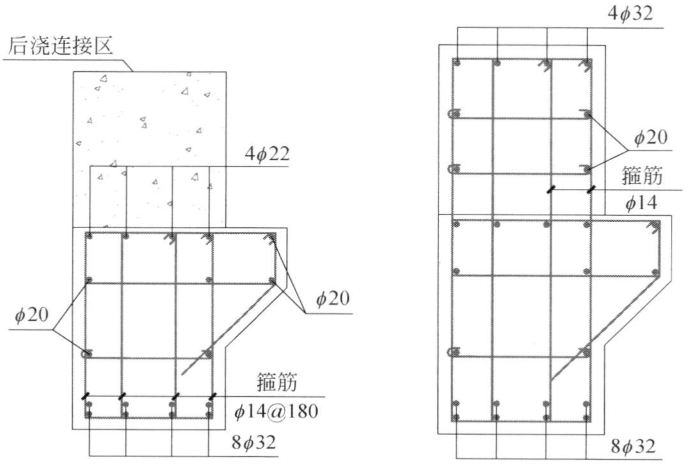

(a) 施工阶段　　(b) 使用阶段

图 4.21　车道纵梁断面设计

对于车道纵梁来说,车道纵梁与车道立柱、车道板连接是关系到预制化设计可实施性的重要因素,主要连接节点设计如下。

1)梁板连接节点

预制车道纵梁预留连接箍筋,预制车道板内部钢筋伸出至梁顶。车道梁预留箍筋与车道板钢筋交错布置,安装定位完毕后,节点区浇筑混凝土,并养护至混凝土设计强度。预制梁板连接节点示意见图 4.22。

2)梁柱连接节点

预制车道柱施工时,预留柱钢筋与预制车道板钢筋搭接,车道柱两侧预制梁预留钢筋均绑扎于柱内部。

根据计算分析,预制纵梁下部钢筋较多,而且钢筋均需伸入柱内;车道立柱截面较小,钢筋相对较多,如图 4.23 所示,纵梁钢筋需与柱钢筋交错布置,钢筋间距很小。因此,这一设计方案对预制纵梁及现浇立柱施工精度要求很高,有一定的施工难度。

3)梁端防扭转措施

施工阶段纵梁内力较大,梁下部钢筋配筋量很大。同时在该阶段,车道板偏心

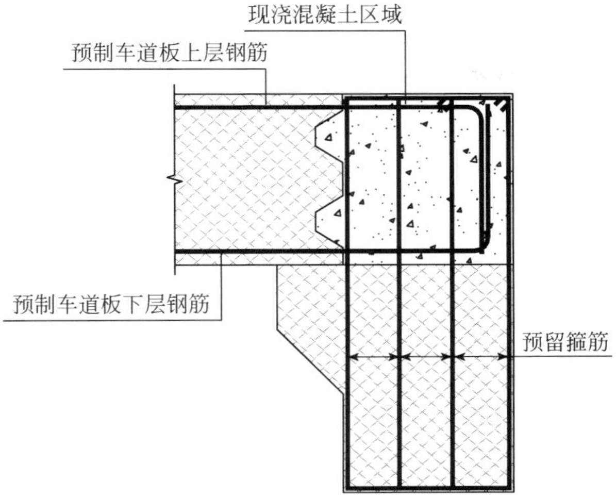

图 4.22　预制梁板连接节点示意图

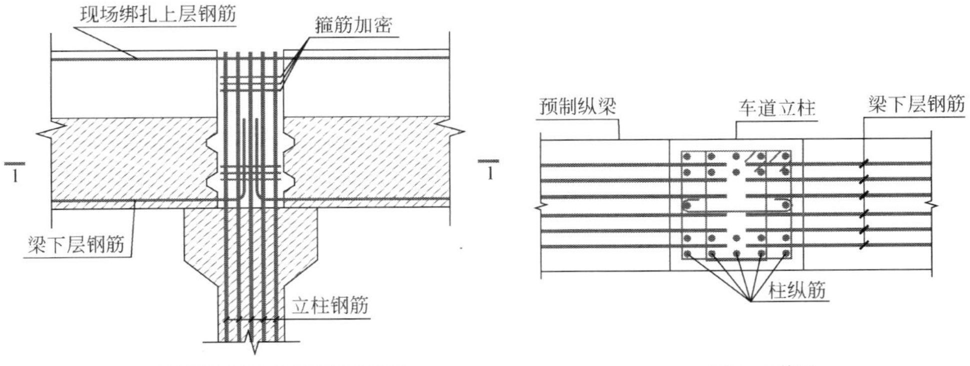

(a) 预制梁柱跨中节点钢筋连接图　　(b) 1—1截面

图 4.23　车道梁柱节点钢筋连接示意图

安装于车道纵梁侧面牛腿,因此需采取构造措施保证施工期间纵梁安全。

图 4.24 给出了一种预制纵梁防止扭转的设计方法,通过在预制纵梁及车道立柱牛腿侧面设置预埋件,并采取钢板焊接方式,提供抗扭能力。

4)车道立柱

根据 4.2.2 节计算,施工期间,在恒载与车道荷载共同作用下,车道立柱柱顶水平变形达到 9.3mm。这一变形在施工完毕后将全部保留,对车道结构及施工精度有较大影响。另外,立柱柱顶产生较大水平变形对施工安全性也是一个挑战。

为解决这一问题,建议施工阶段在立柱侧面设置水平支承,减少立柱变形,或

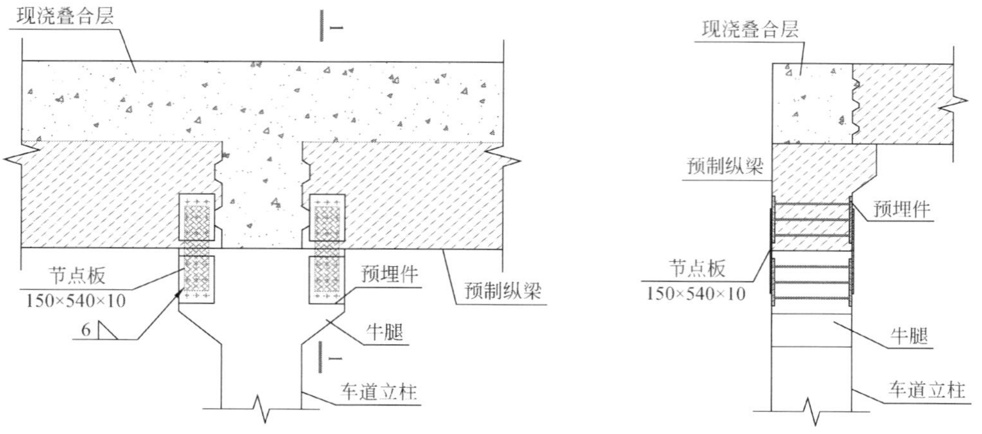

图 4.24 车道纵梁防扭转措施图(单位:mm)

在立柱侧面设置联系梁,以加强立柱稳定性。

根据车道纵梁设计研究,预制纵梁下层钢筋较多,柱顶钢筋施工精度要求较高。为保证施工精度,应设置钢筋固定设备,以保证预留钢筋间距一致。

5)车道施工防护

全预制设计方案中,上层车道纵梁、车道板均采用预制方式进行施工,这一施工方式决定了上层车道以吊装作业为主。由于盾构隧道内部空间狭小,作为盾构施工的主要运输通道,下层车道必须保证通畅。

全预制设计方案中预制纵梁与立柱采用节点板连接方式来保证梁的抗扭刚度,存在一定的安全隐患,因此,在上层车道施工期间必须进行施工防护。防护可采用临时支承与上层防护钢梁(图 4.25),上层车道施工完毕,后浇混凝土强度达到设计要求后,可将临时防护拆除。防护措施应根据施工过程要求及现场运输条件具体确定。

4.2.5 小结与改进建议

全预制方案设计研究针对不同车道板宽度、不同车道板连接形式进行了计算对比,并进行了预制梁、板结构设计研究。根据研究结果,有以下结论:

(1)预制车道板间采用直接拼接作法时,车道板为单板受力的结构形式,各板间协同工作能力很差,车道板设计内力大,考虑长期荷载效应影响,车道板挠度过大,超过规范限制。预制车道板间应采用相互连接措施,以加强车道整体性,减少车道板内力。

(2)针对不同宽度的预制车道板计算分析对比表明,预制车道板宽度对车道纵梁受力影响较小;预制车道板单位宽度的设计内力随着预制板宽度的增加而减

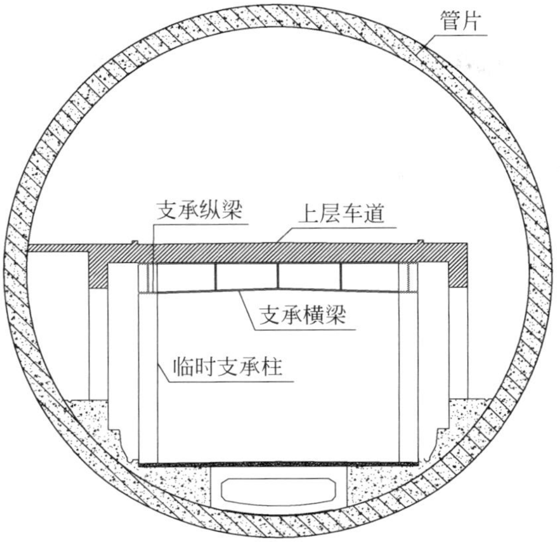

图 4.25　临时支承示意图

少。因此在运输条件可行的情况下,应尽量增加预制车道宽度,以取得较好的经济性,减少预制件个数与运输次数。

(3)针对预制车道纵梁设计分析结果,采用预制车道纵梁存在以下技术问题:

①预制车道纵梁跨度较大,施工阶段纵梁设计内力较大,控制了整体纵梁的设计配筋;

②预制车道纵梁与柱连接部位施工精度要求较高,增加了施工难度;

③施工阶段预制车道板安装于预制纵梁侧面牛腿,对于纵梁是一个扭转作用,纵梁端部需增加抗扭转措施,并需增加施工防护措施,以保证施工安全。

根据预制纵梁设计结果及施工问题研究,有以下改进建议:

(1)取消纵梁预制化设计,将纵梁与车道立柱共同浇筑施工,加强纵梁整体性,增加纵梁抗扭刚度。

(2)减少纵梁跨度,以减少施工期间纵梁内力,减少纵梁配筋。

(3)在车道立柱侧面增加水平联系梁,增加施工期间立柱稳定性,以保证施工安全。

4.3　车道纵梁、车道板全预制方案二

研究结果表明,车道板间应采取连接措施,以加强各预制板之间协同工作,减

少车道板内力,达到整体受力的效果。在预制车道板之间采用铰缝进行连接可以起到较好的协同作用;另外还可以采用叠合板设计方法,加强车道板间纵向联系,达到双向板效果。

4.3.1　叠合梁板设计方案

混凝土叠合结构是在预制混凝土构件上后浇一层混凝土而形式的一种装配整体式混凝土结构,兼有现浇整体式混凝土结构和装配式混凝土结构的优点,是一种整体性好、施工速度快、综合经济效益显著的结构形式。

从制作工艺上来说,叠合构件的主要部分均在工厂生产,机械化程度高,易于保证质量,采用流水线制作,生产速度快,可提前制作,不占工期。现浇混凝土部分以预制部分做模板,可以节约模板材料与支模时间,提高施工效率,缩短工期。在叠合板内预制钢筋桁架或拉结钢筋,可预绑扎部分受力钢筋,进一步节约施工时间。

由于结构板宽度较大,受施工与运输限制,预制板总是按一定宽度进行预制,叠合板可采用单向预制叠合板或双向预制叠合板(图 4.26)的形式,在施工可行的情况下可以采用整块双向叠合板。

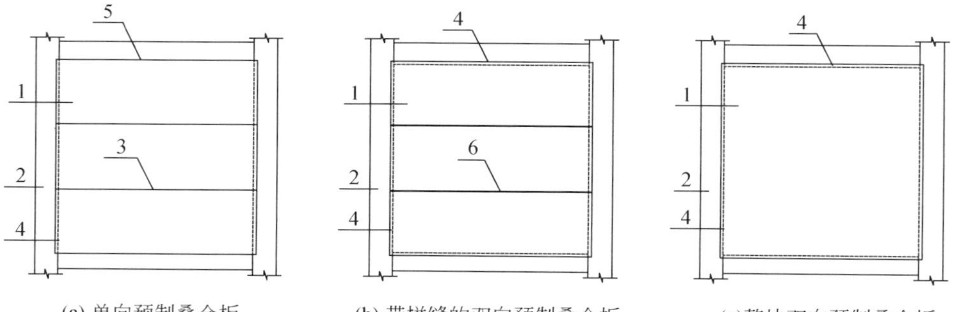

(a) 单向预制叠合板　　(b) 带拼缝的双向预制叠合板　　(c)整块双向预制叠合板

图 4.26　叠合板形式

1. 预制叠合板;2. 梁或墙;3. 板侧分离式拼缝;4. 板端支座;5. 板侧支座;6. 板侧整体式拼缝

根据国内叠合板试验研究成果[16],当叠合板采用单向预制叠合板方案时,板间采用分离式拼缝(图 4.27),板纵向有现浇层相互联系,整体性好于全预制板,但叠合板受力性能与全预制板接近,通常将预制叠合板作为单向板进行设计。

在预制叠合板之间采用整体式接缝构造时(图 4.28),板整体性较好。利用预制板边侧向伸出的钢筋在接缝处搭接并弯折锚固于后浇混凝土层中,可以实现接缝两侧钢筋的传力,从而传递弯矩,形成双向板受力状态。与现浇结构相同,可以有效加大板的荷载分布宽度,减少板计算内力,节约材料用量。

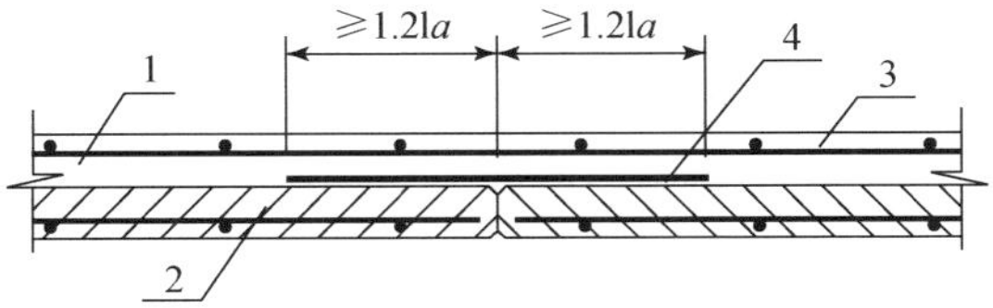

图 4.27　板侧分离式拼缝构造

1. 现浇层;2. 预制板;3. 现浇层内钢筋;4. 接缝钢筋

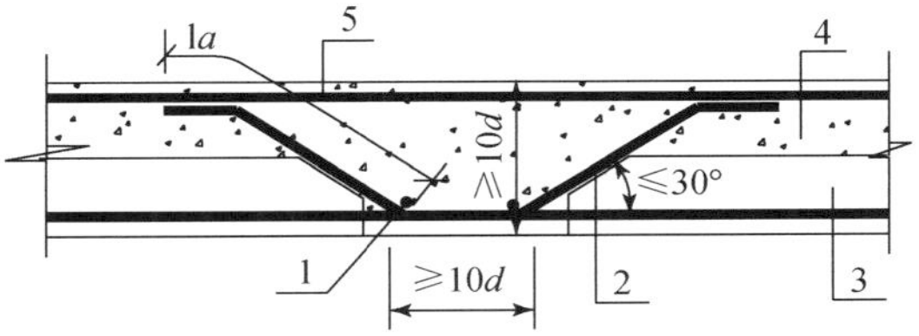

图 4.28　整体式接缝构造

1. 构造筋;2. 钢筋锚固;3. 预制板;4. 现浇层;5. 现浇层内钢筋

1. 车道板

为充分利用板双向受力性能,减少预制结构材料用量,在叠合梁板设计时采用整体式接缝连接,按双向板进行设计。借鉴第 3 章结论,预制板采用 3m 间距进行整体布置,柱距根据预制车道板模数调整为中间跨 6m,边跨 5.5m。

根据双向叠合梁板设计原则及纬三路内部结构柱距模数,上层车道叠合板平面布置见图 4.29。

预制上层车道板间预留 250mm 现浇连接缝。接缝构造作法见图 4.30。

预制车道板设计厚度 300mm,后浇层厚 220mm,宽 2750mm,相邻两板间预留接缝宽度 250mm。预制板制作时,预留下层纵向钢筋,安装完毕后,相邻两板间纵向钢筋交错布置,拉缝位置设置受力钢筋并设箍筋连接(图 4.31)。采用叠合板设计时,可不用在板顶再设置混凝土铺装层进行调平。

考虑到施工方便,在预制车道板内预埋螺栓,拼接缝位置混凝土模板通过预埋螺栓安装于板下方,以加快施工速度。

叠合板设计时,需考虑预留新旧混凝土层连接措施。通常情况下,除在预制板

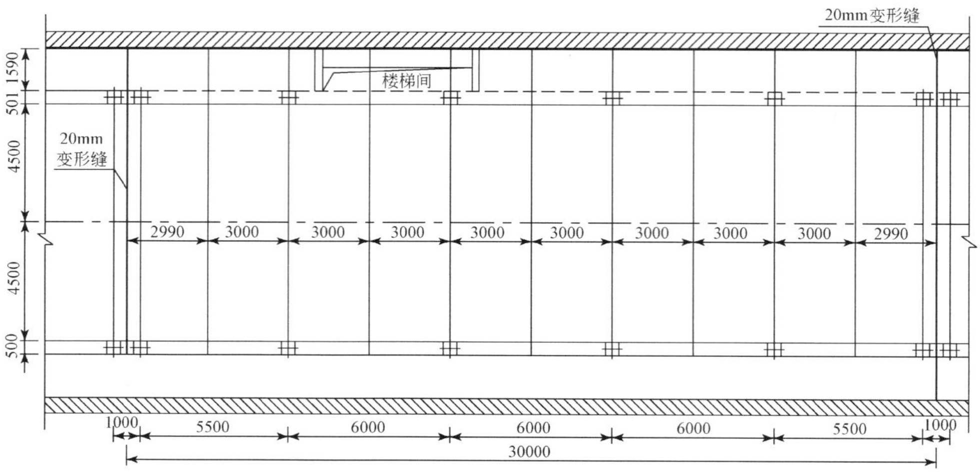

图 4.29　上层车道叠合板平面布置(单位:mm)

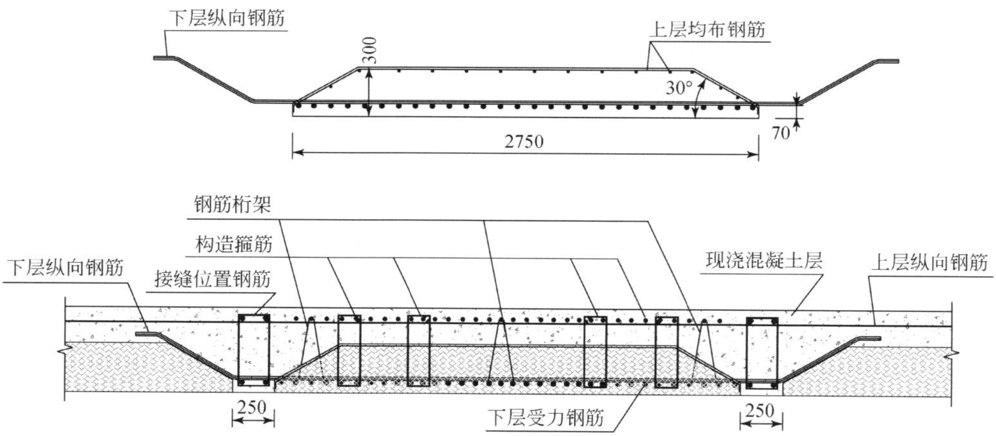

图 4.30　预制车道板叠合接缝构造示意图(单位:mm)

顶预留粗糙面,为了增加预制板的整体刚度和水平界面抗剪性能,在预制板内设置钢筋桁架(图 4.32),钢筋桁架还可以作为骨架,预先绑扎上层钢筋,减少现场绑扎钢筋工作量。

2. 车道纵梁

根据管内结构横断面布置,预制车道板下方纵梁与车道柱同时浇筑,第 1 次浇筑纵梁截面为 640mm×500mm。施工阶段预制车道板简支于现浇车道纵梁侧面牛

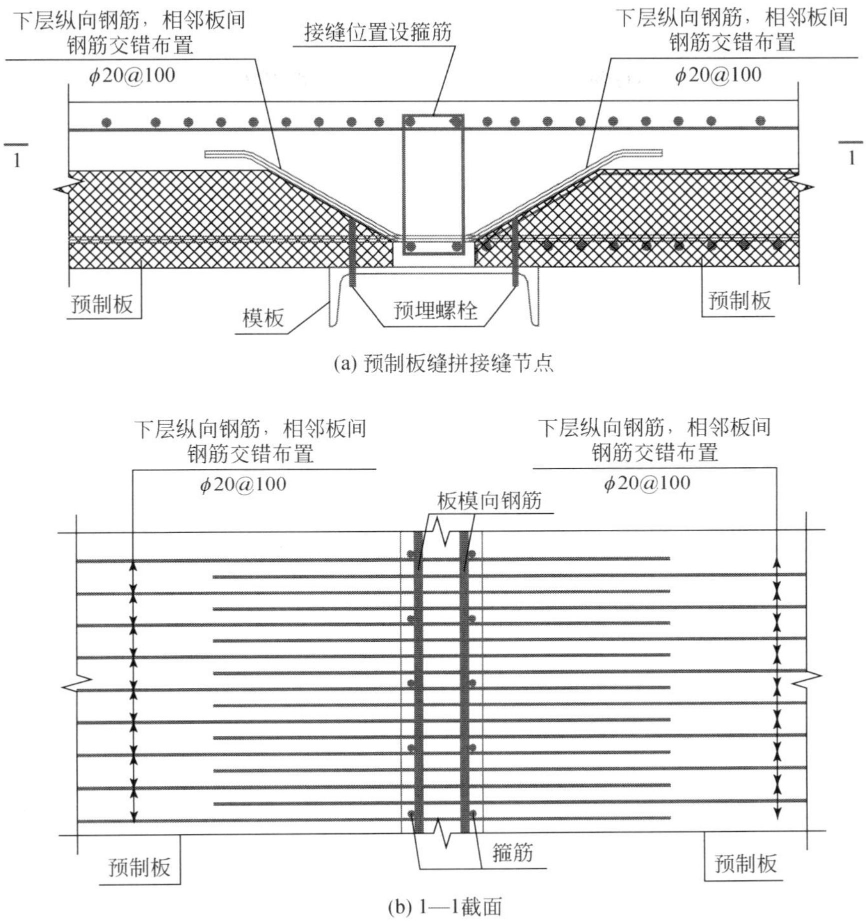

图 4.31　预制车道板接缝连接示意图

腿上,预制车道板安装于车道纵梁侧面。通过预留钢筋及现浇上层混凝土,将车道纵梁与车道板连接为一个整体(图 4.33)。

3. 施工工序

上层车道板施工工序如下:

(1)施工车道立柱与车道纵梁。

(2)吊装预制上层车道板。

(3)绑扎上层车道钢筋与纵梁上层钢筋。

(4)浇筑混凝土,并养护混凝土强度至设计强度。

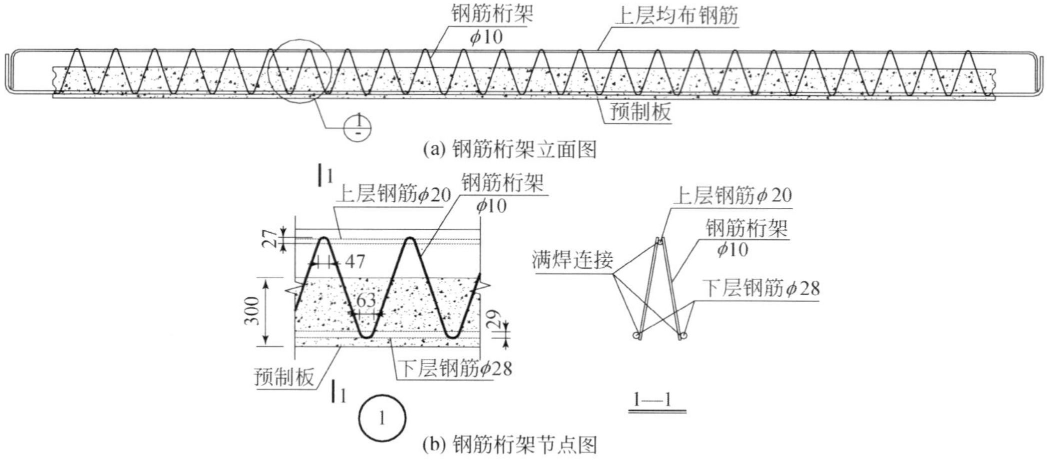

图 4.32　预制车道板钢筋桁架示意图

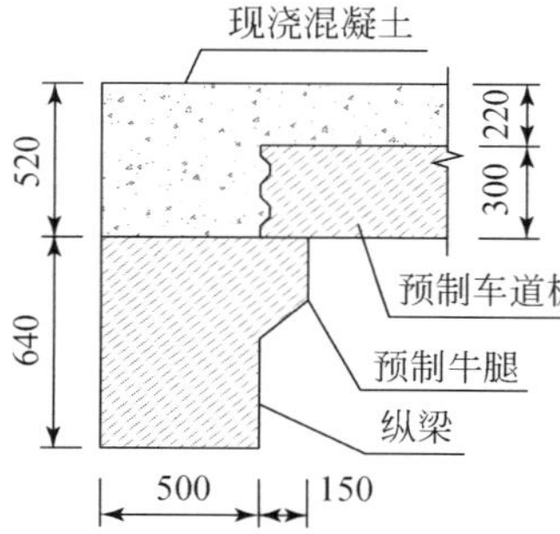

图 4.33　预制车道梁板连接示意图(单位:mm)

4.3.2　施工阶段结构分析

施工期间,预制车道板简支安装于预制纵梁两侧。叠合板设计中,预制板厚度较小,板顶需预留连接钢筋,板顶无法通车。因此,施工阶段荷载主要有结构自重、施工活荷载。

施工期间上层车道主要荷载与作用包括:①预制构件自重;②施工活荷载:3kN/m^2。

施工阶段,车道板为简支支承,按简支结构进行计算(图 4.34)。车道纵梁与车道柱现浇为一个整体,车道纵梁承受车道板反力。施工阶段,上层预制车道板内力标准值见表 4.13,车道纵梁内力计算结果见表 4.14。

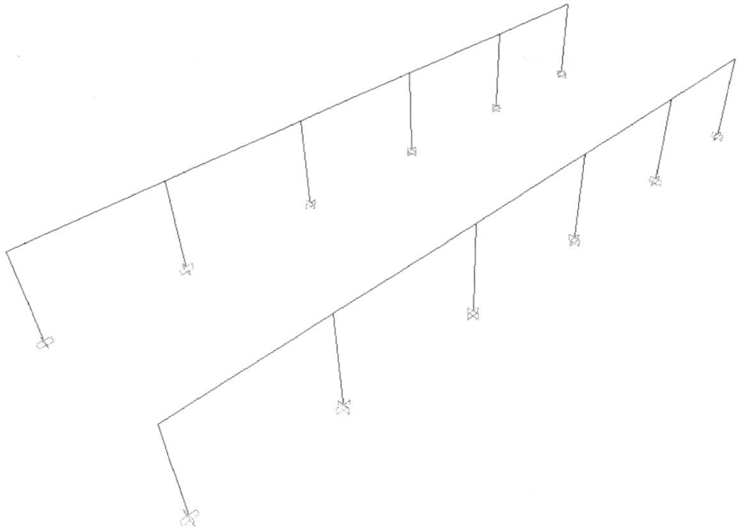

图 4.34　预制方案二施工阶段车道梁柱计算模型

表 4.13　施工阶段上层预制车道板内力标准值

工况	跨中弯矩/(kN·m)	支座剪力/kN
恒载	396	201
施工活载	105	48

表 4.14　施工阶段车道纵梁内力计算结果

工况	跨中弯矩/(kN·m)	支座弯矩/(kN·m)	支座剪力/kN	扭矩/(kN·m)
恒载	143	255	245	88
设计内力	202	361	346	129

4.3.3　使用阶段结构分析

上层车道结构施工完毕后,按整体结构进行计算。使用阶段荷载与全预制方案荷载相同,使用阶段计算模型采用整体模型进行分析,车道板按双向板考虑。计算模型见图 4.35。

施工阶段,车道板主要承受恒载作用,车道内力应与使用阶段设计内力共同考虑。车道纵梁采取后浇叠合方式,纵梁内力需按叠合梁方法进行设计,将使用阶段内力与施工阶段内力叠加考虑。

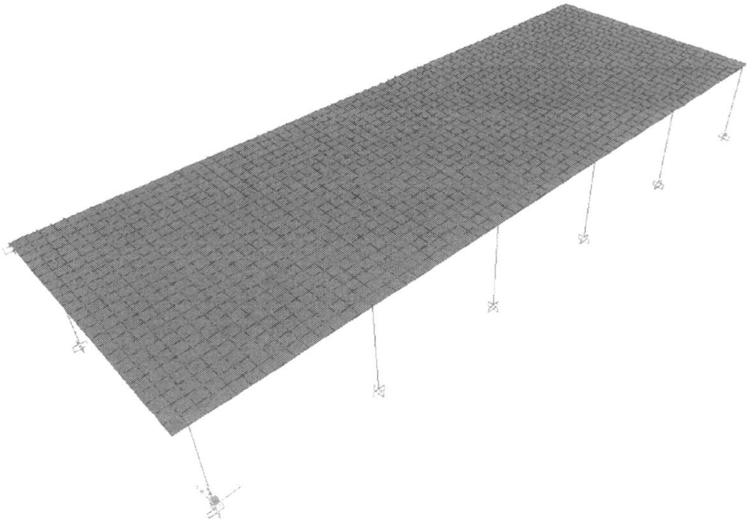

图 4. 35 预制方案二使用阶段上层车道板计算模型

根据计算分析,车道板设计内力与车道板变形结果统计见表 4. 15 ~ 表 4. 17。

表 4. 15 上层预制车道板设计内力值

车道板位置	跨中弯矩/(kN · m)	支座弯矩/(kN · m)	支座剪力/kN
边跨	1686	535	861
中间跨	1364	207	624

表 4. 16 上层预制车道板短期组合、长期组合下内力值

荷载组合	车道板位置	跨中弯矩/(kN · m)	支座弯矩/(kN · m)
短期组合	边跨	815	190
	中间跨	708	77
长期组合	边跨	660	118
	中间跨	599	50

表 4. 17 汽车荷载作用下预制车道板跨中变形

车道板位置	车道荷载作用下车道板跨中变形/mm
边跨	5. 2
中间跨	3. 4

车道纵梁在施工阶段为简支受力，使用阶段为连续梁受力，纵梁设计内力应将施工阶段恒载产生内力与使用阶段内力相叠合，主要设计内力见表 4.18。

表 4.18　车道纵梁使用阶段设计内力

车道纵梁位置	跨中弯矩/(kN·m)	支座弯矩/(kN·m)	支座剪力/kN	扭矩/(kN·m)
边跨	883	240	456	195
中间跨	811	251	454	172

4.3.4　叠合梁板结构分析

根据上层车道结构计算结果，进行预制结构设计。本节根据叠合板计算结果进行各结构构件的初步设计，以研究结构构件设计可行性。

主要结构设计参数：

钢筋：HRB400，$f_{sd}=330$MPa；

混凝土：C40，$f_{cd}=18.4$MPa，$f_{td}=1.65$MPa；

板高 520mm，保护层厚度 40mm，最大裂缝宽度 0.2mm。

1. 边跨车道板

车道板宽 3.0m，最大正弯矩 1686kN·m，根据结构设计计算，受拉钢筋计算面积 $A_s=12600\text{mm}^2$，可采用 24ϕ28。正弯矩区裂缝计算得 $W_{fk}=0.189$mm，满足规范要求。

最大负弯矩 535kN·m，根据结构设计计算，受拉钢筋计算面积 $A_s=3850\text{mm}^2$，可采用 24ϕ16。负弯矩区裂缝计算得 $W_{fk}=0.141$mm，满足规范要求。

最大剪力 861kN，根据设计计算，混凝土板自身抗剪能力即可满足截面抗剪要求，可按构造要求配置箍筋。

2. 中间跨车道板

车道板宽 3.0m，最大正弯矩 1364kN·m，根据结构设计计算，受拉钢筋计算面积 $A_s=10090\text{mm}^2$，可采用 24ϕ25。正弯矩区裂缝计算得 $W_{fk}=0.198$mm，满足规范要求。

最大负弯矩 207kN·m，根据结构设计计算，受拉钢筋计算面积 $A_s=1850\text{mm}^2$，可采用 24ϕ16。负弯矩区裂缝计算得 $W_{fk}=0.101$mm，满足规范要求。

最大剪力 624kN，根据设计计算，混凝土板自身抗剪能力即可满足截面抗剪要求，可按构造要求配置箍筋。

3. 车道纵梁

施工阶段，车道纵梁截面 500mm×680mm，按通车情况进行设计。施工阶段跨中最大弯矩 202kN · m，支座最大负弯矩 361kN · m。使用阶段，车道纵梁截面 500mm×1200mm，最大正弯矩 882kN · m，最大负弯矩 251kN · m，最大剪力 456kN。

根据设计计算，梁下部受拉钢筋计算面积 $A_s = 2386\text{mm}^2$，可采用 4ϕ28；梁顶负弯矩较小，钢筋计算面积 $A_s = 786\text{mm}^2$，可采用 4ϕ18。根据设计计算，混凝土板自身抗剪能力即可满足截面抗剪要求，可按构造要求配置箍筋。

由于纵梁受扭矩作用，根据计算抗扭箍筋可采用 ϕ12@200。

由车道板、车道纵梁设计计算可以看出，预制车道板与车道纵梁按规范要求进行配筋，配筋量适中。

4.3.5 叠合板施工工期分析

采用叠合梁板法进行施工时，由于预制车道板较薄，承载能力有限，上层不能通行施工车辆，需从下层进行车道板吊装。上层预制车道板绑扎钢筋可在预制车道板顶面施工，混凝土可以采取管道运输方式施工。

叠合板方案需要通过大量的预留钢筋将各板相互连接，预留钢筋须留有足够的长度以保证叠合层浇筑后钢筋可以较好地锚固。因此，预制板设计时，需将板两侧钢筋错位布置，防止预制板吊装时钢筋相互影响。同时，叠合板还需要考虑板与梁之间钢筋交错布置问题，对施工精度要求较高。

叠合板方案施工应考虑不同工序间的相互影响，安排好不同工序时间，以保证与盾构隧道施工同步。盾构隧道最快施工速度为 300m/月，据此安排叠合板方案施工时间（表 4.19）。

表 4.19　叠合板方案施工时间

现浇立柱和纵梁	吊装车道板 40 块 120m 时间/h	架立上层及接缝钢筋时间/h	运输浇筑混凝土时间/h	养护时间/d	结构完成时间/d	每月完成循环/次	每月完成长度/m
与掘进同步	20	10	4	7	8.5	3.5	420

根据表 4.19 的安排，叠合板完全可以保证与盾构施工同步。但是叠合板运

输、施工均在下层车道进行,对盾构内部其他工序施工有一定影响。

4.3.6 小结

叠合板设计方法是混凝土设计中常用的方法,当采用一定的构造措施后,叠合板可以达到双向板的受力性能。结合国内在叠合板方面的研究,本章对叠合板设计方法进行了探讨,提出了在盾构隧道内部的叠合板设计方案。经过方案研究,有以下结论:

(1)在盾构隧道内部结构中采用叠合板设计方案,技术可行,结构受力合理,整体性好。

(2)根据设计结果,采用叠合板设计方案,预制车道板配筋量适中。

(3)叠合板设计方案施工要求较高,采用这一方案需要施工单位有较高的施工精度控制能力。

(4)叠合板设计方案要求从盾构隧道下层进行预制板运输、吊装,在满足这一要求的情况下,叠合板设计方案可以实现与盾构施工同步的设计要求。

4.4 上层车道预制化设计方案改进研究

上层车道全预制方案研究表明,上层车道板采用预制化设计,并进行铰缝连接,受力合理,但预制车道纵梁受力较大,与立柱连接措施复杂,影响车道施工速度。叠合板方案结构体系合理,但施工期间不能在上层预制车道板行车,对隧道其他专业的施工会产生一定的影响。

根据全预制方案研究成果与建议,适应隧道施工需求,本章在全预制方案基础上进行了方案改进,提出了"车道预制板+梁板后浇接头"方案与"车道预制板+支座支承方案。

4.4.1 方案概述

1. 车道预制板+梁板后浇接头方案[17,18]

上层车道预制板+梁板后浇接头方案(图4.36)根据全预制方案改进建议优化,上层车道板采用预制板,安装于车道纵梁侧面牛腿顶面,通过车道纵梁与车道板之间的后浇混凝土将各构件组合在一起。车道纵梁与车道立柱共同浇筑成整体结构。

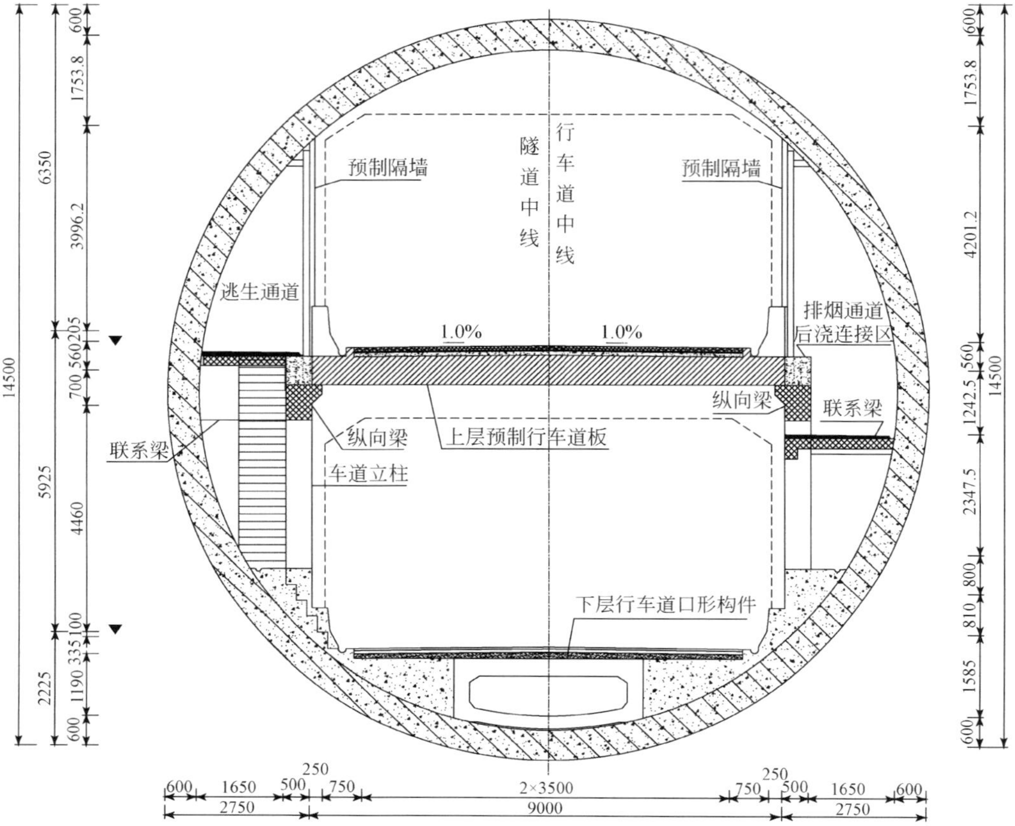

图 4. 36　上层车道预制板+梁板后浇接头方案横断面(单位:mm)

2. 车道预制板+支座支承方案[17,18]

上层车道板采用预制板,车道板通过支座安装于车道纵梁顶面。车道纵梁与车道立柱共同浇筑成整体结构,上层车道预制板+支座支承方案见图 4. 37。

根据全预制方案研究结论与建议,梁板后浇接头方案与支座支承方案均采用以下结构布置与构造措施:

(1)预制车道板尽可能地采用较宽的板,以 3m 宽车道板为主。

(2)预制车道板之间通过铰缝相互连接。

(3)车道纵梁与车道立柱共同浇筑,仅浇筑车道板下方部分纵梁,预制车道板吊装后,再后浇混凝土,将车道纵梁浇筑至设计截面。

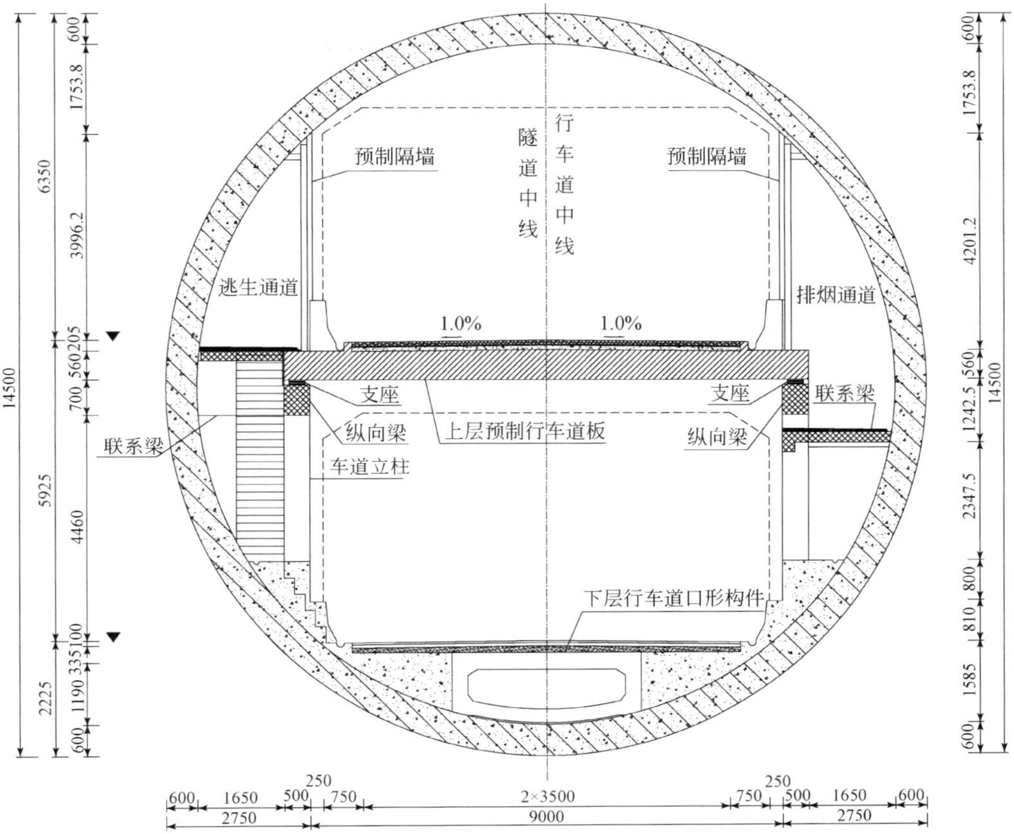

图4.37　上层车道预制板+支座支承方案横断面(单位:mm)

(4)车道立柱侧面增加水平联系梁;以增加施工期间稳定性。

(5)施工期间,上层车道需通行车辆,车道纵梁承载较大,结构设计中通过加密车道立柱,减少车道纵梁跨度来解决这一问题。

由结构布置可以看出,梁板后浇接头方案在车道板安装后,与车道立柱纵梁结构成为一个整体,形成空间受力状态;支座支承方案车道板与车道立柱纵梁结构分离,车道板为简支受力状态,车道纵梁承受车道板反力。

结合盾构管片布置、盾构沉降缝布置等情况,车道立柱中间柱间距3m,边柱间距2m,相应的预制车道板中间跨宽3m,边跨宽2.5m,相邻两个结构分区边柱间距1m,车道板间留缝20mm。上层车道结构立面、平面及车道板布置见图4.38～图4.40。

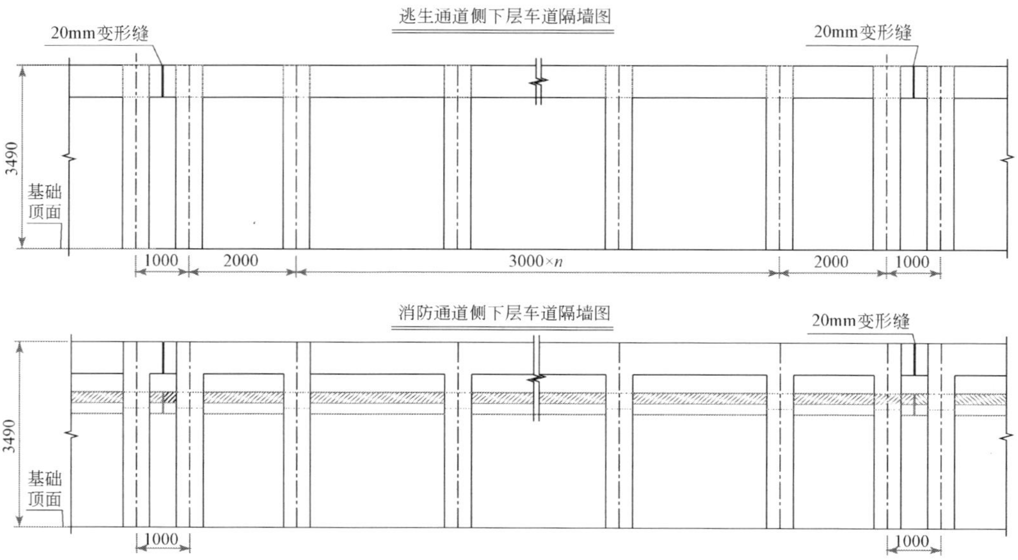

图 4.38　上层车道立柱布置(单位:mm)

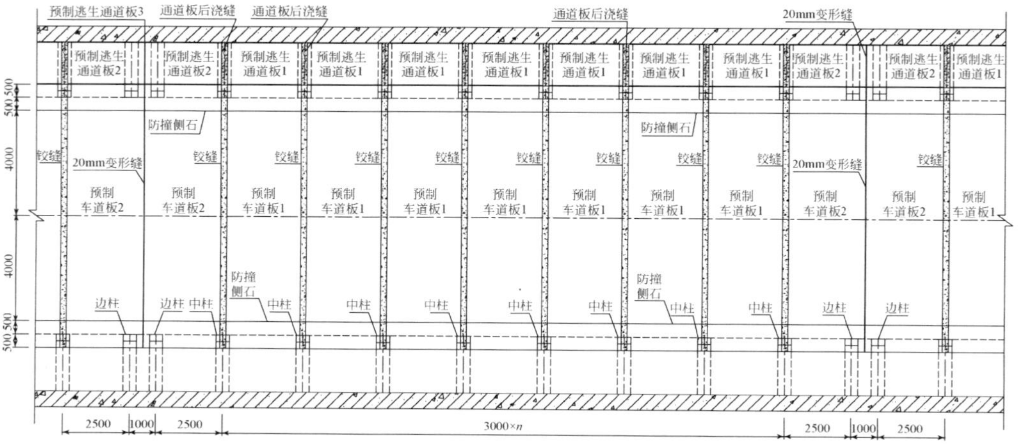

图 4.39　上车预制车道板布置(单位:mm)

预制车道板采用空心板设计,以减轻结构自重,减少施工期间运输与吊装荷载。

对于上层车道预制板+支座支承方案而言,支座作法对整个结构体系有较大影响。桥梁结构设计中多采用橡胶支座,当支座达到设计使用年限或出现破损后,进行支座更换。对于纬三路盾构隧道项目来说,预制车道板个数较多,每块板需要

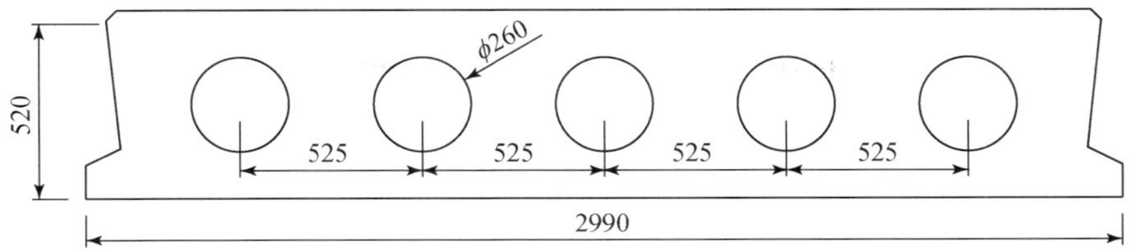

(a) 中间跨预制车道板截面

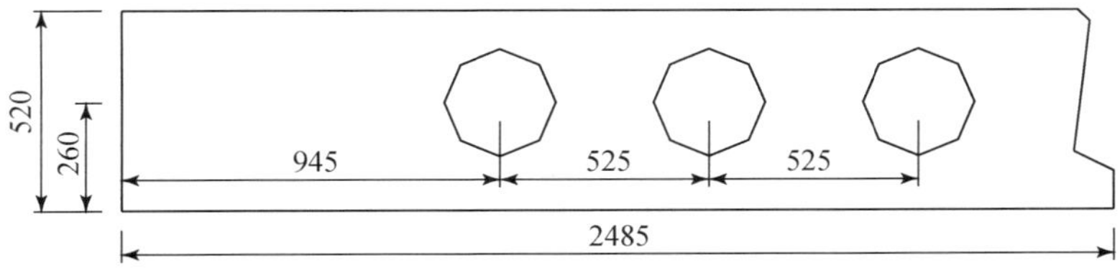

(b) 边跨预制车道板截面

图 4.40　上车预制车道板剖面(单位:mm)

6~8 块支座进行支承。

与桥梁结构不同,盾构隧道内上层车道正常使用时,支座监测难度较大,当支座出现破损时难以及时更换。考虑到支座耐久性问题,预制车道板采用弧形钢板支座,在施工现场制作安装,支座沿纵梁通长布置(图 4.41)。

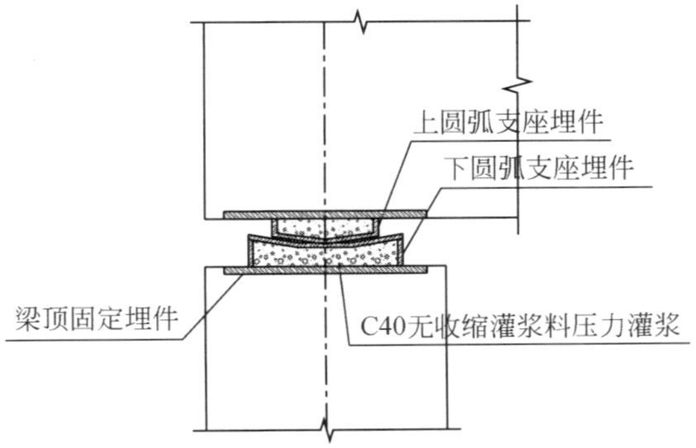

图 4.41　支座埋件图

上层车道预制板+梁板后浇接头方案的施工顺序如下:

(1)浇筑车道立柱与车道纵梁,同时浇筑车道立柱联系梁。

(2)吊装上层车道板,将车道板安装于车道纵梁牛腿之上。

(3)浇筑上层车道板间铰缝、预制车道板与车道纵梁之间混凝土及铺装层混凝土。

(4)养护混凝土,混凝土强度达到设计要求后,进行下一步施工。

上层车道预制板+支座支承方案结构施工顺序如下:

(1)浇筑车道立柱与车道纵梁,同时浇筑车道立柱联系梁。

(2)安装支座。

(3)吊装上层车道板。

(4)浇筑上层车道板间铰缝、预制车道板与车道纵梁之间混凝土及铺装层混凝土。

(5)养护混凝土,混凝土强度达到设计要求后,进行下一步施工。

4.4.2　施工阶段结构计算分析

由施工过程可知,上层车道预制板+梁板后浇接头方案与上层车道预制板+支座支承方案施工阶段的荷载主要是恒载、施工荷载与车辆通行荷载,荷载取值参照全预制方案。

1. 车道板计算

施工期间车道板为简支受力状态,计算时按简支梁进行计算。预制车道板跨度9m,计算时考虑施工车辆在板顶的最不利分布,采用Sap2000软件进行计算分析。车道板结构计算图如图4.42所示。

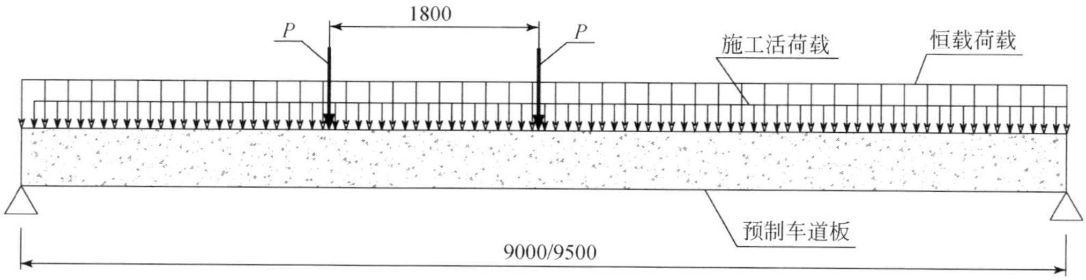

图4.42　施工阶段车道板结构计算图示(单位:mm)

注:图中P为车辆轮载;梁板后浇接头方案施工阶段计算跨度9m,
支座支承方案施工阶段计算跨度9.5m

根据结构计算,施工阶段车道板内力如表4.20所示。

表 4.20　施工阶段车道板内力汇总表

方案类型	车道板位置	工况	跨中弯矩/(kN·m)	支座剪力/kN
梁板后浇接头方案	边跨	恒载	390	173
		设计内力	1493	585
	中间跨	恒载	455	203
		设计内力	1571	620
支座支承方案	边跨	恒载	434	183
		设计内力	1621	595
	中间跨	恒载	508	214
		设计内力	1708	632

2. 车道纵梁计算

上层车道板、车道纵梁与立柱均采用 C40 混凝土。对于梁板后浇接头方案，施工阶段车道纵梁截面为 680mm×500mm，车道板偏心安装于纵梁侧面[图 4.43(a)]；对于支座支承方案，尚需考虑支座高度的影响，根据横截面布置分析，施工阶段车道纵梁截面为 600mm×500mm，车道板安装于纵梁顶面支座，无偏心影响[图 4.43(b)]。施工阶段车道梁柱计算模型见图 4.44。

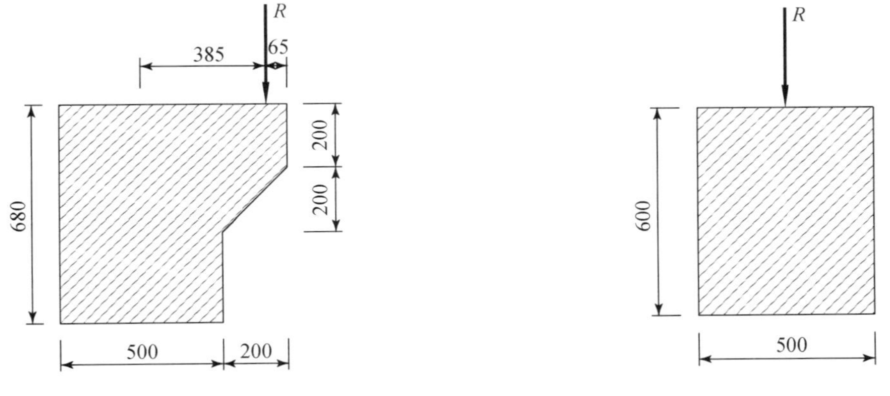

(a) 梁板后浇接头方案　　(b) 支座支承方案

图 4.43　施工阶段车道纵梁截面及加载示意图(单位:mm)

根据计算，施工阶段车道纵梁内力汇总见表 4.21。

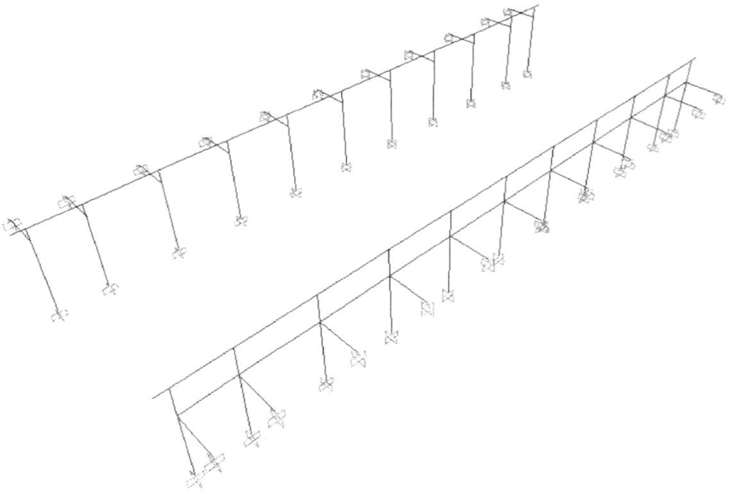

图 4.44　施工阶段车道梁柱计算模型

表 4.21　施工阶段车道纵梁内力汇总

方案类型	车道纵梁位置	工况	跨中弯矩/(kN·m)	支座弯矩/(kN·m)	支座剪力/kN	扭矩/(kN·m)
梁板后浇接头方案	中间跨	恒载	37	65	120	44
		设计组合	80	133	370	128
	边跨	恒载	24	40	94	33
		设计组合	57	187	286	102
支座支承方案	中间跨	恒载	36	64	119	—
		设计组合	80	132	368	—
	边跨	恒载	24	39	94	—
		设计组合	56	188	285	—

根据弹性计算结果,在施工阶段,车道纵梁与立柱变形见表 4.22。

表 4.22　施工阶段车道纵梁与立柱变形

方案类型	工况	柱顶水平变形/mm	纵梁跨中变形/mm	纵梁扭转角/rad
梁板后浇接头方案	恒载	0.7	0.2	0.00098
	恒载+车道荷载	1.0	0.3	0.00144
支座支承方案	恒载	0	0.2	—
	恒载+车道荷载	0	0.3	—

4.4.3 使用阶段计算分析

1. 梁板后浇接头方案

梁板后浇接头方案施工结束后，车道纵梁高度 1200mm。车道结构板按整体模型进行计算，各预制板截面均按实际截面建模，预制板铰缝混凝土之间仅传递剪力，不传递弯矩，模型中弱化铰缝处板截面抗弯刚度。模型采用 Sap2000 进行建模，汽车荷载采用桥梁计算模块输入，使用阶段车道结构计算模型和计算图示分别见图 4.45 和图 4.46。

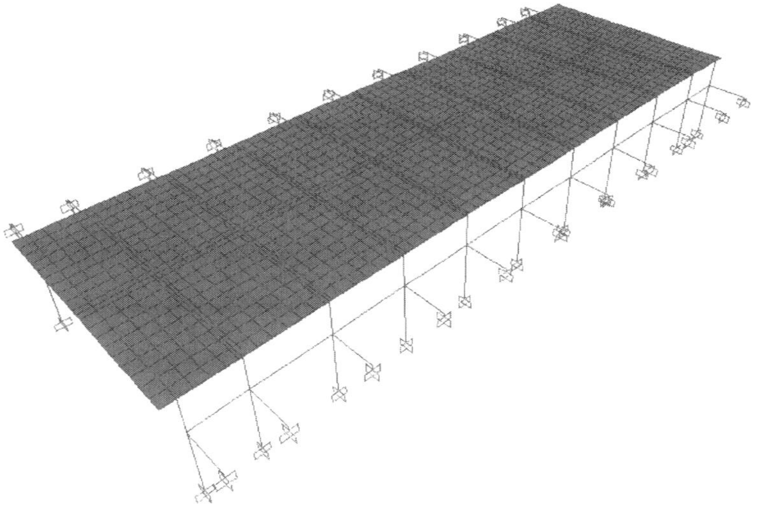

图 4.45　使用阶段车道结构计算模型

图 4.46　使用阶段车道结构计算图示

2. 支座支承方案

支座支承方案施工阶段完成纵梁立柱施工后，在柱顶安装支座，并吊装预制车道板，车道板铰缝及铺装层施工完毕后，上层车道即成一个整体，简支于车道纵梁顶面。支座支承方案车道板计算与车道纵梁计算分别采用单独模型进行分析。

对于梁板后浇接头方案，施工阶段车道板主要承受恒载作用，使用阶段车道板受力状态发生变化，车道板设计内力应同时考虑施工阶段恒载内力与使用阶段设计内力。车道纵梁采取了后浇叠合方式，纵梁内力需按叠合梁方法进行设计，将使用阶段内力与施工阶段内力叠加考虑。表 4.23 和表 4.24 统计了上层预制车道板设计内力与短期组合、长期组合下的内力，表 4.25 统计了汽车荷载作用下的车道板跨中变形。表 4.26 和表 4.27 统计了车道纵梁、车道立柱设计内力。

表 4.23　上层预制车道板设计内力

方案类型	车道板位置	跨中弯矩/(kN · m)	支座弯矩/(kN · m)	支座剪力/kN
梁板后浇接头方案	边跨	1708	810	948
	中间跨	1446	514	812
支座支承方案	边跨	2126	0	911
	中间跨	1876	0	780

表 4.24　上层预制车道板短期组合、长期组合下内力值

方案类型	工况	位置	跨中弯矩值/(kN · m)	支座弯矩/(kN · m)
梁板后浇接头方案	短期组合	边跨	815	288
		中间跨	708	189
	长期组合	边跨	660	118
		中间跨	599	121
支座支承方案	短期组合	边跨	1081	—
		中间跨	902	—
	长期组合	边跨	1025	—
		中间跨	882	—

表 4.25 上层预制车道板跨中变形

方案类型	车道板位置	跨中变形/mm
梁板后浇接头方案	边跨	4.5
	中间跨	3.1
支座支承方案	边跨	6.7
	中间跨	5.0

表 4.26 车道纵梁设计内力

方案类型	车道纵梁位置	跨中弯矩/(kN·m)	支座弯矩/(kN·m)	支座剪力/kN	扭矩/(kN·m)
梁板后浇接头方案	边跨	207	265	424	302
	中间跨	244	298	447	321
支座支承方案	边跨	103	186	407	—
	中间跨	156	295	484	—

表 4.27 车道立柱内力

方案类型	立柱位置	轴力/kN	横车道面内弯矩/(kN·m)	横车道面内剪力/kN	顺车道面内弯矩/(kN·m)	顺车道向剪力/kN
梁板后浇接头方案	中间跨	298/1265	470	537	92	132
	边跨	156/1015	554	653	115	148
支座支承方案	中间跨	378/917	—	—	184	91
	边跨	360/1015	—	—	180	87

铰缝是联系车道板的重要构件,根据整体计算结果,单位长度铰缝最大设计剪力:梁板后浇接头方案为132.7kN;支座支承方案为152.9kN。

4.4.4 预制方案分析

1. 梁板后浇接头方案

1)边跨车道板

车道板宽2.45m。施工阶段最大正弯矩1493kN·m,使用阶段最大正弯矩1708kN·m,预制车道板按使用阶段内力控制最大正弯矩。根据结构设计计算,受拉钢筋计算面积$A_s=13200\text{mm}^2$,可采用24ϕ28。正弯矩区裂缝计算得$W_{fk}=0.176$mm,满足规范要求。

最大负弯矩 810kN · m，根据结构设计计算，受拉钢筋计算面积 $A_s=5750\text{mm}^2$，可采用 28ϕ20。负弯矩区裂缝计算得 $W_{fk}=0.121\text{mm}$，满足规范要求。

最大剪力 948kN，根据计算需配箍筋。根据规范，最小配箍率 $\rho_{sv,min}=0.12\%$。根据计算可采用 8 肢 ϕ10 箍筋，间距 200mm，配箍率 $\rho_{sv,min}=0.22\%$，满足规范要求。

2）中间跨车道板

车道板宽 2.99m。施工阶段最大正弯矩 1493kN · m，使用阶段最大正弯矩 1446kN · m，预制车道板按施工阶段内力控制最大正弯矩。根据设计计算，受拉钢筋计算面积 $A_s=10560\text{mm}^2$，可采用 24ϕ28。正弯矩区裂缝计算得 $W_{fk}=0.176\text{mm}$，满足规范要求。

最大负弯矩 514kN · m，根据结构设计计算，受拉钢筋计算面积 $A_s=3590\text{mm}^2$，小于构造配筋率，按构造配筋 $A_s=6240\text{mm}^2$，可采用 20ϕ20。负弯矩区裂缝计算得 $W_{fk}=0.096\text{mm}$，满足规范要求。

最大剪力 812kN，根据计算需配箍筋。根据规范，最小配箍率 $\rho_{sv,min}=0.12\%$。根据计算可采用 8 肢 ϕ10 箍筋，间距 200mm，配箍率 $\rho_{sv,min}=0.19\%$，满足规范要求。负弯矩区裂缝计算得 $W_{fk}=0.101\text{mm}$，满足规范要求。

3）车道纵梁

边跨与中间跨车道纵梁内力差别较小，可按一种情况统一进行设计。

施工阶段，车道纵梁截面 680mm×500mm，按通车情况进行设计。

最大正弯矩、负弯矩分别为 80kN · m 与 187kN · m，梁跨度较小，按双筋梁进行设计，受拉钢筋计算面积 $A_s=A_s'=1073\text{mm}^2$，可采用 4ϕ20。根据配筋，裂缝计算跨中裂缝 $W_{fk}=0.101\text{mm}$，支座裂缝 $W_{fk}=0.064\text{mm}$，满足规范要求。

最大剪力 370kN，最大扭矩 128kN · m，按剪扭构件进行设计。根据设计内力计算施工期间抗剪钢筋计算配筋面积：$A_{sv}/S_v=1.07\text{mm}^2/\text{mm}$，可采用 2$\phi$10@ 150；抗扭箍筋计算配筋面积：$A_{sv1}/S_v=1.41\text{mm}^2/\text{mm}$，可采用 ϕ12@ 150。

使用阶段，车道纵梁截面 1200mm×500mm。

最大正弯矩、负弯矩分别为 244kN · m 与 298kN · m，梁跨度较小，按双筋梁进行设计，受拉钢筋计算面积 $A_s=A_s'=1043\text{mm}^2$，可采用 3ϕ25。

最大剪力 447kN，最大扭矩 321kN · m，按剪扭构件进行设计。根据设计内力计算使用期间抗剪钢筋计算配筋面积：$A_{sv}/S_v=1.07\text{mm}^2/\text{mm}$，可采用 2$\phi$10@ 160；抗扭箍筋计算配筋面积：$A_{sv1}/S_v=1.6\text{mm}^2/\text{mm}$，可采用 ϕ16@ 120。

由车道纵梁的设计分析可以看出,通过加大箍筋,车道梁在施工阶段与使用阶段抗扭承载力可以满足结构受力要求。

4)车道纵梁牛腿

车道纵梁牛腿在施工期间放置车道板,并承受施工荷载,牛腿沿纵梁全长布置。牛腿最大设计内力 N=266kN/m。经计算,牛腿实配钢筋如图4.47所示。

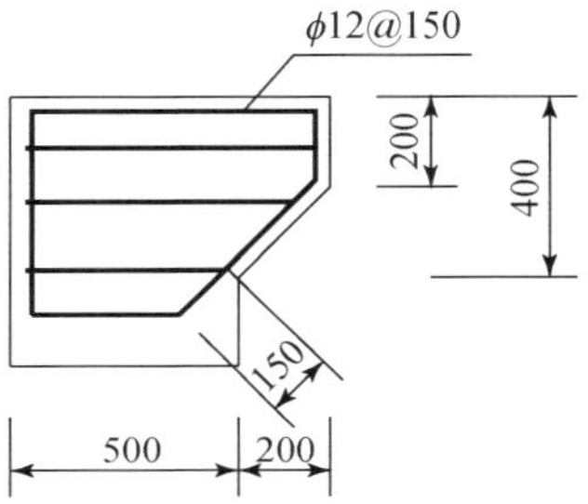

图4.47 牛腿实配钢筋示意图(单位:mm)

5)车道立柱

柱截面500mm×500mm。根据车道立柱设计内力,横车道向弯矩最大时为控制内力。根据最大内力包络设计,横车道方向纵筋配筋5ϕ28,顺车道方向3ϕ28,箍筋4ϕ10@100/200(图4.48)。

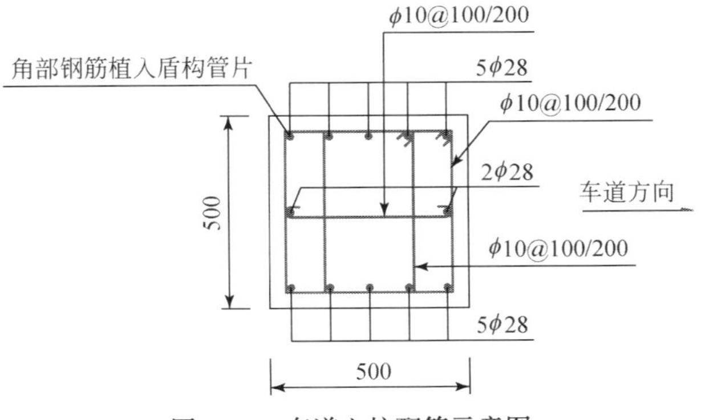

图4.48 车道立柱配筋示意图

6)铰缝抗剪计算

铰缝设计高度370mm,铰缝最大剪力132.7kN/m。

按圬工规范第3.0.7条进行铰缝受力验算,铰缝抗剪承载力:

$$A\frac{R_j^j}{\gamma_m}=422.8\text{kN/m}>132.7\text{kN/m}$$

满足受力要求。

7）挠度计算

根据《公路钢筋混凝土及预应力混凝土桥涵设计规范》（JTG D62—2004），钢筋混凝土构件挠度计算应按开裂构件等效截面抗弯刚度并考虑荷载长期效应影响进行计算。根据预制车道板设计内力，计算得到预制车道板跨中变形，见表4.28。

表4.28 车道板跨中变形

	位置	跨中变形/mm
消除自重影响后梁最大挠度	边跨板	11.2
	中间跨板	8.1

根据规范要求，结构最大挠度限值：

$$\left[\frac{l}{600}\right]=15.8\text{mm}$$

考虑荷载长期效应的结构变形满足规范要求。

由车道板、车道纵梁设计计算可以看出，预制车道板、车道纵梁与车道立柱均可按规范要求进行配筋，截面承载力满足规范要求，结构变形满足规范要求。梁板后浇接头方案是可行的结构设计方案。

2. 支座支承方案

1）边跨车道板

车道板宽2.45m。最大正弯矩2126kN·m，根据结构设计计算，受拉钢筋计算面积$A_s=17150\text{mm}^2$，可采用30ϕ28。裂缝计算得$W_{fk}=0.156\text{mm}$，满足规范要求。

板上层钢筋按构造配筋，$A_s=5200\text{mm}^2$。

最大剪力811kN，根据计算需配箍筋。根据规范，最小配箍率$\rho_{sv,min}=0.12\%$。根据计算可采用8肢ϕ10箍筋，间距200mm，配箍率$\rho_{sv,min}=0.22\%$，满足规范要求。

2）中间跨车道板

车道板宽2.99m。最大正弯矩1876kN·m，根据结构设计计算，受拉钢筋计算面积$A_s=14370\text{mm}^2$，可采用25ϕ28。裂缝计算得$W_{fk}=0.199\text{mm}$，满足规范要求。

上层钢筋按构造配筋，$A_s=6240\text{mm}^2$。

最大剪力812kN，根据计算需配箍筋。根据规范，最小配箍率$\rho_{sv,min}=0.12\%$。

根据计算可采用 8 肢 $\phi10$ 箍筋,间距 200mm,配箍率 $\rho_{sv,min}=0.19\%$,满足规范要求。

3)车道纵梁

车道纵梁截面 600mm×500mm,最大正弯矩、负弯矩分别为 156kN · m 与 295kN · m,梁跨度较小,按双筋梁进行设计,受拉钢筋计算面积 $A_s=A_s'=1783\text{mm}^2$,可采用 4ϕ25。

最大剪力 484kN,根据内力计算抗剪钢筋计算配筋面积:

$A_{sv}/S_v=2.09\text{mm}^2/\text{mm}$,可采用 4$\phi$10@150。

4)车道柱

柱截面 500mm×500mm。支座支承方案车道柱弯矩较小,根据设计内力,横车道向弯矩最大时为控制内力。根据最大内力包络设计,立柱纵筋横车道方向配筋 3ϕ28,顺车道方向 3ϕ28,箍筋 3ϕ8@100/200(图 4.49)。

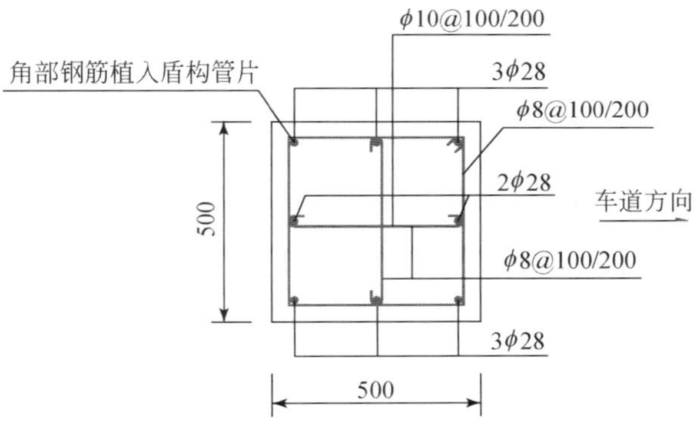

图 4.49　车道立柱配筋示意图

5)铰缝抗剪计算

铰缝设计高度 370mm,铰缝最大剪力 152.9kN/m。

按圬工规范第 3.0.7 条进行铰缝受力验算,铰缝抗剪承载力:

$$A\frac{R_j^j}{\gamma_m}=422.8\text{kN/m}>152.9\text{kN/m}$$

满足受力要求。

6)挠度计算

根据《公路钢筋混凝土及预应力混凝土桥涵设计规范》(JTG D62—2004),钢筋混凝土构件挠度计算应按开裂构件等效截面抗弯刚度并考虑荷载长期效应影响进行计算。根据预制车道板设计内力,计算得到预制车道板跨中变形,见表 4.29。

表 4.29　车道板跨中变形

	位置	跨中变形/mm
消除自重影响后梁最大挠度	边跨板	15.2
	中间跨板	11.3

根据规范要求,结构最大变形限值为

$$\left[\frac{l}{600}\right]=15.8\text{mm}$$

考虑荷载长期效应的结构变形满足规范要求。

由车道板、车道纵梁设计计算可以看出,预制车道板、车道纵梁与车道立柱均可按规范要求进行配筋,截面承载力、结构变形均满足规范要求。梁板后浇接头方案是结构设计可行的设计方案。

3. 方案对比分析

梁板后浇预制方案与支座支承预制方案是两种结构体系不同的设计方案,对比分析主要对这两种方案的受力状态与计算工程量进行对比。

1)预制车道板

预制车道板是上层车道结构中工程量最大的结构构件,两种方案设计内力、挠度与主要纵筋配筋对比见表 4.30。

表 4.30　预制车道板设计内力挠度与计算配筋值对比

位置	方案类型	跨中设计弯矩/(kN·m)	支座弯矩/(kN·m)	下层钢筋计算面积/mm^2	上层钢筋计算面积/mm^2	挠度/mm
边跨车道板	梁板后浇接头方案	1708	810	13200	5750	11.2
	支座支承方案	2126	0	17150	5200	15.2
中间跨车道板	梁板后浇接头方案	1493	514	10560	6240	8.1
	支座支承方案	1876	0	14370	6240	11.3

梁板后浇接头方案为空间框架受力,上层车道结构可以发挥结构整体作用,跨中设计弯矩远小于支座支承方案,考虑荷载长期效应影响后,梁板后浇接头方案结构跨中变形远小于支座支承方案,使用效果好于支座支承方案。

由表 4.30 还可以看出,梁板后浇接头方案车道板纵向钢筋配筋量小于支座支承方案。根据盾构内部结构布置,中间跨车道板个数 2063 块,边跨车道板个数 544

块。用量较大的中间跨预制车道板中,两者计算配筋面积差达到 3385mm^2;每块板计算配筋量相差达 264kg;边跨板计算配筋量相差达 119kg。就整个隧道来说,预制车道板计算配筋量差 607t。

2)车道纵梁

由于结构体系有差别,两个方案中车道纵梁截面不完全相同,梁板后浇接头方案截面为 1200mm×500mm,支座支承方案截面为 600mm×500mm。梁板后浇接头方案配筋量包括施工阶段配筋与使用阶段全截面配筋,支座支承方案则需在梁顶布置预埋件、支座。纵梁设计内力与计算配筋值对比见表 4.31。

表 4.31　车道纵梁设计内力与计算配筋值对比

方案类型	设计弯矩/(kN·m)	设计剪力/kN	纵向钢筋计算面积/mm^2	箍筋配筋/(mm^2/m)
梁板后浇接头方案	298	447	3159	5.15
支座支承方案	295	504	3566	2.09

注:1. 梁板后浇接头方案纵向钢筋面积已经考虑了截面转换过程中所需纵向钢筋;
2. 箍筋配筋考虑了抗剪箍筋与抗扭箍筋。

由表 4.31 可以看出,两个方案纵梁设计内力接近,由于梁板后浇接头方案截面较高,纵向钢筋计算面积小于装配式方案。梁板后浇接头方案箍筋配筋包括了车道板吊装前车道梁配筋,配筋大于装配式方案,每米范围内增加 35kg 钢筋。

支座支承方案需设置支座埋件。采用弧形钢板支座,支座埋件用钢量达到 240kg/m。综合考虑来说,梁板后浇接头方案综合用钢量优于支座支承方案。

3)车道立柱

梁板后浇接头方案车道立柱为空间框架受力,车道立柱内力较大,支座支承方案受力情况比较简单,内力相对较小。车道立柱设计内力与理论配筋值对比见表 4.32。

表 4.32　车道立柱设计内力与计算配筋值对比

方案类型	轴力/kN	横车道面内最大弯矩/(kN·m)	横车道面内剪力/kN	顺车道面内最大弯矩/(kN·m)	顺车道向剪力/kN	纵向钢筋	箍筋
梁板后浇接头方案	298/1265	470	537	92	132	横车道方向纵筋配筋 5ϕ28,顺车道方向 3ϕ28	4ϕ10@100/200

续表

方案类型	轴力/kN	横车道面内最大弯矩/(kN·m)	横车道面内剪力/kN	顺车道面内最大弯矩/(kN·m)	顺车道向剪力/kN	纵向钢筋	箍筋
支座支承方案	380/1015	—	—	180	87	横车道方向纵筋配筋 3ϕ28，顺车道方向 3ϕ28	4ϕ8@100/200

梁板后浇接头方案车道立柱受力大于支座支承方案，比支座支承方案增加工程量 78kg。

根据梁板后浇接头方案与支座支承方案设计分析可以看出，这两个方案均可满足盾构内部结构预制化设计要求，均是结构可行的方案。综合对比这两个方案的结构内力与计算配筋量可以看出，梁板后浇接头方案为空间框架受力，结构整体性好，结构变形小，车道使用效果好。梁板后浇接头方案车道板、车道纵梁用钢量均小于支座支承方案，车道立柱用钢量大于支座支承方案，但综合用钢量小于支座支承方案，建议在纬三路盾构隧道中采用梁板后浇接头方案进行预制化设计。

4. 预制车道板厚度优化分析

纬三路盾构隧道长度长，上层车道板用量大，车道板的厚度对结构受力、材料用量及长期荷载作用下的变形有较大影响。

盾构隧道内部预制车道板跨度 9.5m，针对桥梁通用图中 10m 跨度预制板板厚为 50～52cm。纬三路盾构隧道上层车道优化参考现有资料，针对以下厚度车道板进行计算分析，以得到较优的车道板厚度参数：50cm、52cm、55cm。

车道板厚度变化对结构影响主要体现在刚度与结构承载力两个方面，对车道纵梁、立柱影响相对较小。针对不同厚度车道板，计算分析重点在于对比车道板内力的影响。采用不同的车道板厚度进行结构分析，上层预制车道板内力及结构变形如表 4.33 和表 4.34 所示。

表 4.33 车道板内力及结构变形

车道板厚度/cm	位置	跨中弯矩/(kN·m)	支座弯矩/(kN·m)	跨中变形/mm
50	边跨	1673	832	4.9
	中间跨	1408	530	3.4

续表

车道板厚度/cm	位置	跨中弯矩/(kN · m)	支座弯矩/(kN · m)	跨中变形/mm
52	边跨	1708	810	4. 5
	中间跨	1446	514	3. 1
55	边跨	1762	775	4. 0
	中间跨	1501	490	2. 8

注:跨中变形为汽车荷载作用下的弹性计算变形。

表 4. 34　上层预制车道板短期组合、长期组合下内力值

车道板厚度/cm	组合形式	位置	跨中弯矩值/(kN · m)	支座弯矩/(kN · m)
50	短期组合	边跨	792	296
		中间跨	683	194
	长期组合	边跨	638	184
		中间跨	576	125
52	短期组合	边跨	815	288
		中间跨	708	189
	长期组合	边跨	660	118
		中间跨	599	121
55	短期组合	边跨	844	276
		中间跨	739	180
	长期组合	边跨	674	172
		中间跨	626	115

从不同车道板方案对比可以发现,随着板厚增加,板跨中弯矩值略有增加,但变化量较小,设计弯矩最大变化率为 6. 5% 。

根据车道板跨中弯矩与支座弯矩,按《公路钢筋混凝土及预应力混凝土桥涵设计规范》(JTG D62—2004)第 5. 2. 2 条进行正截面抗弯配筋计算。钢筋均采用 HRB400 级钢筋,混凝土保护层厚度 40mm,不同板厚钢筋计算面积见表 4. 35。

表 4. 35　预制车道板计算配筋面积与考虑长期荷载效应的跨中变形值

车道板厚度/cm	位置	下层钢筋/mm^2	上层钢筋/mm^2	跨中变形/mm
50	边跨	13600	6285	13. 4
	中间跨	10850	6000	10. 3

续表

车道板厚度/cm	位置	下层钢筋/mm^2	上层钢筋/mm^2	跨中变形/mm
52	边跨	13200	5750	11.2
	中间跨	10560	6240	8.1
55	边跨	12500	5500	8.4
	中间跨	10350	6600	7.5

注：钢筋配筋小于最小配筋率情况，均按最小配筋率计算钢筋面积。

根据计算，考虑长期荷载效应的跨中变形值随着板厚增加而减少，但在所有方案中，车道板跨中变形均满足规范要求。随着车道板厚度增加，下层钢筋计算配筋量减少；除50cm方案边跨预制板外，上层钢筋均可按最小配筋率配筋。根据计算配筋，52cm与55cm厚预制车道板方案上下层钢筋总用量均少于50cm方案。以50cm方案为基准计算52cm方案与55cm方案总造价变化，见表4.36。

表4.36　不同厚度预制车道板造价变化（与50cm厚方案比较）

车道板厚度/cm	位置	钢筋增量/kg	混凝土增量/m^3	单块板造价变化/元	总造价变化/万元
52	边跨	−80.74	0.45	−238.48	27.3
	中间跨	−4.32	0.54	195.17	
55	边跨	−162.77	1.13	−393.03	109.4
	中间跨	17.27	1.35	633.85	

注：1. 计算造价时，按现有预算定额计算，混凝土403元/m^3，钢筋5200元/t；
2. 根据现有结构布置情况，中间跨车道板个数2063块，边跨车道板个数544块。

由表4.36可以看出，50cm车道板方案造价最少，其他方案均增加部分工程造价。但该方案结构变形最大，使用效果比其他方案差。而52cm方案比50cm方案增加很少的造价，但使用性能有较大提高，从课题研究角度推荐采用52cm方案。

5. 风机段车道预制化设计

盾构隧道内每间隔80m左右设置风机，以加强隧道内通风。由于风机体积较大，按标准段横截面布置，风机会影响到行车限界。对风机段横断面分析后，可以作如下调整，以保证行车限界要求（图4.50）。

（1）将车道立柱向车道两侧移动300mm，风机位置向两侧移动，以避开行车限界。

(2)风机段预制车道板加长 600mm。

(3)风机可采用后锚固螺栓安装于预制板及车道纵梁侧面。

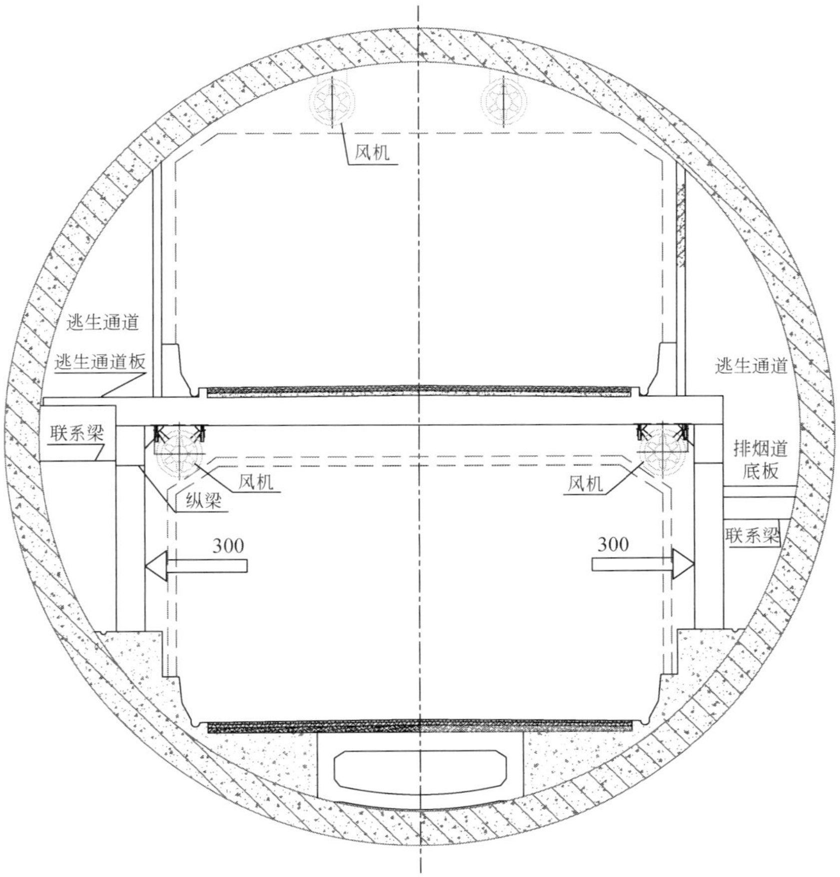

图 4.50　风机段隧道横断面

4.5　技术经济对比

4.5.1　标准化施工进度对比

1. 预制车道结构施工时间安排

上层车道板吊装完毕后,可以在较大范围同时进行施工,以节约施工时间。根据混凝土养护时间及与盾构同步要求，初步确定每 120m 浇筑上层车道混凝土 1 次。根据盾构施工安排，盾构掘进速度约 300m/月。上层车道施工应与盾构施工速度匹配，以做到同步施工。根据预制构件运输、安装及混凝土浇筑养护时间，预制车道板施工时间可按表 4.37 进行安排。

表 4.37　预制车道板施工工期

现浇立柱和纵梁	吊装车道板 40 块 120m 时间/h	架立上层及接缝钢筋时间/h	运输浇筑混凝土时间/h	养护时间/d	结构完成时间/d	每月完成循环/次	每月完成长度/m
与掘进同步	20	10	4	7	8.5	3.5	420

注：浇筑混凝土通过上层车道运输，并在远距离泵送浇筑。

根据施工时间分析，每 8.5d 可完成 120m 左右，如果适当加长每次混凝土浇筑段长度，施工速度可以进一步加快。上层车道主要施工作业均在上层完成，不影响下层车道运输。上层车道施工速度快于盾构施工速度，完全可以做到同步施工。

根据纬三路盾构隧道施工安排，隧道内部结构施工控制时间在于盾构机到达接收井到盾构机拆除的这段时间，上层车道施工长度 300m。为减少该部分结构施工时间，可以采取一次性吊装、分次架立钢筋并浇筑混凝土的施工方法，浇筑混凝土可以从接收井位置开始浇筑，逆向施工，时间安排如表 4.38 所示。

表 4.38　最后一段上层车道预制车道板施工时间安排

施工步序	完成全部路面混凝土施工，共 2.5d							养护混凝土：7d
	50h	60h	64h	74h	88h	98h	108h	
吊装车道板	——	——						
铺装接收井侧 120m 钢筋网			——					
运输浇筑混凝土				——				
铺装第 2 段路面 120m 钢筋网					——			
运输浇筑混凝土					——	——		
铺装第 3 段路面 60m 钢筋网						——		
运输浇筑混凝土							——	
养护混凝土							——	——

根据施工工序及施工时间分析，最后一段车道施工时间可以压缩到 10d 以内完成，完全满足 S、N 线施工工期安排，并可为上层隔墙、防火板施工节约大量时间。

2. 现浇结构施工时间安排

盾构内部结构现浇施工通常采用模板台车进行施工。根据以往经验，现浇施工时，采用多辆台车同时施工的方式，每段施工均需进行台车定位、绑扎钢筋、浇筑混凝土、养护混凝土与拆模几项工作。根据现浇施工速度，要保持现浇结构施工与盾构施工同步，需要 6 台模板台车同步施工，各施工步序时间可按表 4.39 安排。

表 4.39　现浇施工工期

安装 6 台模板台车时间/d	绑扎钢筋时间/d	运输浇筑混凝土时间/d	养护时间/d	拆模时间/d	结构完成时间/d	每月完成循环/次	每月完成长度/m
1	1	1	7	0.5	10.5	2.85	274

注：浇筑混凝土通过上层车道运输，并在远距离泵送浇筑。

现浇施工速度比盾构施工最快速度略慢，但考虑盾构施工速度有变化，现浇施工速度基本可与盾构施工同步。如进一步增加模板台车，可以进一步加快施工速度。

盾构机到达接收井到盾构机拆除的这段时间，最后 300m 如果仍按 6 台模板台车进行施工，施工时间将达到 40d 左右，对上层车道隔墙施工产生较大压力。

3. 施工速度对比

通过现浇施工与预制施工的对比分析可以看出，预制施工比现浇施工速度快 50%，不考虑盾构施工速度的限制，采用预制施工，S 线隧道需 9.8 个月，N 线隧道需 8.5 个月；而采用现浇方法施工，S 线隧道需 15 个月，N 线隧道需 13 个月。采用预制施工比现浇施工节约工期 4 ~ 5 个月。

在控制整个隧道工期的最后 300m 盾构内部结构施工中，预制结构可以采用倒序施工的方式，为隧道施工工期节约了大量的时间，为隧道按时完工做出重要贡献。

4.5.2　技术经济指标对比

传统的盾构隧道内部结构施工采用现浇混凝土结构。本报告针对上层结构预制化设计进行了研究，并提出了两种可行的预制化方案：车道板预制支座支承方案与车道板预制梁板后浇接头方案。从结构设计、施工难度等方面，对这三种设计方案对比（表 4.40）。

表 4.40 主要施工经济技术对比

项目	车道板预制支座支承方案	车道板预制梁板后浇接头方案	现浇方案	备注
结构形式	简支	端部刚接	框架结构	
耐久性	支座耐久性差 需结合大修更换 更换成本高	好	好	
施工速度	1. 速度快,可满足同步施工要求 2. 盾构到达后可实现快速施工	1. 速度快,可满足同步施工要求 2. 盾构到达后可实现快速施工	1. 速度较快,可满足同步施工要求 2. 盾构到达后无法加快施工进度	设计优化的目的
施工人员	少	一般	多	
标准化程度	高	较高	一般(洞内绑扎钢筋现浇混凝土)	设计优化的目的
节点施工质量控制	可控,支座安装精度控制	可控,现浇质量控制	可控,钢筋绑扎、大面积现浇质量控制	
施工风险	小(运输、吊装)	小(运输、吊装)	小(钢筋绑扎)	
与掘进施工干扰	无干扰	无干扰	有一定干扰	
方案比较	比较	推荐	原设计	

就施工速度而言,预制车道结构比现浇结构有较大优势。作为整个盾构内部结构施工的控制工段,盾构到达后接收井到盾构机拆除这段时间需要完成全部上层车道及隔墙的施工。由 4.5.1 节分析可以看出,在最后的施工段,采用合理的施工安排,可以在 10d 左右完成上层车道的施工,达到了加快施工进度、减少施工时间的目的。

预制化设计方案与现浇设计方案工程量相比,预制化设计方案钢筋增加 1155t,混凝土增加 5909m^3,植筋减少 4.4 万根。由于预制化施工将大量的混凝土、钢筋施工转移到了隧道外,大大减少了现场施工费用,综合造价减少近千万元。

综合比较:对于预制化设计,钢筋、混凝土量均略有增加,但减少了植筋量,实现了模块化设计,施工速度相对较快,综合经济效益逾千万元。

4.6 小　结

在全预制方案与叠合板方案设计分析结果的基础上，本章提出了上层车道板预制+梁板后浇接头方案与上层车道板预制+支座支承方案的设计研究，通过计算分析，给出了上层车道预制推荐方案，并对该方案进行了板厚优化分析、预制构件施工问题的研究，对比了预制结构、现浇结构的施工速度、技术经济性等技术指标。主要工作包括：

(1)在全预制方案基础上，提出了上层车道板预制+梁板后浇接头方案与上层车道板预制+支座支承方案，并对设计方案进行了结构布置研究与设计分析。设计计算表明这两个方案均是可行的。

(2)对上层车道板预制+梁板后浇接头方案与上层车道板预制+支座支承方案进行了对比，根据对比结论，推荐在纬三路盾构隧道内部采用上层车道板预制+梁板后浇接头方案。

(3)对上层车道板预制+梁板后浇接头方案进行了不同板厚的对比计算，并根据对比结论，推荐在纬三路盾构内部结构中采用 52cm 板厚。

(4)对预制构件的制作、运输、安装及混凝土施工进行了分析，提出了预制构件制作误差控制要求和预制构件运输要求，并对预制板安装设备提出了控制性要求。

(5)研究了上层车道板预制+梁板后浇接头方案施工速度，并对盾构段最后 300m 上层路面施工进行分析，并与现浇结构施工速度进行了对比。对比表明，采用预制结构施工，可以大幅减少盾构隧道内部结构施工时间，节约关键性的控制工期，对保证隧道结构按期完工起到重要作用。

第 5 章　双层预制车道板全尺寸荷载试验

南京纬三路过江通道工程大直径盾构隧道内部双层双向四车道结构采用预制板+梁板节点后浇方案。针对该结构形式[桥面宽度：2×3.5m(机动车道)+2×0.5m(路缘带)，设计荷载为公路Ⅰ级，结构安全等级为一级]进行了现场 1∶1 全尺寸模型试验，测试数据表明预制车道板、纵梁等结构受力合理，结构性能良好，承载能力满足设计要求。

盾构段内部构筑物荷载试验针对主要受力构件进行了承载能力验证。依据相关规范要求，通过理论分析计算与试验结果比对校验，评定构件受力是否满足理论要求；同时搜索可能出现理论计算与试验检测之间受力状态差异较大的部位，并进行优化设计，以达到使主受力构件的理论受力状态与实际受力状态相吻合的理想结果。盾构隧道内部结构构造如图 5.1 所示。

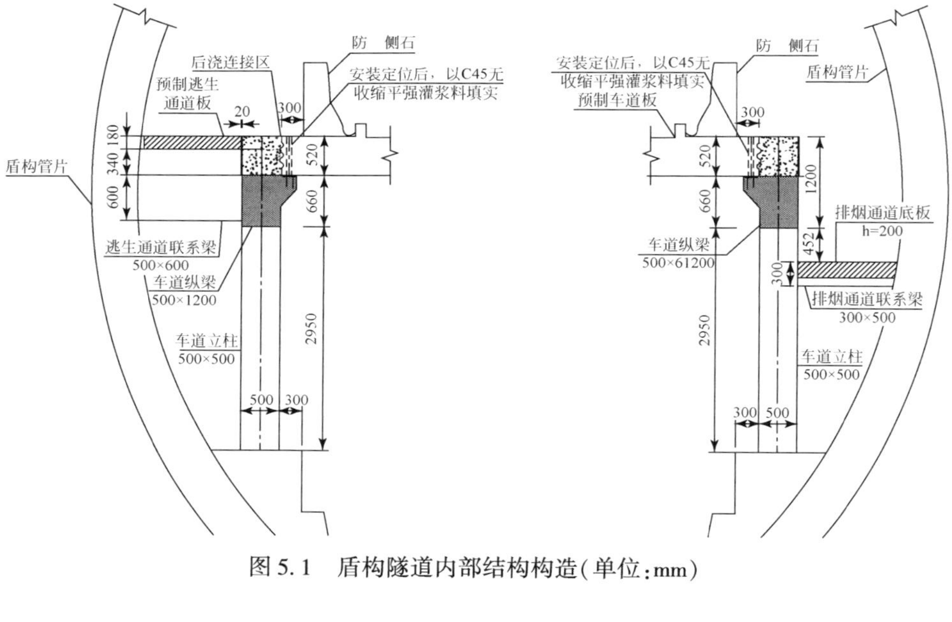

图 5.1　盾构隧道内部结构构造(单位：mm)

5.1 试验目的

本项目为首次采用预制结构,需进行荷载试验来验证设计成果。

(1)检验在实际施工荷载下(包括运输、吊装等实际工作情况)结构的承载能力,总结施工经验,并根据试验结果,提出合理的施工组织建议:①检验预制车道板抗弯性能,包括刚度、承载力及开裂情况等;②检验车道纵梁受力性能,包括刚度、承载力等;③检验牛腿受力情况,检查车道板两侧定位预埋件作用。

(2)检验上层车道结构正常运营状态下预制车道板抗弯性能,包括刚度、承载力、开裂情况等;检验车道纵梁受力性能,包括刚度、承载力等。

(3)检验盾构隧道内构筑物的设计合理性及施工质量,确定工程的可靠性,为竣工验收提供技术依据。

(4)验证设计理论、计算方法和设计中的各种假设的正确性与合理性,为设计积累科学资料。

(5)通过荷载试验,建立盾构隧道内部结构"指纹"档案。

5.2 荷载试验内容

荷载试验的内容主要包括:

(1)车道板在最不利情况下的最大挠度、正弯矩和剪力效应见表5.1。

(2)纵梁在最不利情况下的最大挠度和正弯矩效应见表5.2。

(3)盾构隧道内构筑物在各种工况下的线形和应变。

(4)结构外观观测。

表5.1　施工阶段车道板荷载试验工况

剪力	工况1	工况2	工况3	工况4	工况5	工况6	工况7	工况15
	预制板2	预制板1	预制板1	预制板1	预制板1	预制板3	预制板2	纵梁
弯矩	工况8	工况9	工况10	工况11	工况12	工况13	工况14	—
	预制板2	预制板1	预制板1	预制板1	预制板1	预制板3	预制板2	—

表5.2　运营阶段车道板荷载试验工况

弯矩	工况16	工况17	工况18	工况19	工况20
	预制板2	预制板1	预制板3	预制板2	纵梁

注:设计中给出了三种预制板类型,所有预制板长9m,高0.5m;其中,预制板1:宽3m,预制板2:宽2.5m,预制板3:宽2m。

5.3　试验加载原则及试验荷载

5.3.1　试验加载原则

根据《公路桥梁承载能力检测评定规程》(JTG/T J21—2011),荷载试验加载采用等效荷载的方法,将施工阶段结构的实际荷载作用效应等效成荷载试验时试验车辆作用在结构上的效应。各试验工况下所需加载车辆的数量、车重将根据设计标准活荷载产生的最不利效应值按式(5.1)等效换算而得:

$$0.95 \leqslant \eta = \frac{S_{\text{stat}}}{S(1+\mu)} \leqslant 1.05 \tag{5.1}$$

式中,η 为静力试验荷载效率系数;S_{stat} 为试验荷载作用下,检测部位变形及内力的计算值;S 为设计标准活荷载作用下,检测部位变形及内力的计算值(不计冲击作用时,施工阶段为运板车、架梁设备及施工荷载产生的荷载效应,运营阶段为车道荷载产生的效应)[19];μ 为设计取用的冲击系数,施工阶段不考虑冲击系数,运营阶段取为1.37。冲击系数取值通过动力分析得到结构基频,并按《公路桥涵设计通用规范》(JTG D60—2004)计算所得[20]。

施工阶段设计标准活荷载产生的最不利效应值,以郑州新大方重工科技有限公司提供的DF40型架梁机和运板车最不利工况下的荷载(表5.3)计算。

表5.3　架梁机和运板车最不利工况荷载

车型	轴距1 /m	轴距2 /m	前轴重 /kN	前轴重 /kN	后轴总重 /kN	车辆总重 /kN	备注
架梁机	10.5	10.0	34.0	330.0	360.0	724.0	最不利情况
运板车	4.0	4.0	166.8	166.8	166.8	500.4	最不利情况

运营阶段设计标准活荷载产生的最不利效应值,以《公路工程技术标准》(JTG B01—2003)规定的车道荷载计算。

当桥涵设计车道等于或大于2时,由汽车荷载产生的效应按表5.4规定的多车道横向折减系数进行折减,但折减后的效应不得小于两条设计车道的荷载效应[21]。

表 5.4　车道横向折减系数

设计车道数目	2	3	4	5	6	7	8
折减系数	1.00	0.78	0.67	0.60	0.55	0.52	0.50

5.3.2　荷载试验结果分析原则

为了对南京市纬三路过江通道工程盾构隧道内行车道板及主要受力构件的承载能力作出全面、科学的评价，全尺寸结构模型荷载试验结果分析原则如下[22]：

(1) 根据《公路钢筋混凝土及预应力混凝土桥涵设计规范》(JTG D62—2004)的有关变形验算之第 6.5 条可按下列规定采用：钢筋混凝土构件、全预应力混凝土和 A 类预应力混凝土构件和允许开裂的 B 类预应力混凝土构件全截面的抗弯刚度，$B=0.95E_cI_0$，确定理论挠度。

(2) 按照《公路桥梁承载能力检测评定规程》(JTG/T J21—2011)的要求，荷载试验的应变(或应力)和挠度的实测值与理论值之比称为校验系数。当出现下列情况之一，应判定桥梁承载能力不满足要求：

①主要测点静力荷载试验校验系数大于 1；

②主要测点相对残余变位或相对残余应变超过 20%；

③试验荷载作用下裂缝扩展宽度超过规程中的限值，且卸载后裂缝闭合宽度达到扩张宽度的 2/3；

④在试验荷载作用下，桥梁基础发生不稳定沉降变位。

为此，根据各试验工况的检测目的，列出对应控制截面的应变、挠度实测值与理论值，并计算其校验系数，并将《公路桥梁承载能力检测评定规程》(JTG/T J21-2011)作为确定桥梁的强度、刚度是否满足设计要求的主要依据。

5.3.3　加载模型

根据 1 : 1 结构试验模型(图 5.2)，运用桥梁通用软件 Midas/Civil 分别对施工阶段和运营阶段建立有限元模型。施工阶段模型共划分 2745 个节点，2596 个单元，梁单元通过偏移考虑车道板对纵梁偏心荷载的影响，车道板和纵梁采用弹性连接，并且释放车道板弯矩，立柱底固结，如图 5.3(a)所示。

鉴于经济和效率的考虑，运营阶段模型采用简化处理，即对 1 块预制板 1、2 块预制板 2 和 1 块预制板 3 进行实验。同时，受场地限制，逃生通道联系梁和排烟通道联系梁均未浇筑。在保证结构受力状态相同的前提条件下，在简化的试验模型

图 5.2　1∶1 结构试验模型现场

上进行荷载试验。运营阶段模型共划分 1330 个节点，1310 个单元，板梁单元共节点，立柱底部固结，如图 5.3(b)所示。

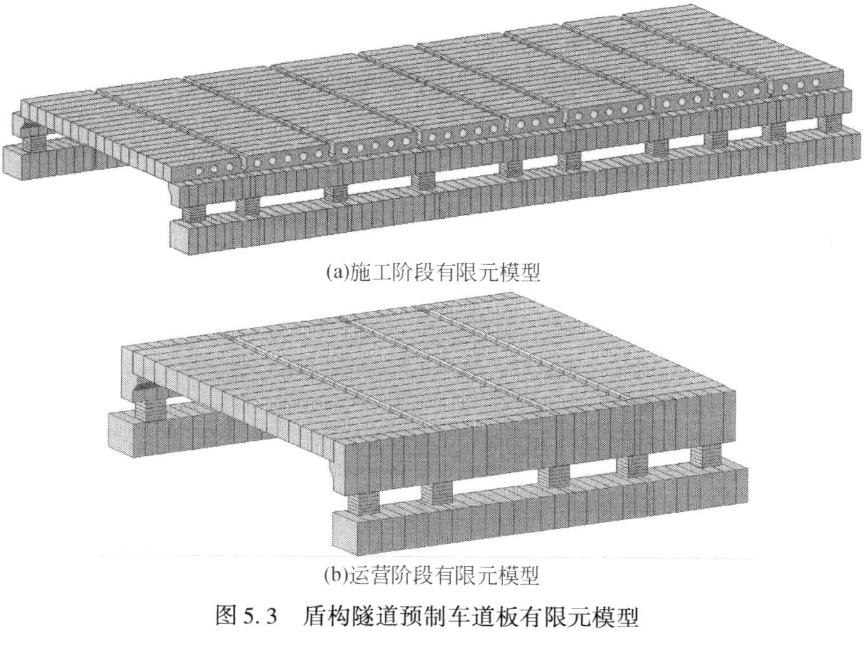

(a)施工阶段有限元模型

(b)运营阶段有限元模型

图 5.3　盾构隧道预制车道板有限元模型

5.3.4 试验荷载

1. 施工阶段试验荷载

施工阶段试验采用326kN和417kN两类双后轴载重车加载，其轴重及轴距平面布置如图5.4和图5.5所示。主要技术指标如下：

(1)362kN加载汽车。

轴距：前轴距中轴3.5m，中轴距后轴1.3m；

轴重：前轴92kN，中轴117kN，后轴117kN。

(2)417kN加载汽车。

轴距：前轴距中轴3.5m，中轴距后轴1.3m；

轴重：前轴79kN，中轴169kN，后轴169kN。

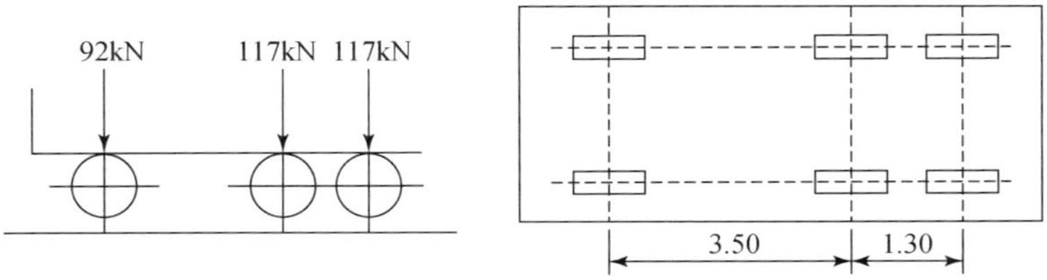

图5.4 326kN加载汽车轴重、轴距及平面图(单位：m)

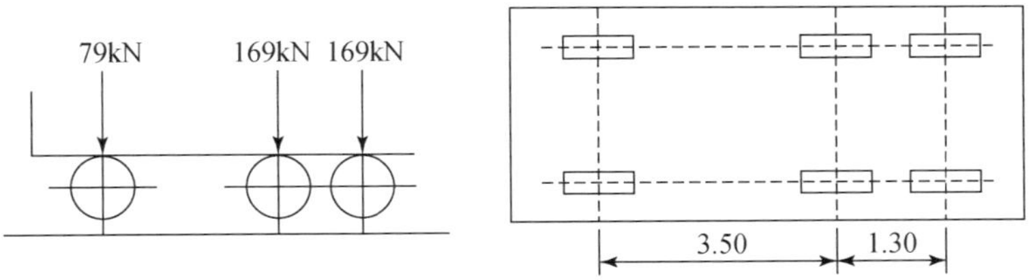

图5.5 417kN加载汽车轴重、轴距及平面图(单位：m)

2. 运营阶段试验荷载

运营阶段试验采用301kN和327kN两类双后轴载重车加载，其轴重及轴距平面布置如图5.6和图5.7所示。主要技术指标如下：

(1)301kN加载汽车。

轴距：前轴距中轴3.5m，中轴距后轴1.3m；

轴重:前轴 85kN,中轴 108kN,后轴 108kN。

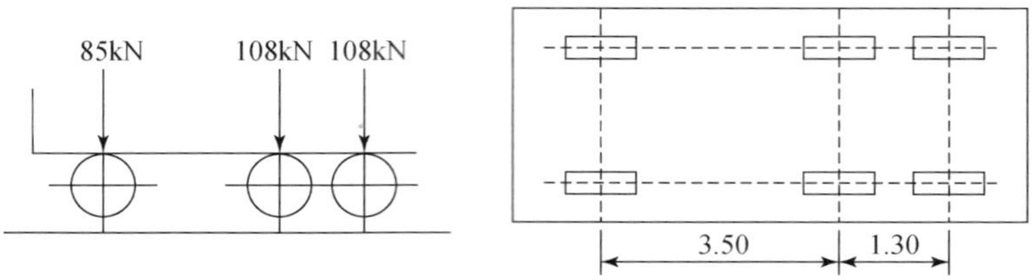

图 5.6　301kN 加载汽车轴重、轴距及平面图(单位:m)

(2)327kN 加载汽车。

轴距:前轴距中轴 3.5m,中轴距后轴 1.3m;

轴重:前轴 89kN,中轴 119kN,后轴 119kN。

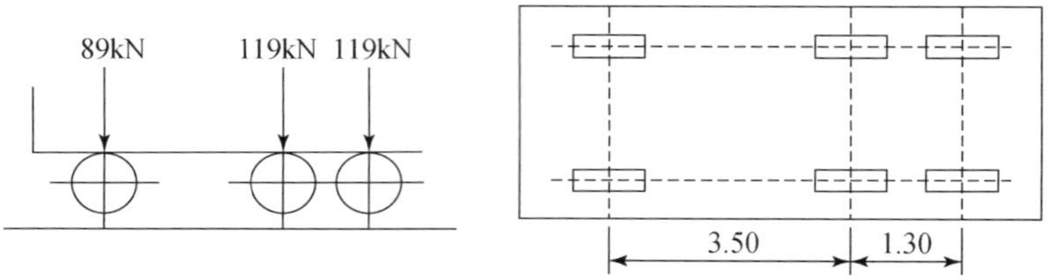

图 5.7　327kN 加载汽车轴重、轴距及平面图(单位:m)

5.4　荷载试验概况

5.4.1　控制截面

1. 总体截面布置

南京纬三路过江通道盾构隧道内构筑物荷载试验现场行车道板布置如图 5.8 所示,试验平台侧面如图 5.9 所示。

2. 施工阶段控制截面

按照《公路桥梁承载能力检测评定规程》(JTG/T J21—2011),南京纬三路过江通道盾构隧道内车道板和纵梁荷载试验内力控制截面主要为 2 ~ 5、7、9 和 10 号车道板的最大正弯矩和最大剪力及其对应纵梁扭矩;6 号车道板所对应纵梁的最大

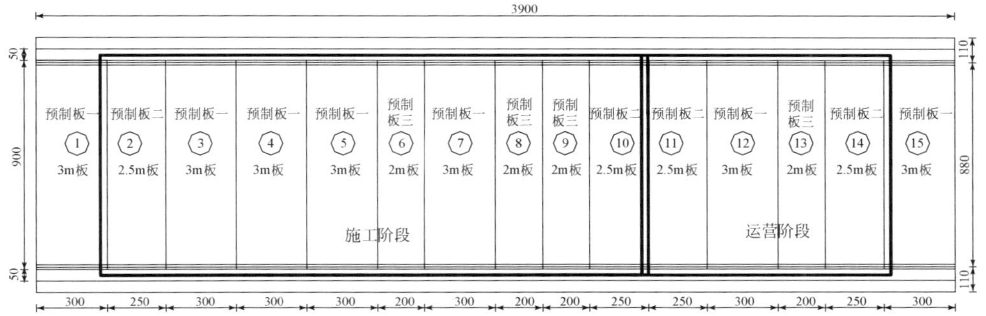

图 5.8　行车道板布置

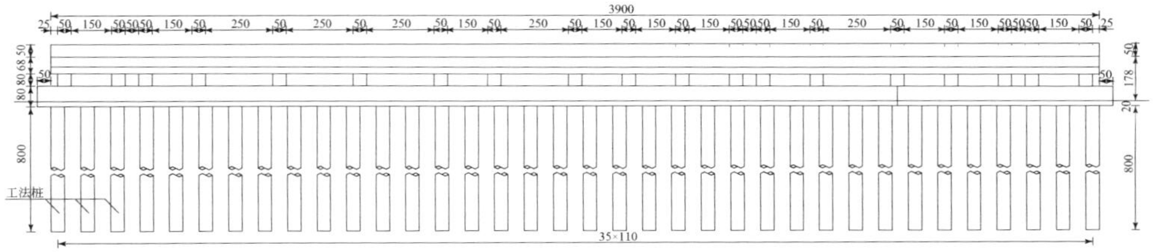

图 5.9　试验平台侧面

正弯矩。施工阶段试验模拟平台如图 5.10 所示。

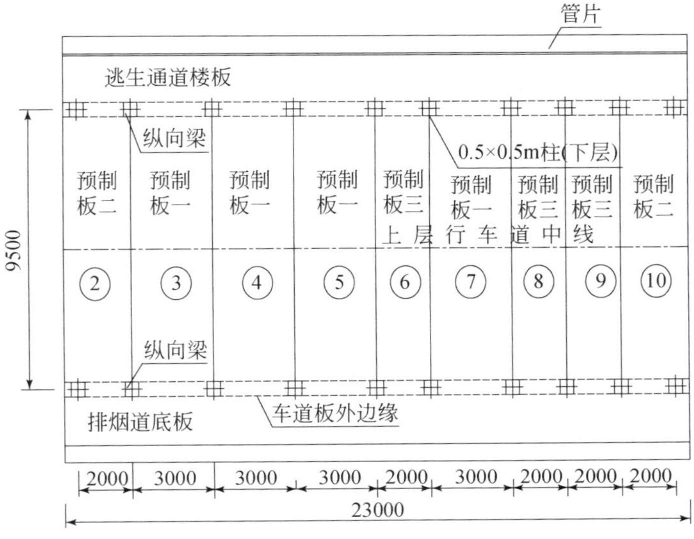

图 5.10　施工阶段控制截面示意图(单位:mm)

3. 运营阶段控制截面

按照《公路桥梁承载能力检测评定规程》(JTG/T J21-2011),南京纬三路过江通道盾构隧道内车道板和纵梁荷载试验内力控制截面,1～4号车道板的跨中截面最大正弯矩及其对应纵梁扭矩;3号车道板所对应纵梁的最大正弯矩。主要为盾构运营阶段试验模拟平台如图5.11所示。

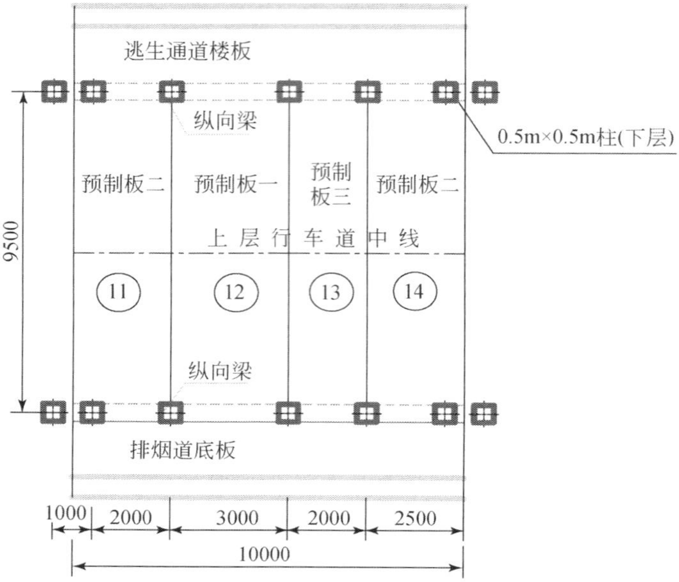

图5.11　运营阶段控制截面示意图(单位:mm)

5.4.2　试验工况

通过结构计算得出各控制截面的内力影响线,实际加载车辆按最不利荷载位置布载,以获得较大荷载效率。根据加载车辆的实际技术指标,选定了20个加载位作为此次静载试验工况,车道板各试验工况下荷载效率系数见表5.5~表5.7,纵梁试验工况下试验荷载效率系数见表5.8和表5.9。

表5.5　施工阶段车道板荷载效率系数(1)

静载工况	控制截面	控制项目	加载车辆数/车重/kN	效率系数(通过弯矩计算)	加载方式	载位布置
1	2号板	剪力	1/420	264.5/262.6=1.007	最不利	图5.12

续表

静载工况	控制截面	控制项目	加载车辆数/车重/kN	效率系数（通过弯矩计算）	加载方式	载位布置
2	3 号板	剪力	1/420	264.5/262.6=1.007	最不利	图 5.13
3	4 号板	剪力	1/420	264.5/262.6=1.007	最不利	图 5.14
4	5 号板	剪力	1/420	264.5/262.6=1.007	最不利	图 5.15
5	7 号板	剪力	1/420	264.5/262.6=1.007	最不利	图 5.16
6	9 号板	剪力	1/420	264.5/262.6=1.007	最不利	图 5.17
7	10 号板	剪力	1/420	264.5/262.6=1.007	最不利	图 5.18

表 5.6　施工阶段车道板荷载效率系数(2)

静载工况	控制截面	控制项目	加载车辆数/车重/kN	效率系数（通过弯矩计算）	加载方式	载位布置
8	2 号板	正弯矩	1/325kN	423.0/417.6=1.013	最不利	图 5.19
9	3 号板	正弯矩	1/325kN	423.0/417.6=1.013	最不利	图 5.20
10	4 号板	正弯矩	1/325kN	423.0/417.6=1.013	最不利	图 5.21
11	5 号板	正弯矩	1/325kN	423.0/417.6=1.013	最不利	图 5.22
12	7 号板	正弯矩	1/325kN	423.0/417.6=1.013	最不利	图 5.23
13	9 号板	正弯矩	1/325kN	423.0/417.6=1.013	最不利	图 5.24
14	10 号板	正弯矩	1/325kN	423.0/417.6=1.013	最不利	图 5.25

表 5.7　施工阶段纵梁荷载效率系数

静载工况	控制截面	控制项目	加载车辆数/车重/kN	效率系数（通过弯矩计算）	加载方式	载位布置
15	7 号板对应纵梁	正弯矩	1/420kN	45.9/45.6=1.007	最不利	图 5.26

表 5.8　运营阶段车道板荷载效率系数

静载工况	控制截面	控制项目	加载车辆数/车重/kN	效率系数（通过弯矩计算）	加载方式	载位布置
16	11 号板	正弯矩	2/300kN	256.8/255.5=1.005	最不利	图 5.27
17	12 号板	正弯矩	2/325kN	297.3/302.1=0.984	最不利	图 5.28
18	13 号板	正弯矩	2/300kN	236.3/243.7=0.969	最不利	图 5.29
19	14 号板	正弯矩	2/300kN	253.0/245.8=1.029	最不利	图 5.30

表 5.9　运营阶段纵梁荷载效率系数

静载工况	控制截面	控制项目	加载车辆数/车重/kN	效率系数（通过弯矩计算）	加载方式	载位布置
20	13 号板对应纵梁	正弯矩	2/325kN	28.7/28.1=1.020	最不利	图 5.31

5.4.3　施工阶段结构安全性验算

由于各工况施工阶段荷载较大，因此对结构在施工阶段的安全性进行了验算。施工期间上层车道板主要荷载包括：

(1)预制行车道板自重。

(2)8cm 铺装层混凝土：2.0kN/m^2。

(3)施工荷载：3.0kN/m^2。

(4)施工阶段运板车及架梁机两种车辆荷载，施工车辆不考虑冲击系数，取最不利情况进行结构计算。

施工期间主要荷载效应基本组合如下：

(1)1.2×自重+1.2×铺装层混凝土+1.4×施工荷载+1.4×0.8×施工阶段车辆荷载。

(2)1.2×自重+1.2×铺装层混凝土+1.4×施工阶段车辆荷载+1.4×0.8×施工荷载。

验算结果见表 5.10。

表 5.10　施工阶段车道板结构安全性验算

施工阶段内力	预制板 1	预制板 2	预制板 3
计算最大弯矩/(kN·m)	1145.8	1077.9	956.6
计算最大剪力/kN	617.1	586.9	533.0
正截面抗弯承载力/(kN·m)	2232.9	2475.3	1877.6
抗剪承载力/kN	1445.2	1341.8	986.9

从表 5.10 可以看出，通过结构验算，施工阶段车道板结构的安全性满足规范要求。为了保证荷载试验的安全进行，对各工况基本组合作用下产生的内力与施工阶段荷载产生的内力进行对比，结果见表 5.11。

表 5.11　试验车载与施工阶段车载作用结构响应对比

控制截面	试验车载 $M/(\mathrm{kN\cdot m})$	施工车载 $M/(\mathrm{kN\cdot m})$	试验车载 V/kN	施工车载 V/kN
2 号板	1077.9	1083.9	617.1	681.0
3 号板	1145.8	1151.9	617.1	711.2
4 号板	1145.8	1151.9	617.1	711.2
5 号板	1145.8	1151.9	617.1	711.2
7 号板	1145.8	1151.9	617.1	589.2
9 号板	956.6	962.6	533.0	627.5
10 号板	1077.9	1083.9	586.9	681.0

从表 5.10 可以确定施工阶段荷载的安全性能够满足规范要求。表 5.11 表明在施工阶段各工况试验车载作用下,结构响应没有超过表 5.10 的结构抗力,因此,施工阶段各工况试验车载作用下的结构安全性能够得到保障。

5.4.4　载位布置及加载程序

各工况荷载效率系数见表 5.5 ~ 表 5.9,各工况的车辆布置如图 5.12 ~ 图 5.31 所示。为达到试验数据稳定和试验安全之目的,根据经验对加载程序作如下安排:

(1)试验应选择在气温变化不大和结构温度趋于稳定的时间间隔内进行。

(2)在试验开始前,用单辆试验车低速往返多次通过试验桥梁,以消除部分残余变形,同时使地基沉降趋于稳定,起到使试验数据稳定的效果。

(3)为保证试验安全,避免过载引起结构损坏,试验车辆应缓慢的施加,同时观测结构响应,以便对各工况施工过程进行控制。事先计算出各工况下全部车辆引起控制截面的应变与挠度,在部分试验车辆到位后,测量相关的应变和挠度,并与计算值进行比较,确认全部车辆产生的应变在计算估计的范围之内后,再让全部试验车辆到位[22]。

(4)全部测点在正式加载试验前均应进行零级荷载的读数。每级荷载施加后,等待一定间隔时间对所有测点进行读数,间隔时间的长短取决于结构变位达到稳定标准时所需的时间。结构变位相对稳定的标志:同一级荷载内,结构在最后 5min 内的变位增量小于前一个 5min 位增量的 15%,或小于所用量测仪器的最小分辨值[23]。

(5)读数完毕,立即卸载,10min 后对所有测点进行读数。

(6)加载过程中发生下列情况之一时应终止加载:①控制测点应变值已达到或超过弹性理论按规范安全条件反算的控制应变时;②控制测点变位,超过设计允许值时;③结构出现受力破损或局部发生损坏,影响桥梁承载能力和正常使用时。

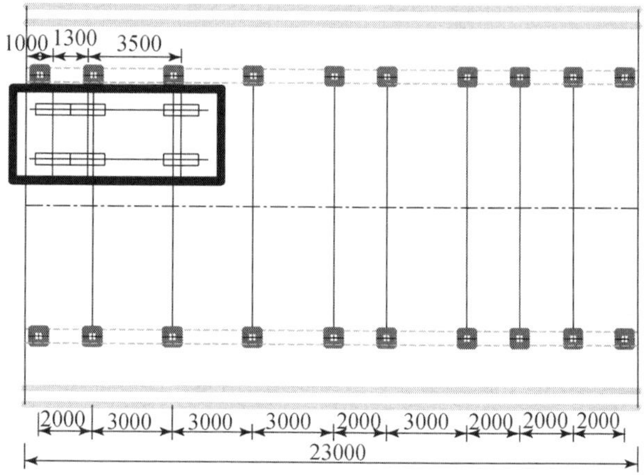

平面布置示意图

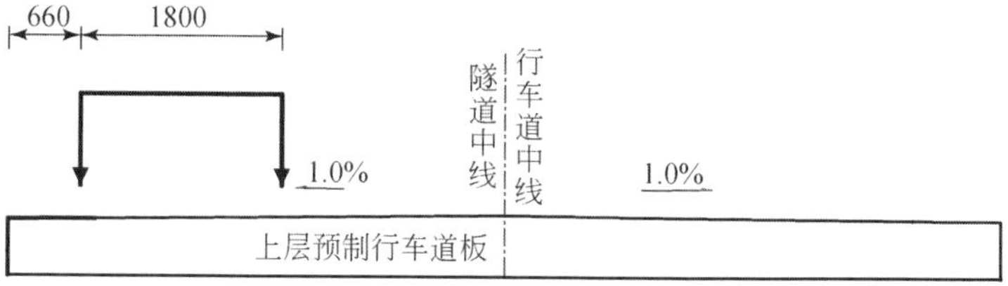

横向布置示意图

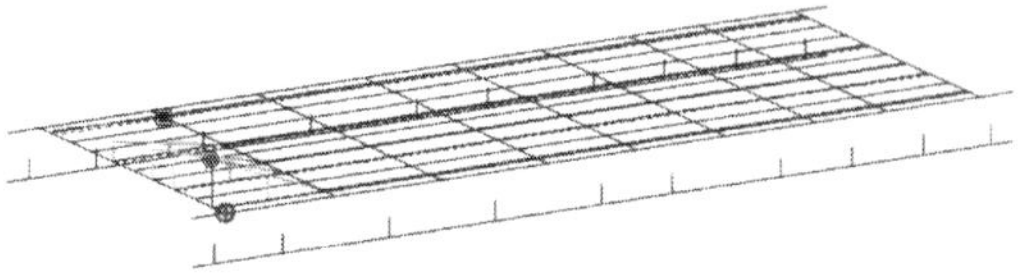

2号车道板剪力影响面

加载分级	
1	417kN

注：1.测试2号车道板支座最大剪力效应；
2.变形最大为2.6mm。

图5.12　工况1车辆布置(单位：mm)

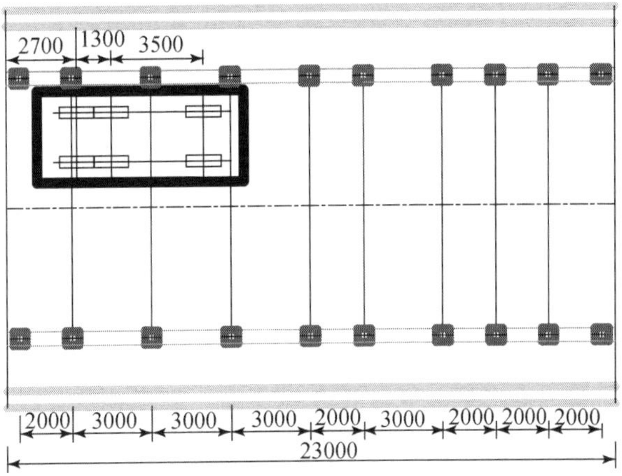

平面布置示意图

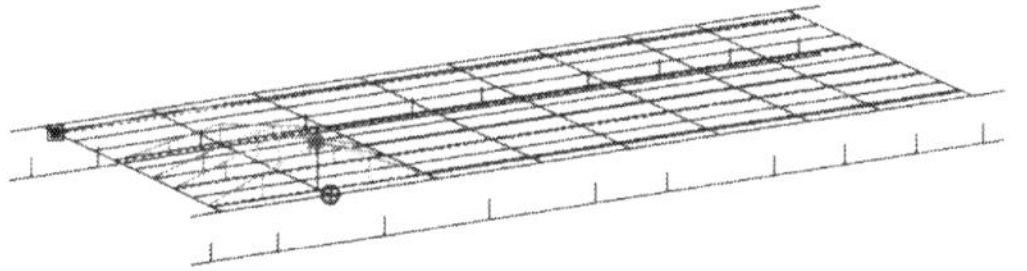

3号车道板剪力影响面

加载分级

1	417kN

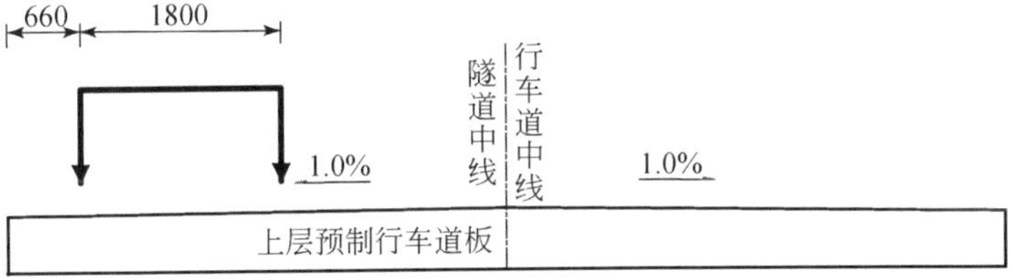

横向布置示意图

注：1.测试3号车道板最大剪力效应；
2.变形最大为2.2mm。

图5.13　工况2车辆布置(单位：mm)

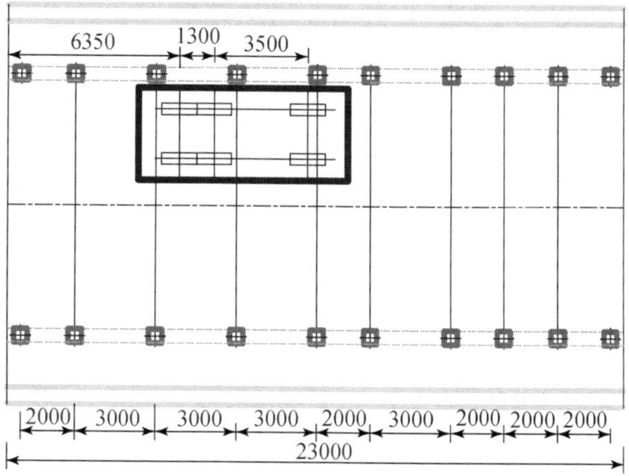

平面布置示意图

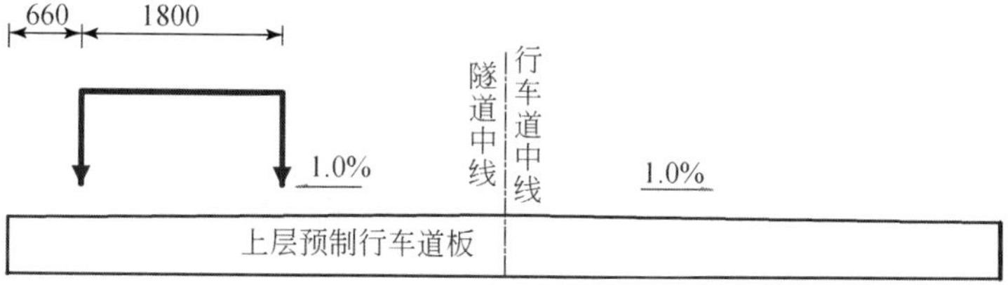

横向布置示意图

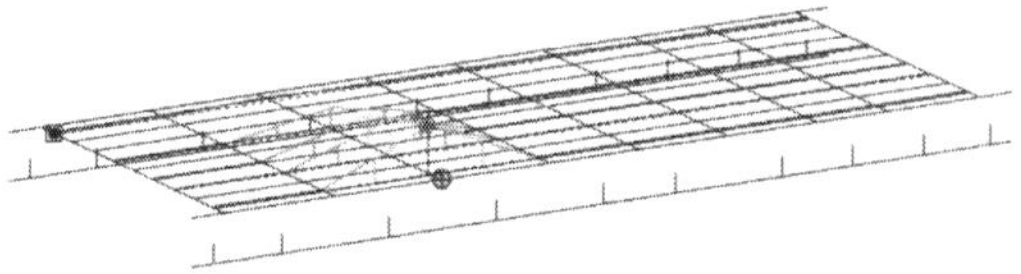

4号车道板剪力影响面

加载分级	
1	417kN

注：1.测试4号车道板最大剪力效应；
2.变形最大为2.2mm。

图5.14　工况3车辆布置(单位：mm)

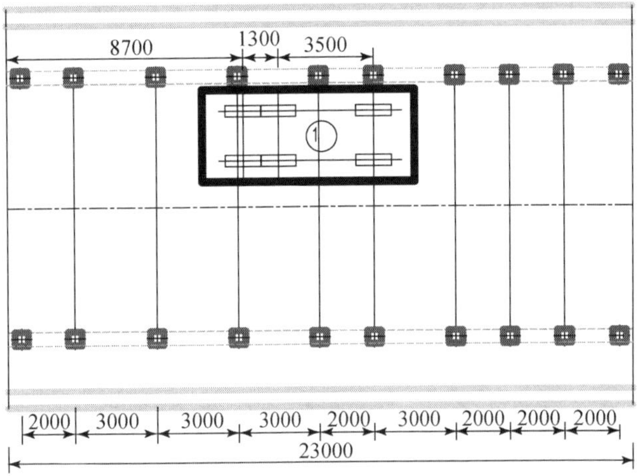

平面布置示意图

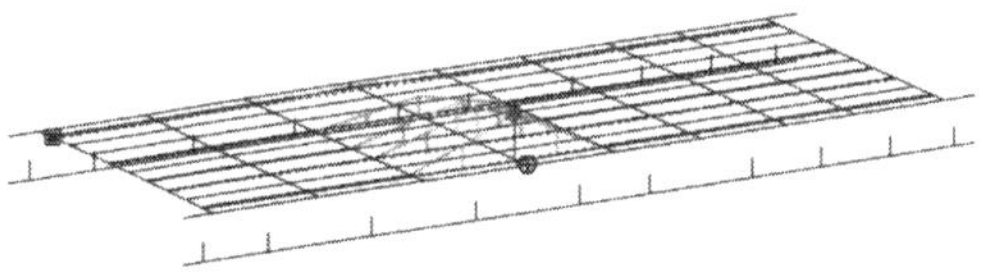

5号车道板剪力影响面

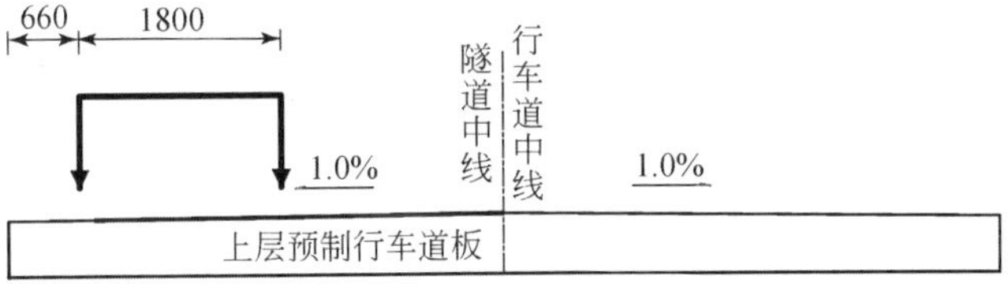

横向布置示意图

加载分级	
1	417kN

注：1.测试5号车道板最大剪力效应；
2.变形最大为2.2mm。

图5.15　工况4车辆布置(单位：mm)

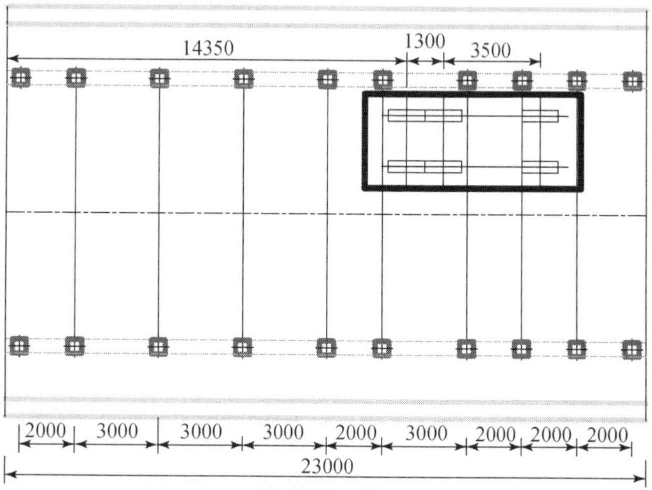

平面布置示意图

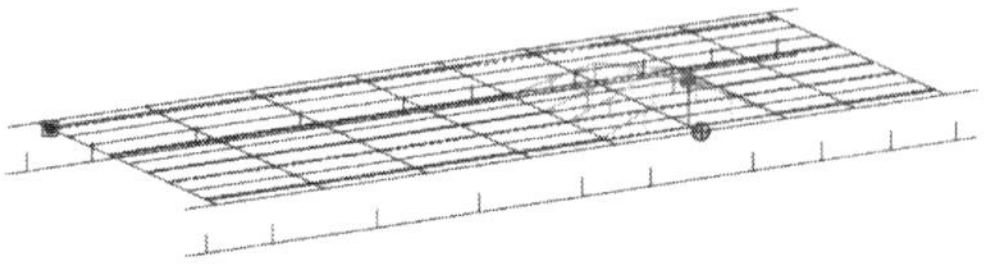

7号车道板剪力影响面

加载分级	
1	417kN

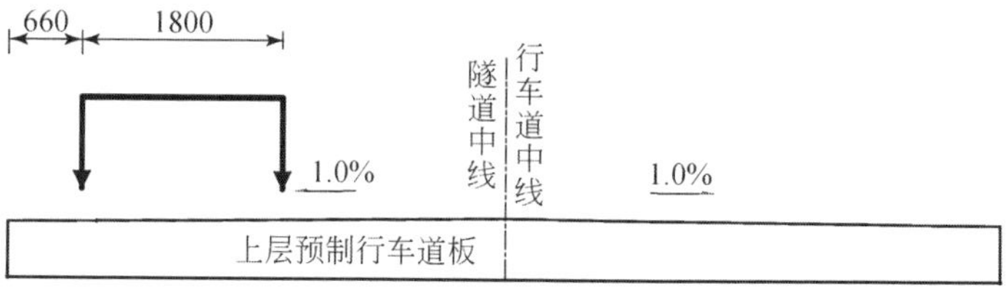

横向布置示意图

注：1.测试7号车道板最大剪力效应；
2.变形最大为2.1mm。

图5.16　工况5车辆布置(单位：mm)

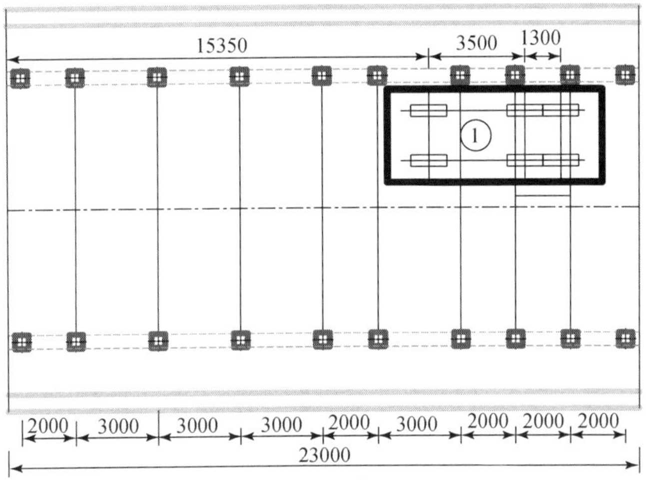

平面布置示意图

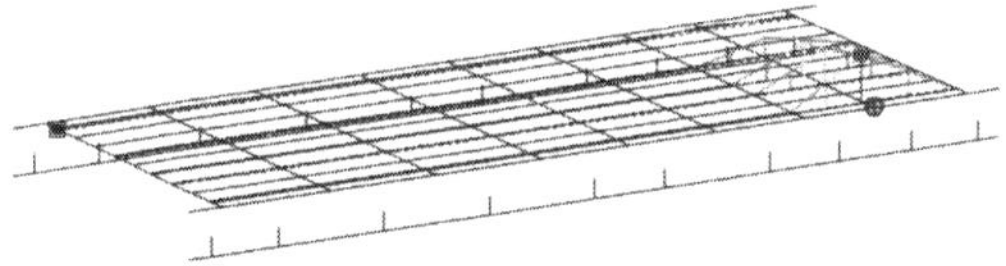

9号车道板剪力影响面

加载分级	
1	417kN

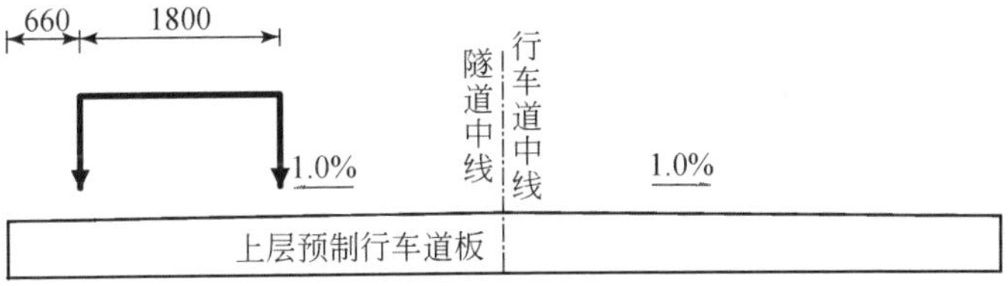

横向布置示意图

注：1.测试9号车道板最大剪力效应；
2.变形最大为3.4mm。

图5.17　工况6车辆布置(单位：mm)

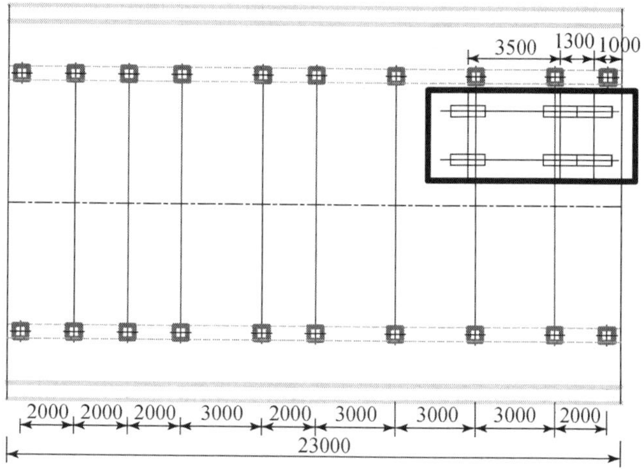

平面布置示意图

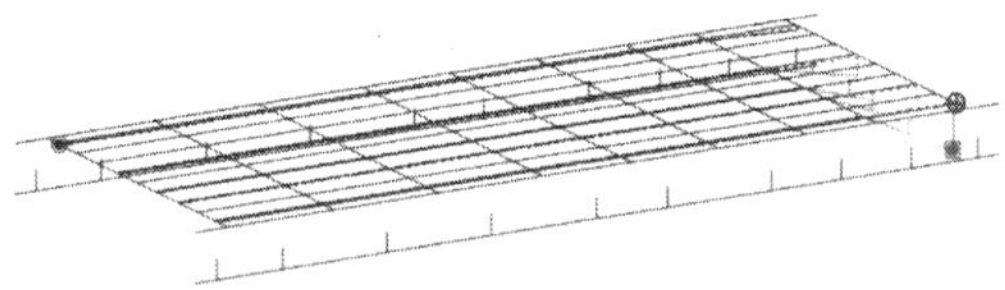

10号车道板剪力影响面

加载分级	
1	417kN

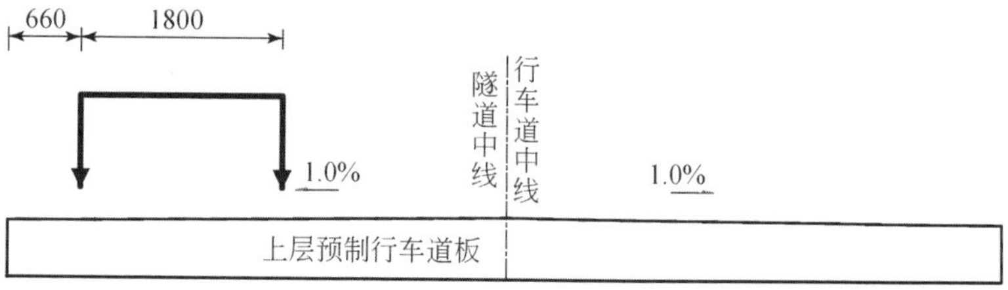

横向布置示意图

注：1.测试10号车道板最大剪力效应；
2.变形最大为2.6mm。

图5.18　工况7车辆布置(单位：mm)

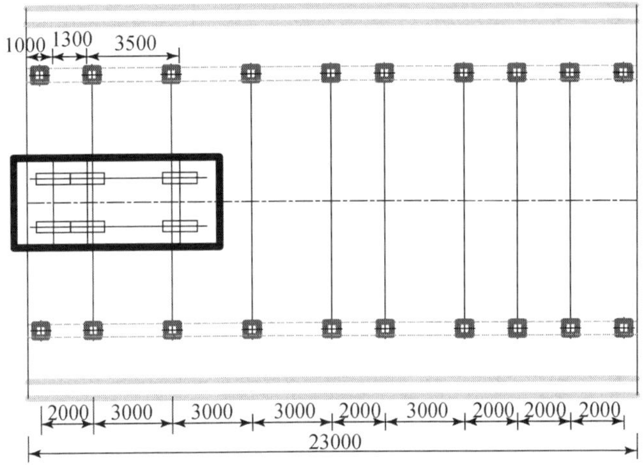

平面布置示意图

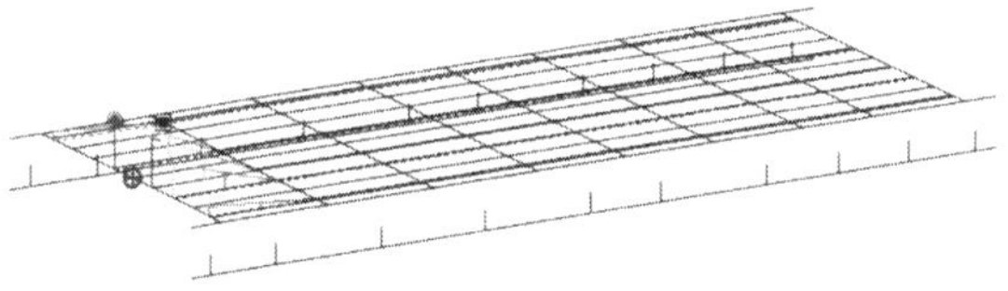

2号车道板跨中截面弯矩影响面

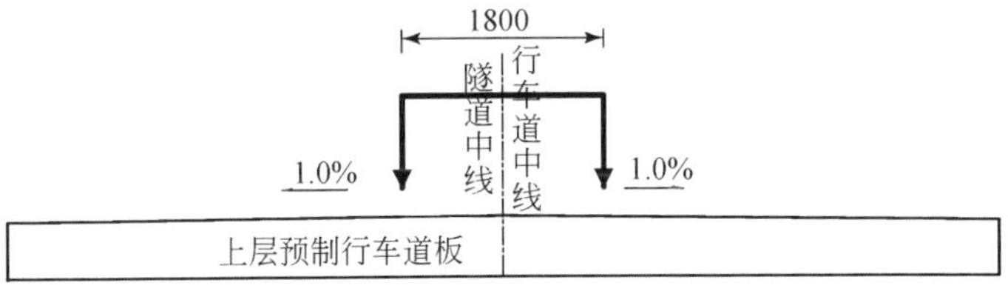

横向布置示意图

加载分级	
1	326kN

注：1.测试2号车道板跨中截面的最大正弯矩效应；
2.变形最大为3.8mm；
3.应变最大为120με。

图5.19　工况8车辆布置(单位：mm)

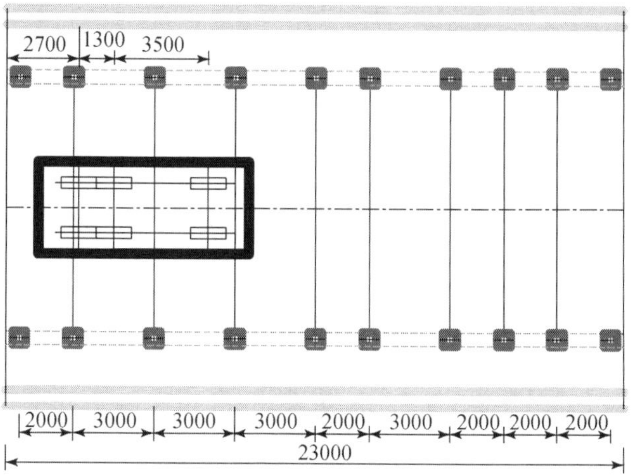

平面布置示意图

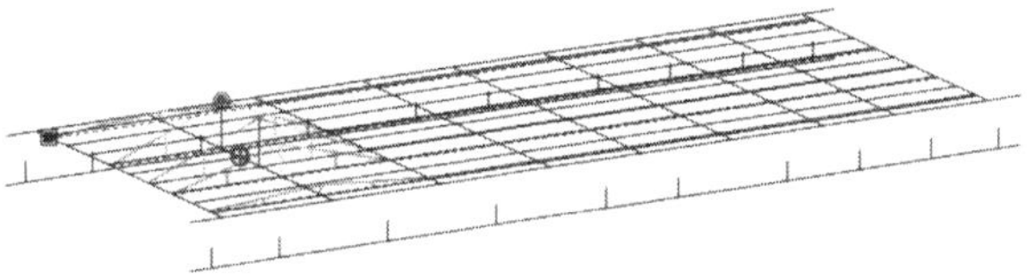

3号车道板跨中截面弯矩影响面

加载分级	
1	326kN

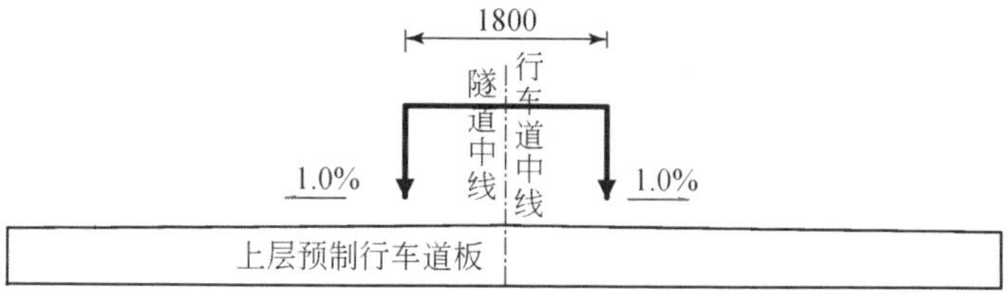

横向布置示意图

注：1.测试3号车道板跨中截面的最大正弯矩效应；
2.变形最大为3.2mm；
3.应变最大为102με。

图5.20 工况9车辆布置(单位：mm)

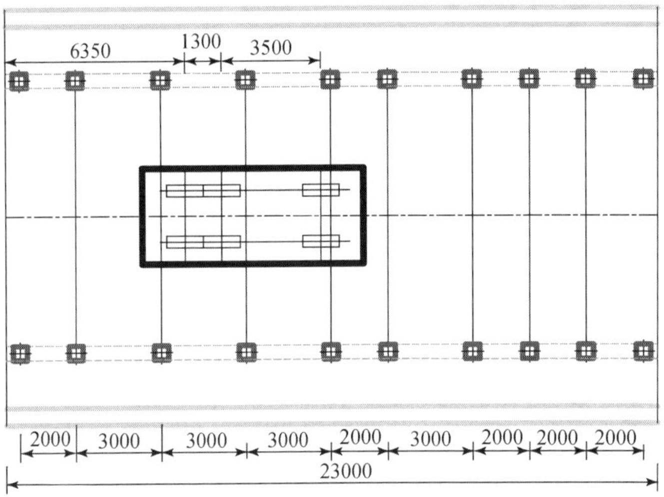

平面布置示意图

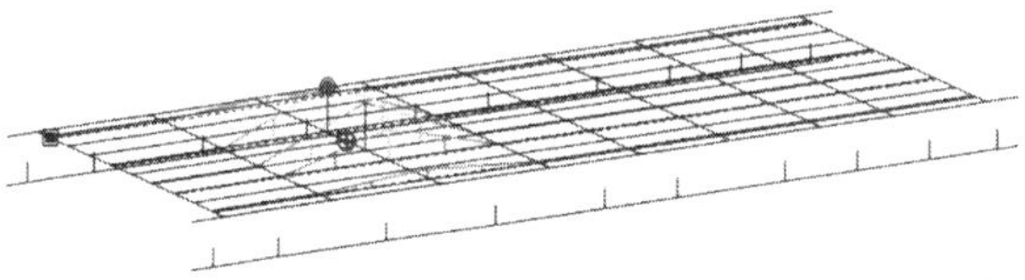

4号车道板跨中截面弯矩影响面

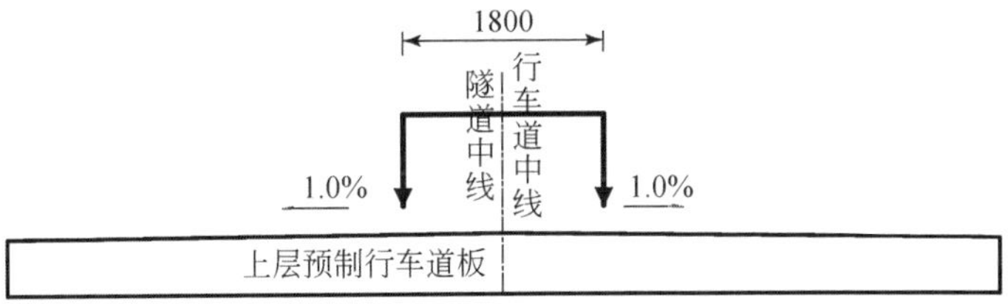

横向布置示意图

加载分级	
1	326kN

注：1.测试4号车道板跨中截面的最大正弯矩效应；
2.变形最大为3.2mm；
3.应变最大为102με。

图5.21　工况10车辆布置(单位：mm)

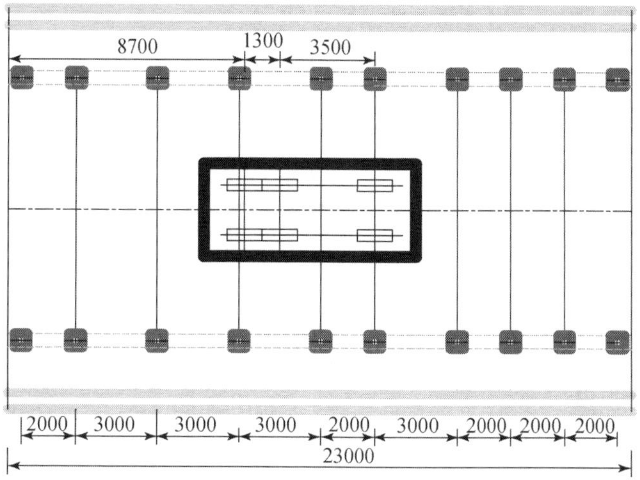

平面布置示意图

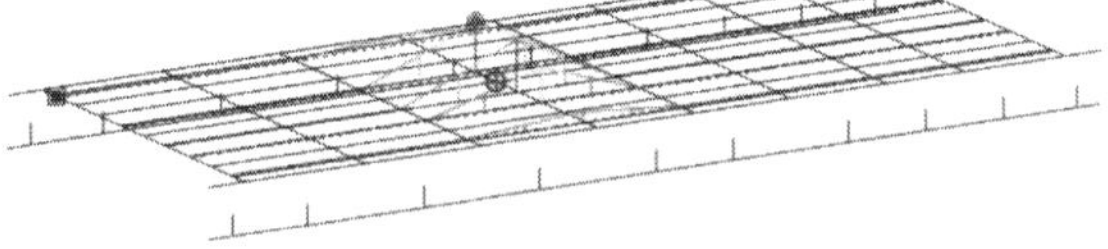

5号车道板跨中截面弯矩影响面

加载分级	
1	326kN

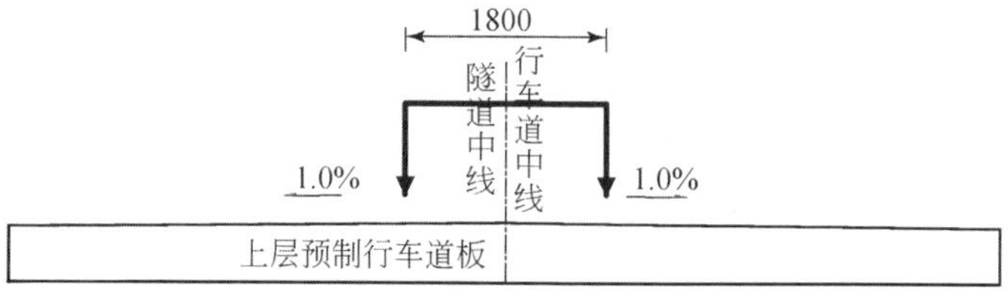

横向布置示意图

注：1.测试5号车道板跨中截面的最大正弯矩效应；
2.变形最大为3.2mm；
3.应变最大为102με。

图5.22　工况11车辆布置(单位：mm)

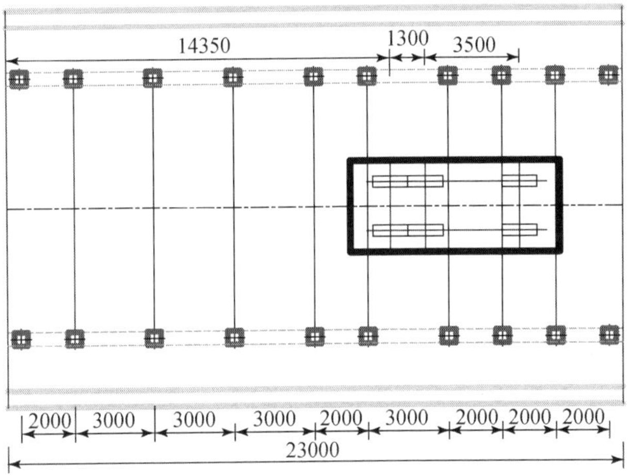

平面布置示意图

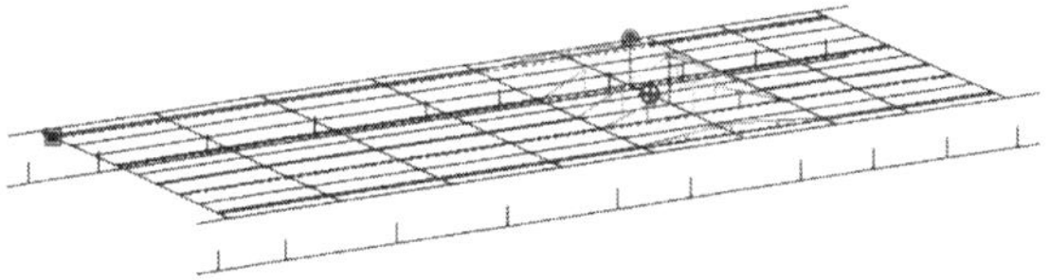

7号车道板跨中截面弯矩影响面

加载分级	
1	326kN

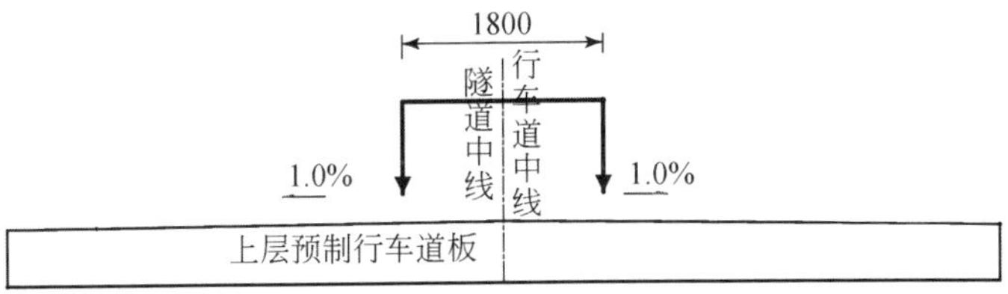

横向布置示意图

注：1.测试7号车道板跨中截面的最大正弯矩效应；
2.变形最大为3.2mm；
3.应变最大为102με。

图5.23　工况12车辆布置(单位：mm)

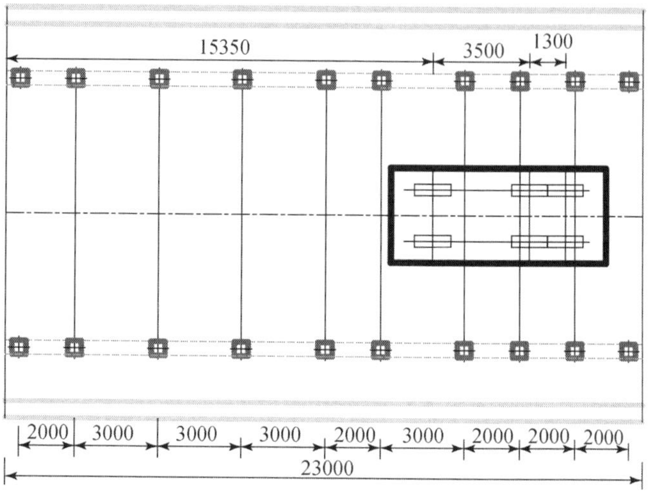

平面布置示意图

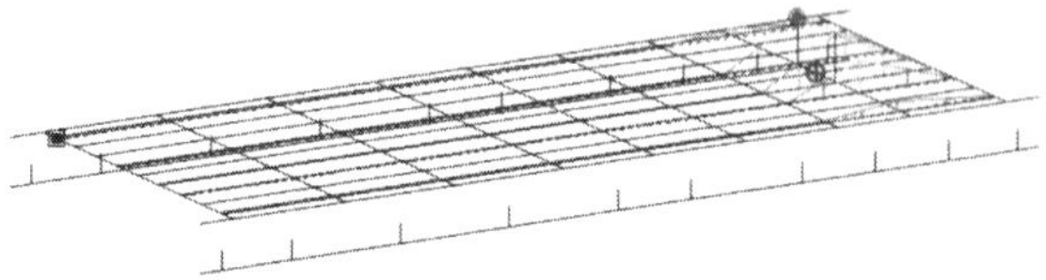

9号车道板跨中截面弯矩影响面

加载分级	
1	326kN

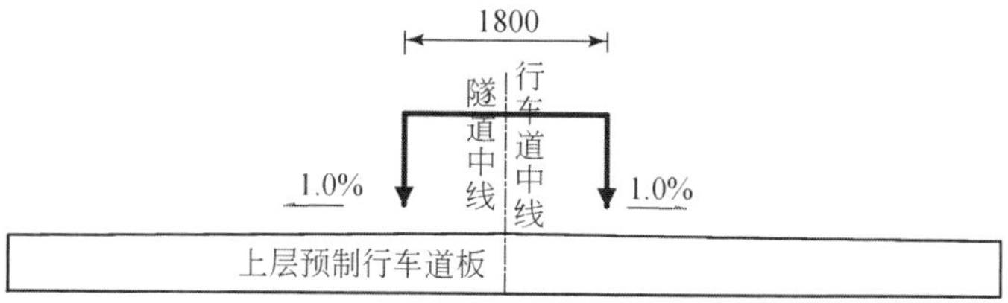

横向布置示意图

注：1.测试9号车道板跨中截面的最大正弯矩效应；
2.变形最大为4.8mm；
3.应变最大为154με。

图5.24　工况13车辆布置(单位：mm)

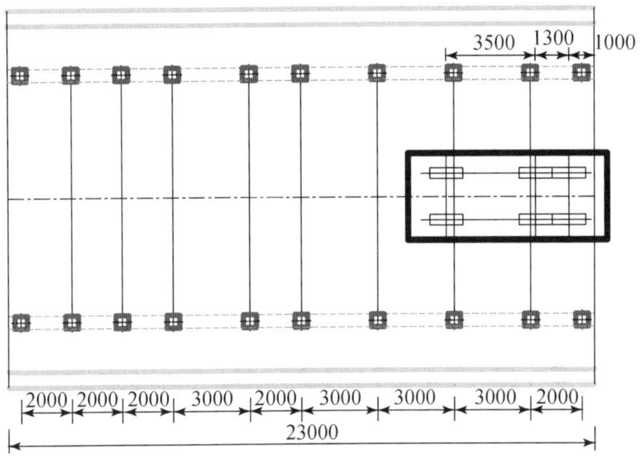

平面布置示意图

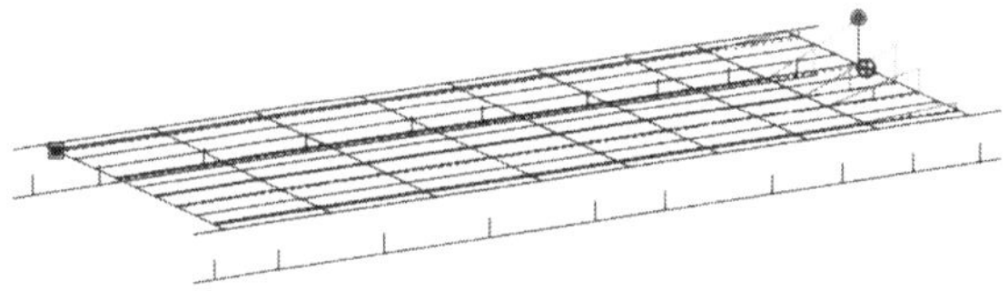

10号车道板跨中截面弯矩影响面

加载分级	
1	326kN

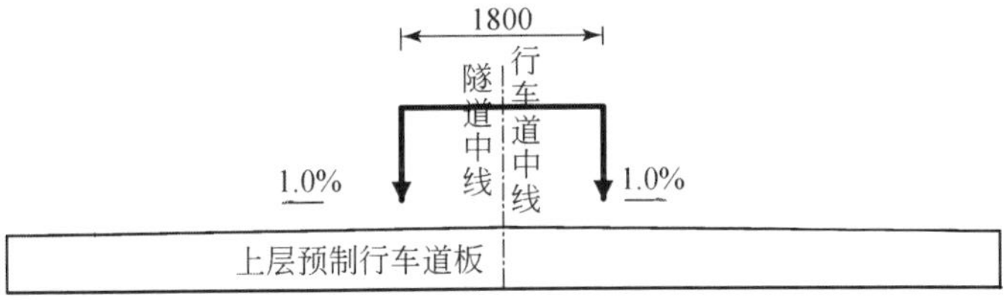

横向布置示意图

注：1.测试10号车道板跨中截面的最大正弯矩效应；
2.变形最大为3.8mm；
3.应变最大为120με。

图5.25　工况14车辆布置(单位：mm)

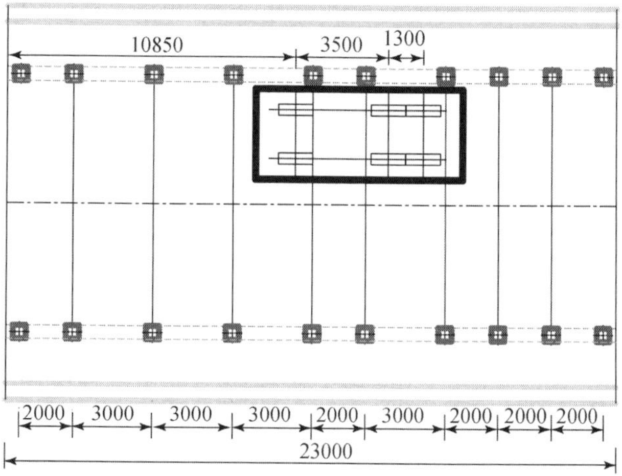

平面布置示意图

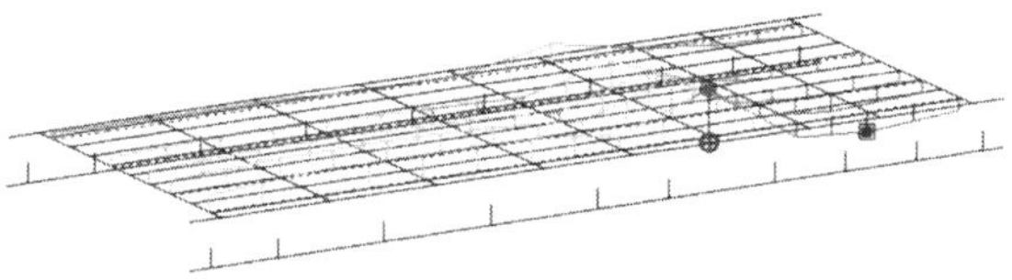

7号车道板对应纵梁弯矩影响面

加载分级	
1	417kN

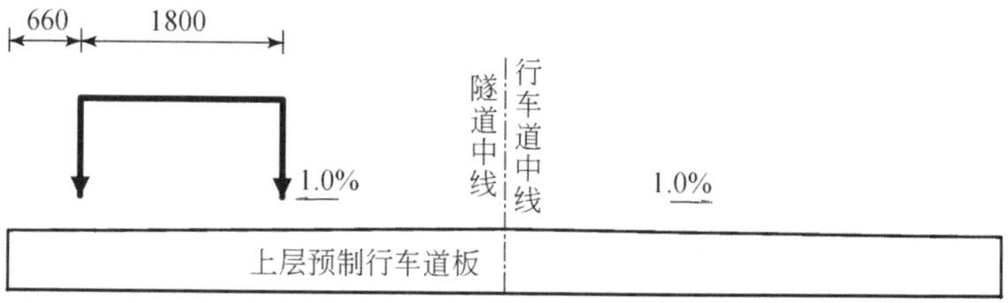

横向布置示意图

注：测试7号车道板对应纵梁最大正弯矩效应。

图5.26　工况15车辆布置(单位：mm)

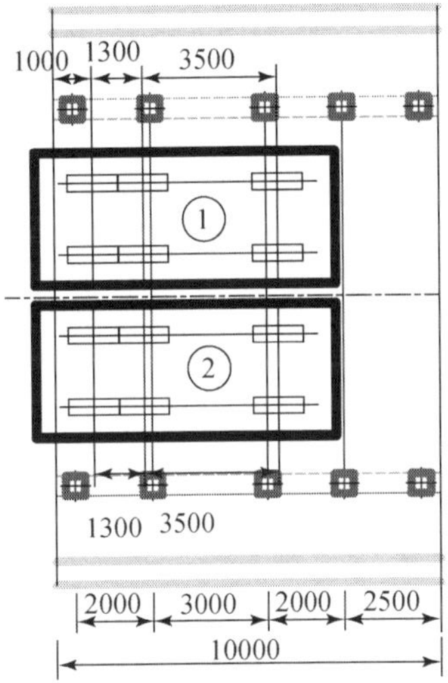

平面布置示意图

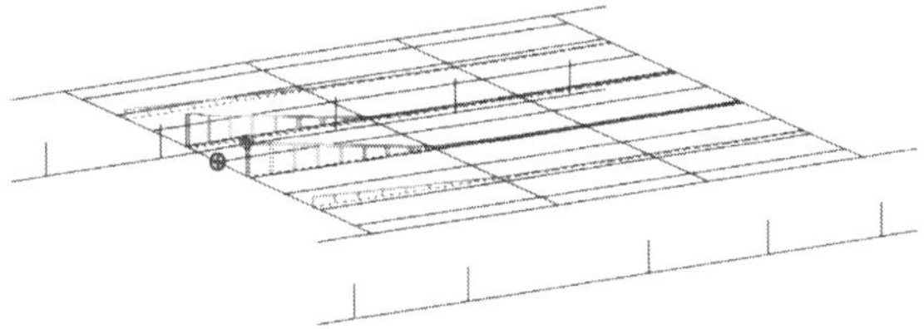

11号车道板跨中截面弯矩影响面

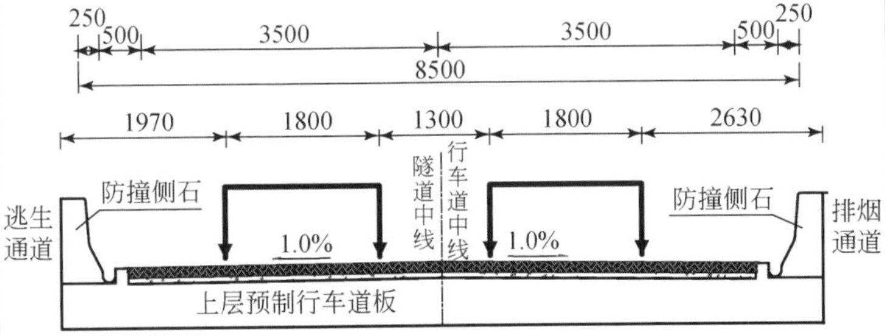

横向布置示意图

加载分级	
1	①(301kN)
2	②(301kN)

注：1.运营阶段测试11号车道板跨中截面的最大正弯矩效应；
2.变形最大为1.25mm；
3.应变最大为56με；
4.①车辆1；②车辆2。

图5.27　工况16车辆布置(单位：mm)

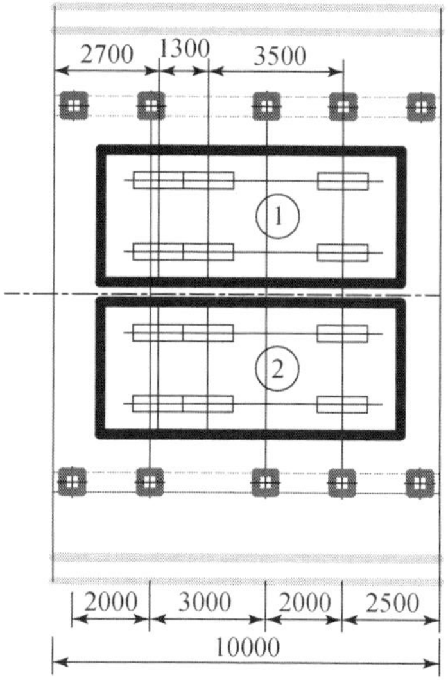

平面布置示意图

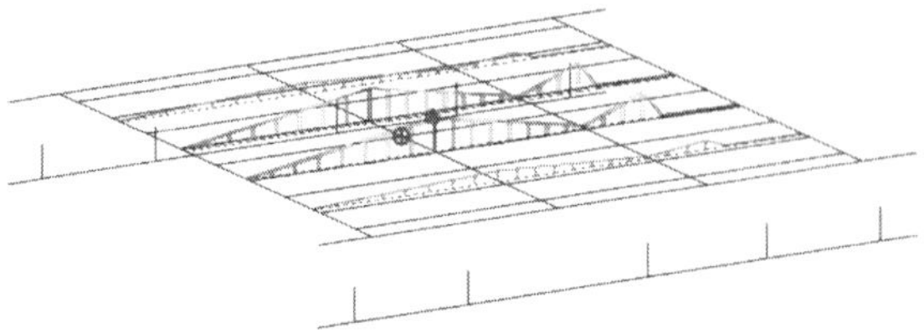

12号车道板跨中截面弯矩影响面

加载分级	
1	①(327kN)
2	②(327kN)

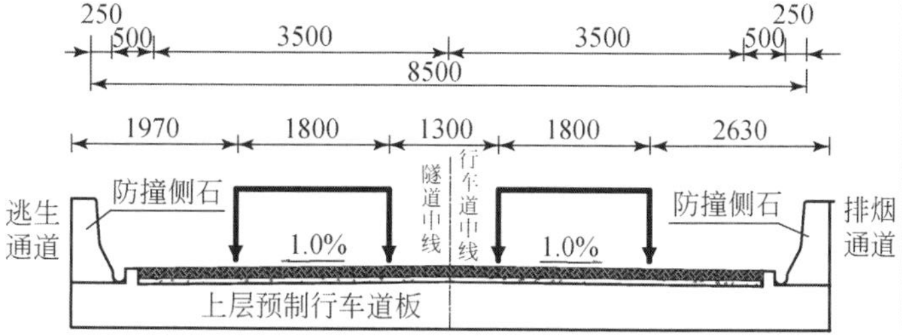

横向布置示意图

注：1.运营阶段测试12号车道板跨中截面的最大正弯矩效应；
2.变形最大为0.84mm；
3.应变最大为44με；
4.①车辆1；②车辆2。

图5.28　工况17车辆布置(单位：mm)

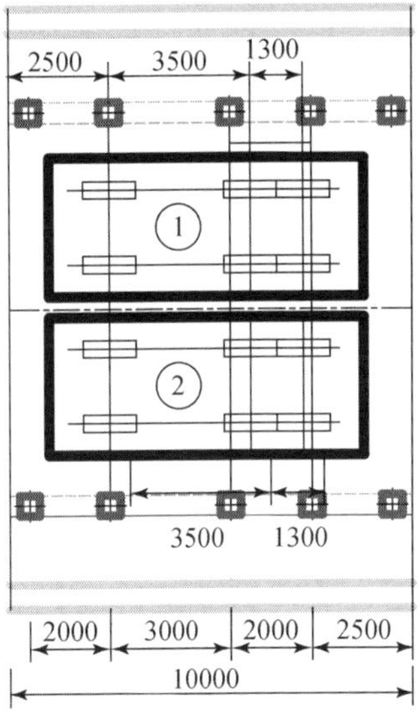

平面布置示意图

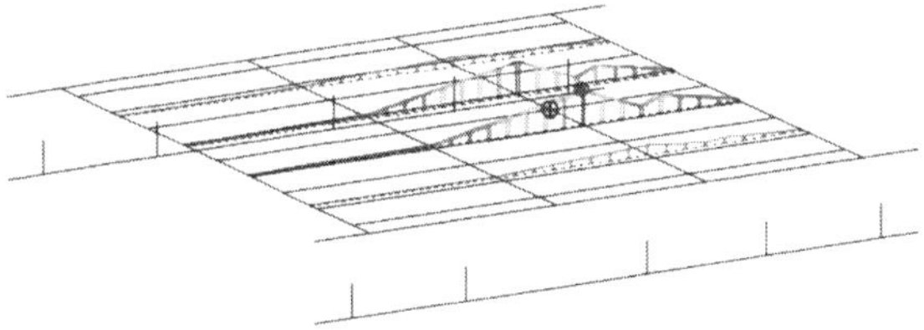

13号车道板跨中截面弯矩影响面

加载分级	
1	①(301kN)
2	②(301kN)

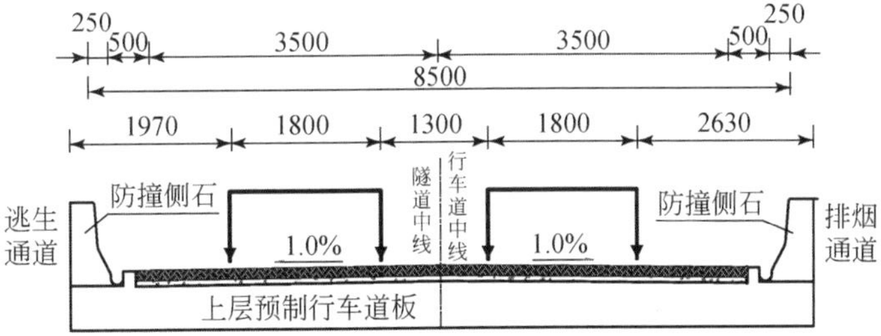

横向布置示意图

注：1.运营阶段测试13号车道板跨中截面的最大正弯矩效应；
2.变形最大为0.74mm；
3.应变最大为49με；
4.①车辆1；②车辆2。

图5.29　工况18车辆布置(单位：mm)

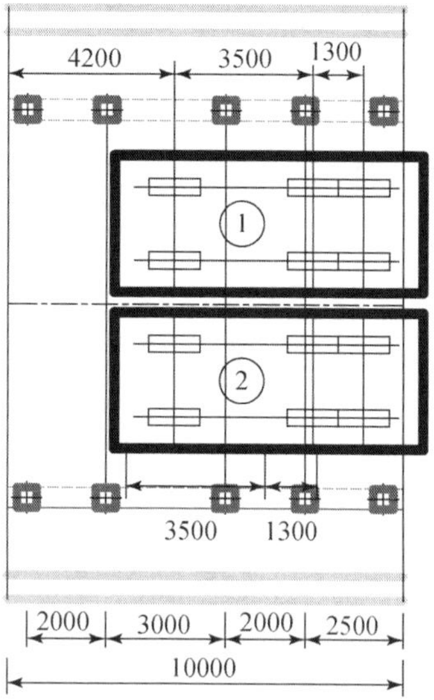

平面布置示意图

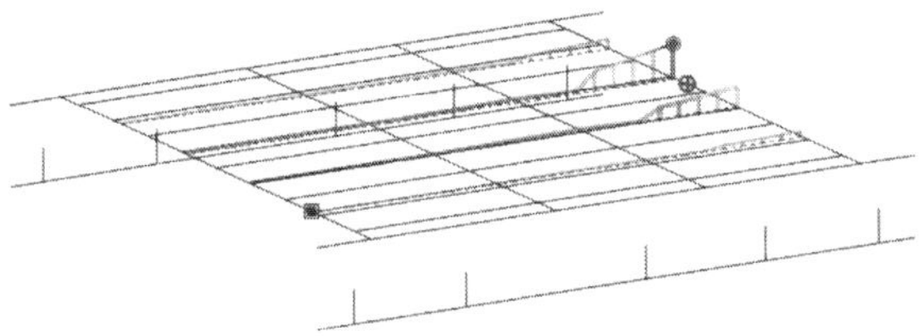

14号车道板跨中截面弯矩影响面

加载分级	
1	①(301kN)
2	②(301kN)

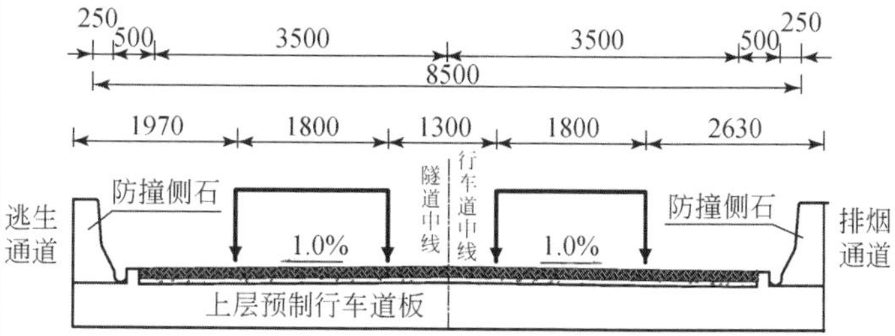

横向布置示意图

注：1.运营阶段测试14号车道板跨中截面的最大正弯矩效应；
2.变形最大为1.26mm；
3.应变最大为50με；
4.①车辆1；②车辆2。

图5.30　工况19车辆布置(单位：mm)

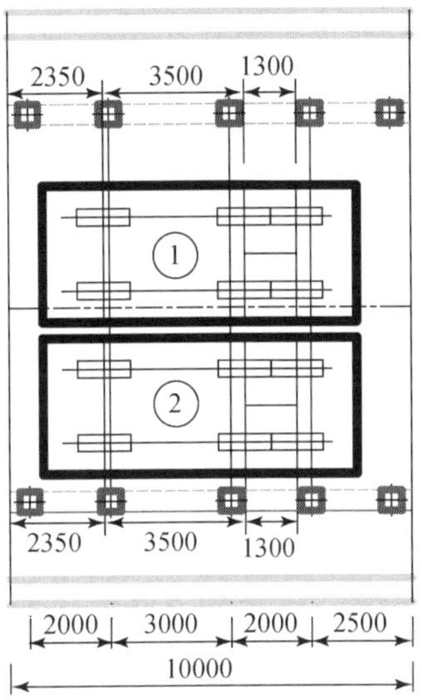

平面布置示意图

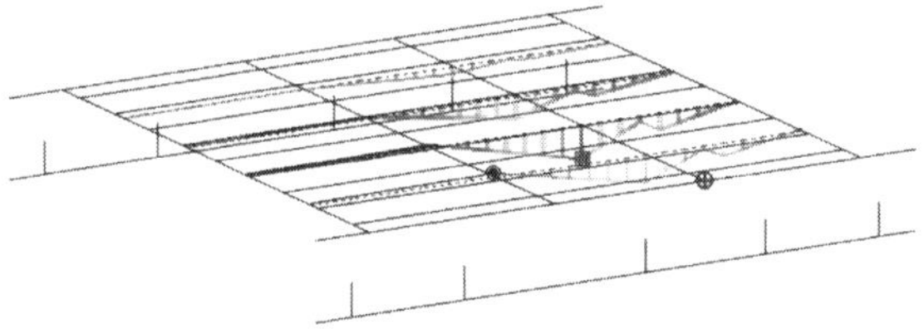

13号车道板对应纵梁弯矩影响面

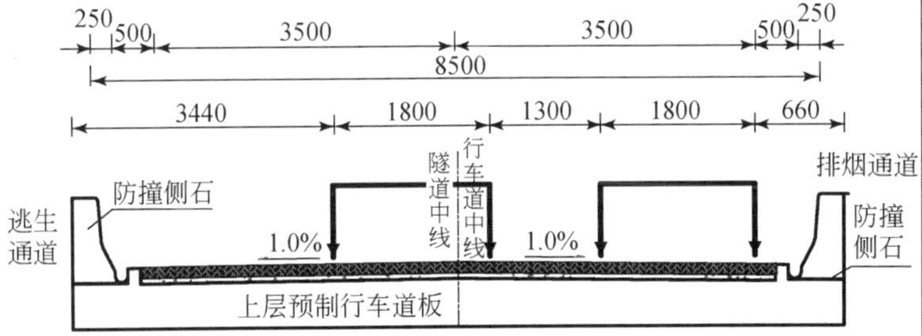

横向布置示意图

加载分级	
1	①(327kN)
2	②(327kN)

注：1.运营阶段测试13号车道板对应纵梁最大正弯矩效应。
2.变形最大为0.82mm；
3.应变最大为40με；
4.①车辆1；②车辆2。

图5.31　工况20车辆布置(单位：mm)

5.5 施工阶段

5.5.1 线形测量

1. 测点布置

车道板沿隧道中线两侧各 2m 设置两个测点，每个车道板均设置 5 个挠度测点，共 35 个测点。各车道板所对应纵梁在跨中设置一个测点，共 14 个测点，各测点按照一定的规律进行编号。截面测点布置如图 5.32～图 5.34 所示。

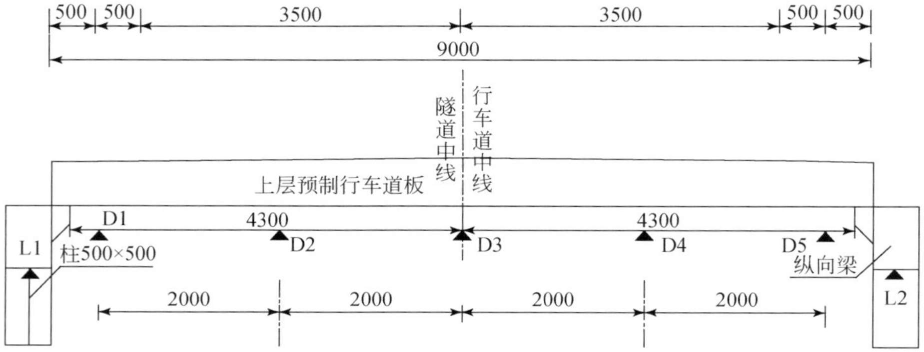

图 5.32　车道板挠度测点截面布置(单位:mm)

2. 测量方法

加载前、后用精密水准仪、百分表和千分表对加载产生影响的测点进行观测。测量仪器如图 5.35 和图 5.36 所示，静载试验现场线形及挠度测量如图 5.37 和图 5.38 所示。

3. 测试工况和结果

每一工况下对所有测点的数据进行采集，结果见表 5.12～表 5.18，其中工况 15 的测试结果同工况 5。

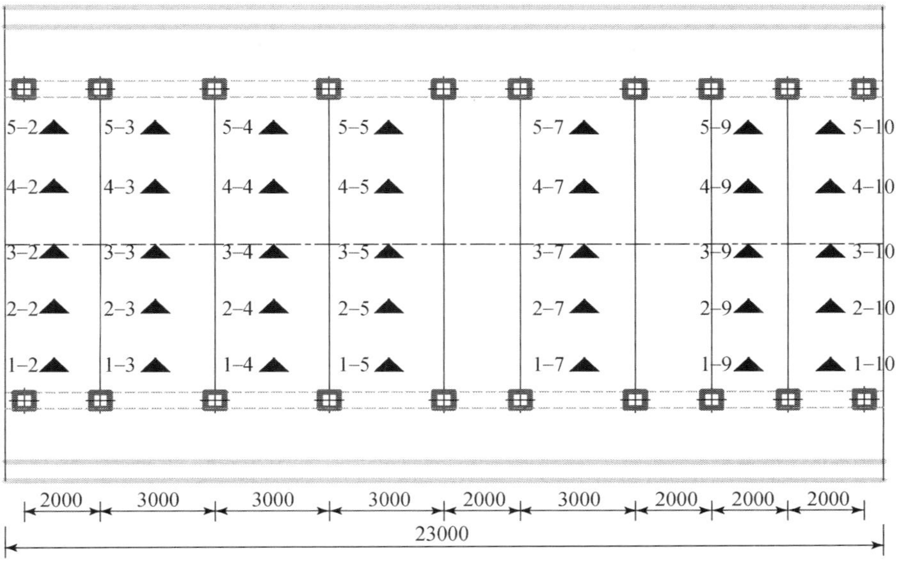

图 5.33 车道板挠度测点平面布置(单位:mm)

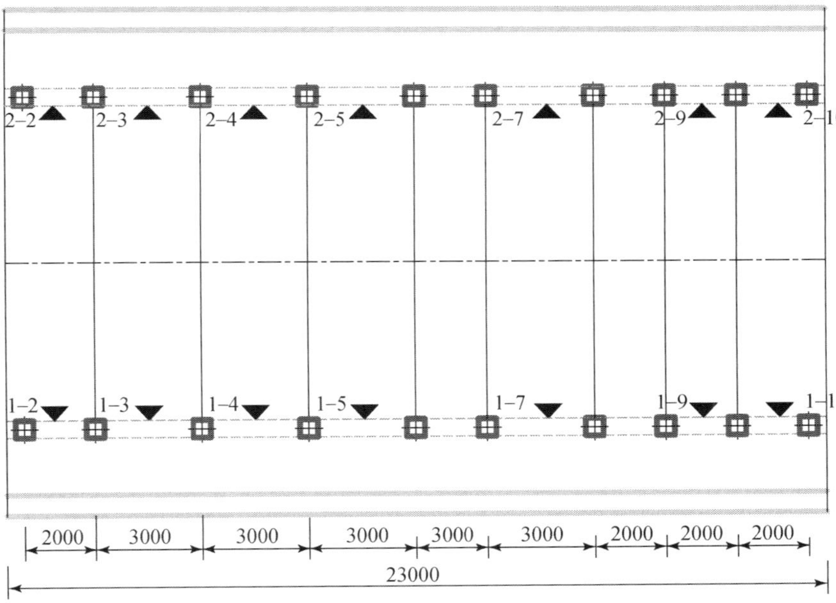

图 5.34 纵梁挠度测点平面布置(单位:mm)

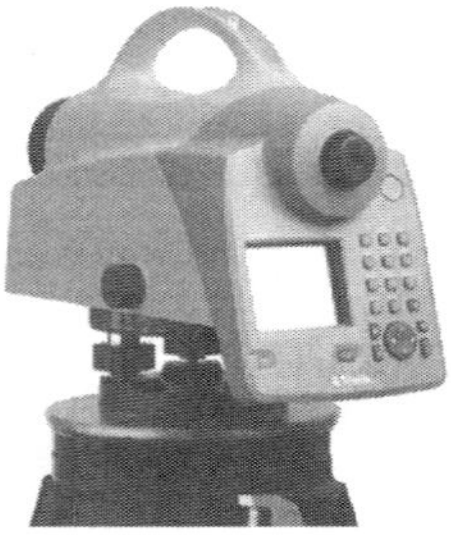

图 5.35　DS-05 型精密水准仪

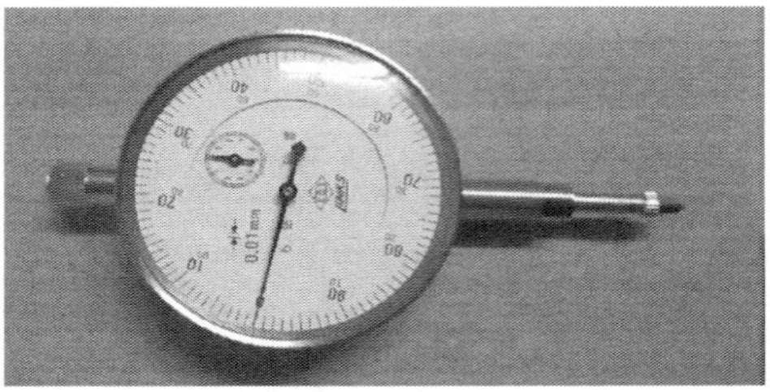

图 5.36　哈尔滨制造 LINKS 机械百分表

图 5.37　静载试验现场线形测量

图 5.38　静载试验现场挠度测量

表 5.12　车辆荷载下挠度实测值及挠度校验系数(工况 1 和工况 2)

测点编号	工况 1				测点编号	工况 2			
	实测值 /mm	理论值 /mm	挠度校验系数	残余变形 /mm		实测值 /mm	理论值 /mm	挠度校验系数	残余变形 /mm
D1-2	0.51	0.62	0.82	0.01	D1-3	0.39	0.53	0.74	0
D2-2	1.87	2.43	0.77	0	D2-3	1.66	2.07	0.80	0.03
D3-2	2.16	2.75	0.79	-0.01	D3-3	1.82	2.34	0.78	0
D4-2	1.58	1.90	0.83	-0.02	D4-3	1.18	1.62	0.73	0
D5-2	0.33	0.41	0.78	-0.03	D5-3	0.27	0.35	0.77	-0.04
L1-2	0.032	0.037	0.86	0.004	L1-3	0.068	0.082	0.83	0.003
L2-2	0.006	0.008	0.75	0.003	L2-3	0.01	0.013	0.77	0.001

表 5.13　车辆荷载下挠度实测值及挠度校验系数(工况3和工况4)

测点编号	工况3 实测值/mm	工况3 理论值/mm	工况3 挠度校验系数	工况3 残余变形/mm	测点编号	工况4 实测值/mm	工况4 理论值/mm	工况4 挠度校验系数	工况4 残余变形/mm
D1-4	0.37	0.53	0.70	0	D1-5	0.38	0.53	0.72	0.03
D2-4	1.65	2.07	0.80	-0.02	D2-5	1.74	2.07	0.84	-0.14
D3-4	1.71	2.34	0.73	0.02	D3-5	1.85	2.34	0.79	0.03
D4-4	1.18	1.62	0.73	0.01	D4-5	1.37	1.62	0.85	0
D5-4	0.28	0.35	0.80	-0.01	D5-5	0.29	0.35	0.83	-0.01
L1-4	0.068	0.082	0.83	-0.001	L1-5	0.068	0.082	0.83	0.003
L2-4	0.01	0.013	0.77	-0.001	L2-5	0.01	0.013	0.77	-0.002

表 5.14　车辆荷载下挠度实测值及挠度校验系数(工况5和工况6)

测点编号	工况5 实测值/mm	工况5 理论值/mm	工况5 挠度校验系数	工况5 残余变形/mm	测点编号	工况6 实测值/mm	工况6 理论值/mm	工况6 挠度校验系数	工况6 残余变形/mm
D1-7	0.39	0.53	0.74	0.01	D1-9	0.65	0.80	0.81	0.05
D2-7	1.72	2.07	0.83	0.14	D2-9	2.41	3.15	0.77	-0.12
D3-7	1.85	2.34	0.79	-0.22	D3-9	2.79	3.57	0.78	0.11
D4-7	1.18	1.62	0.73	0	D4-9	1.84	2.47	0.74	0
D5-7	0.27	0.35	0.77	0	D5-9	0.43	0.53	0.81	0.07
L1-7	0.068	0.082	0.83	-0.004	L1-9	0.036	0.041	0.88	-0.002
L2-7	0.011	0.013	0.77	0.001	L2-9	0.006	0.008	0.75	0.003

表 5.15　车辆荷载下挠度实测值及挠度校验系数(工况7和工况8)

测点编号	工况7 实测值/mm	工况7 理论值/mm	工况7 挠度校验系数	工况7 残余变形/mm	测点编号	工况8 实测值/mm	工况8 理论值/mm	工况8 挠度校验系数	工况8 残余变形/mm
D1-10	0.49	0.62	0.79	0.06	D1-2	0.49	0.63	0.78	0.02
D2-10	1.91	2.43	0.79	-0.14	D2-2	2.02	2.83	0.71	-0.14
D3-10	2.19	2.75	0.80	0.13	D3-2	3.13	3.75	0.83	0.16
D4-10	1.59	1.90	0.84	-0.06	D4-2	2.12	2.83	0.75	0
D5-10	0.33	0.41	0.80	0.03	D5-2	0.47	0.63	0.75	0.03
L1-10	0.032	0.037	0.86	0.002	L1-2	0.009	0.012	0.75	0.001
L2-10	0.006	0.008	0.75	0.001	L2-2	0.014	0.016	0.86	0.001

表 5.16　车辆荷载下挠度实测值及挠度校验系数(工况 9 和工况 10)

测点编号	工况 9				测点编号	工况 10			
	实测值/mm	理论值/mm	挠度校验系数	残余变形/mm		实测值/mm	理论值/mm	挠度校验系数	残余变形/mm
D1-3	0.39	0.54	0.72	0.03	D1-4	0.39	0.54	0.72	-0.02
D2-3	1.80	2.42	0.74	-0.11	D2-4	1.87	2.42	0.77	0.13
D3-3	2.61	3.20	0.82	0.14	D3-4	2.67	3.20	0.83	-0.08
D4-3	1.81	2.42	0.75	-0.16	D4-4	1.86	2.42	0.77	0.11
D5-3	0.40	0.54	0.74	0.04	D5-4	0.40	0.54	0.74	-0.06
L1-3	0.02	0.024	0.83	0.004	L1-4	0.02	0.024	0.83	0.002
L2-3	0.024	0.028	0.86	0.003	L2-4	0.023	0.028	0.82	-0.002

表 5.17　车辆荷载下挠度实测值及挠度校验系数(工况 11 和工况 12)

测点编号	工况 11				测点编号	工况 12			
	实测值/mm	理论值/mm	挠度校验系数	残余变形/mm		实测值/mm	理论值/mm	挠度校验系数	残余变形/mm
D1-5	0.37	0.54	0.69	0.04	D1-7	0.39	0.54	0.72	0.01
D2-5	1.78	2.42	0.74	-0.13	D2-7	1.78	2.42	0.74	-0.15
D3-5	2.52	3.20	0.79	0	D3-7	2.61	3.20	0.82	0.13
D4-5	1.78	2.42	0.74	0.13	D4-7	1.78	2.42	0.74	0.16
D5-5	0.38	0.54	0.70	0.08	D5-7	0.39	0.54	0.72	-0.03
L1-5	0.02	0.024	0.83	0	L1-7	0.02	0.024	0.83	-0.002
L2-5	0.023	0.028	0.82	0.001	L2-7	0.023	0.028	0.82	0.003

表 5.18　车辆荷载下挠度实测值及挠度校验系数(工况 13 和工况 14)

测点编号	工况 13				测点编号	工况 14			
	实测值/mm	理论值/mm	挠度校验系数	残余变形/mm		实测值/mm	理论值/mm	挠度校验系数	残余变形/mm
D1-9	0.62	0.82	0.76	0.05	D1-10	0.42	0.63	0.67	0.02
D2-9	2.93	3.68	0.80	-0.13	D2-10	2.34	2.84	0.82	0.18
D3-9	3.87	4.87	0.79	0.12	D3-10	3.02	3.75	0.81	-0.13
D4-9	2.93	3.68	0.80	0	D4-10	2.33	2.84	0.82	-0.15
D5-9	0.63	0.82	0.77	-0.03	D5-10	0.41	0.63	0.65	0
L1-9	0.01	0.013	0.77	-0.004	L1-10	0.009	0.012	0.75	-0.001
L2-9	0.014	0.017	0.82	0.001	L2-10	0.013	0.016	0.81	0.001

表 5. 12 ~ 表 5. 18 中,挠度正值为向下变位,负值为向上变位;行车板采用百分表测量,纵梁挠度采用千分表测量;测点编号 A-B,其中 A 表示每道板应变片编号,B 表示板号。例如,编号 1–2 即 2 号板的 1 号测点位置。从表 5. 12 ~ 表 5. 18 可以看出,挠度校验系数均为 0. 7 ~ 0. 9,即处于正常范围,表明实测值已接近理论计算值;其残余变形较小,卸载后变形得以恢复,表明上部结构处于弹性变形状态。

结论:依据《公路桥梁承载能力检测评定规程》(JTG/T J21—2011),在施工阶段,南京市纬三路过江通道盾构内行车道板和纵梁刚度满足设计要求,梁体处于弹性变形状态。

5. 5. 2　应变测试

1. 测点布置

分别对 2 ~ 5、7、9 和 10 号车道板弯曲应变进行测试,每块车道板底贴 4 片应变测试元件,其中,3 片沿车道板长度方向,1 片沿车道板宽度方向,共 28 个测点;分别对 2 ~ 5、7、9 和 10 号车道板剪切应变进行测试,在每块车道板剪力检测边距柱子 0. 3m 处的侧边粘贴应变花,共 42 个测点;分别对车道板两边对应纵梁跨中两侧(检测纵梁扭矩)及底部(检测纵梁弯矩)进行应变测试,共 112 个测点。各测点按照一定的规律进行编号,截面测点布置如图 5. 39 ~ 图 5. 42 所示。应变测点编号布置如图 5. 43 所示。

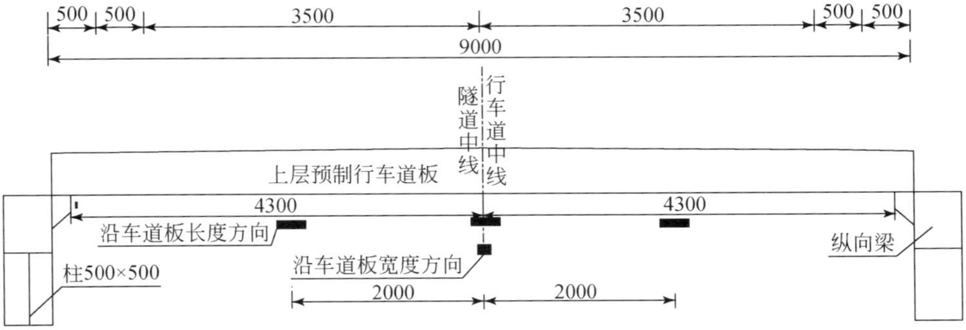

图 5. 39　车道板应变测点截面布置(单位:mm)

2. 测试方法

应变测试采用粘贴应变片的方法,用应变测试读数仪进行数据采集。应变测

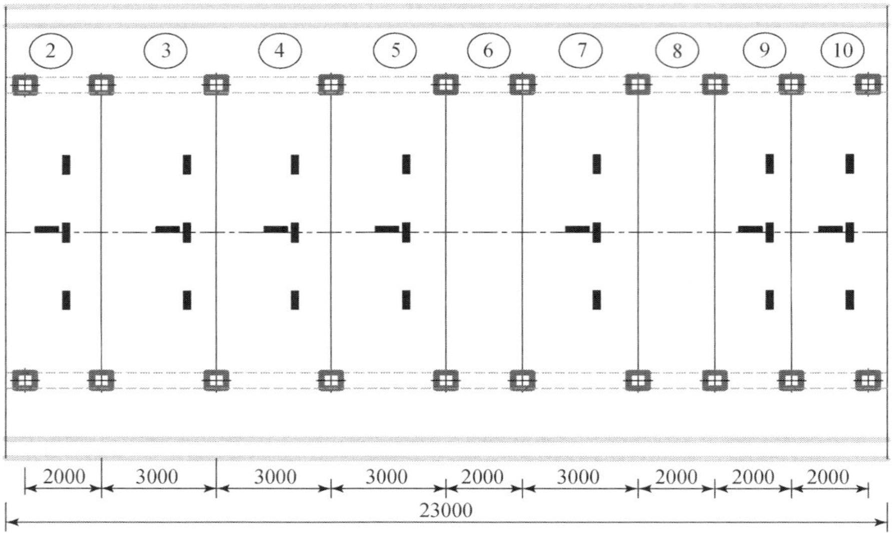

图 5.40　车道板应变测点平面布置(单位:mm)

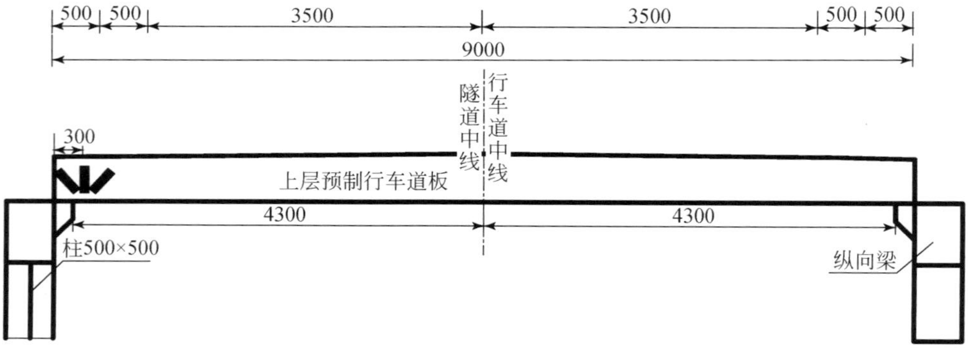

图 5.41　车道板侧边应变花平面布置(单位:mm)

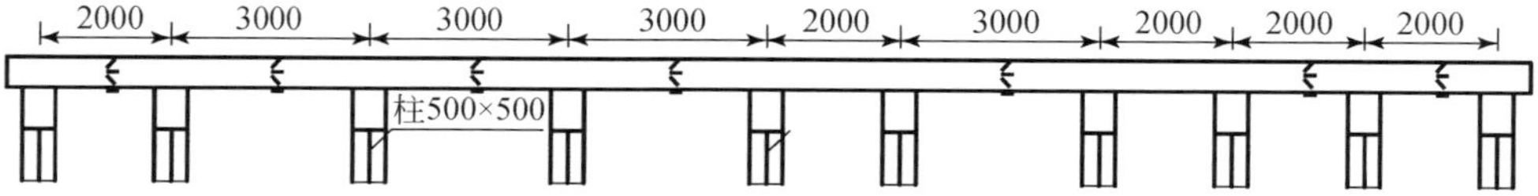

图 5.42　纵梁侧边及底部应变测点平面布置(单位:mm)

试仪器如图 5.44 所示,典型应变片粘贴位置如图 5.45 所示。

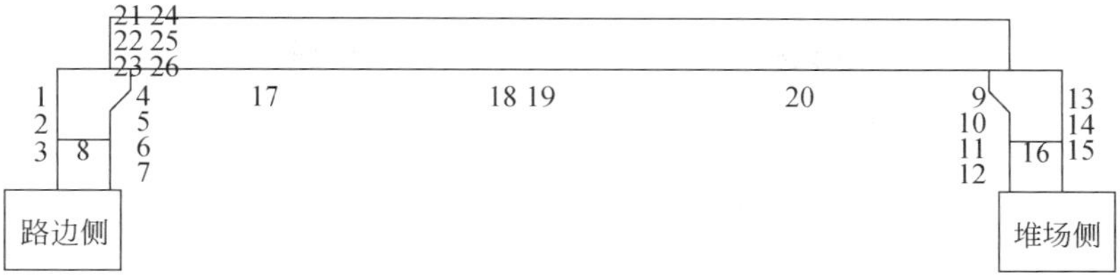

图 5.43　应变测点编号

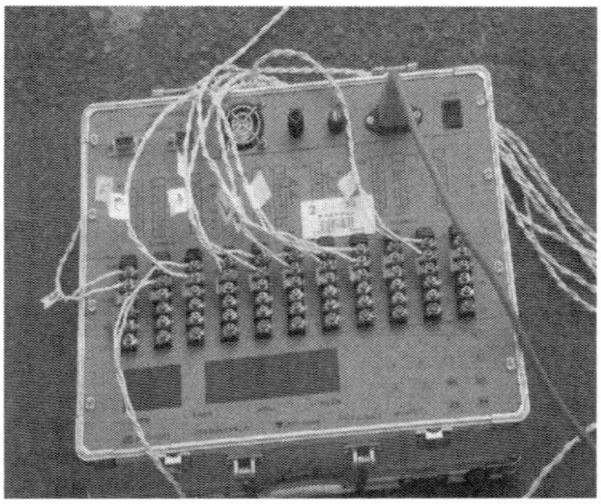

图 5.44　DH3818 静态数据采集仪

(a)　　　　(b)

图 5.45　典型应变片粘贴位置

3. 测试工况和结果

每一工况下对加载前后产生影响的测点进行数据采集。行车板最大正弯矩效应应变测试结果见表 5.19～表 5.22，行车板剪力效应应变测试结果见表 5.23～表 5.26，纵梁最大正弯矩效应应变测试结果见表 5.27～表 5.33，其中工况 15 的测试结果同工况 5。

表 5.19　行车板最大正弯矩应变实测值及校验系数(工况 8 和工况 9)

测点位置		工况 8				测点位置		工况 9			
		理论值/με	实测值/με	校验系数	残余应变/με			理论值/με	实测值/με	校验系数	残余应变/με
底板	17-2	58	47	0.81	1	底板	17-3	47	38	0.81	2
	18-2	92	76	0.83	0		18-3	77	62	0.81	1
	19-2	10	8	0.80	2		19-3	14	11	0.79	0
	20-2	58	48	0.82	-1		20-3	47	37	0.79	-3

表 5.20　行车板最大正弯矩应变实测值及校验系数(工况 10 和工况 11)

测点位置		工况 10				测点位置		工况 11			
		理论值/με	实测值/με	校验系数	残余应变/με			理论值/με	实测值/με	校验系数	残余应变/με
底板	17-4	47	38	0.81	2	底板	17-5	47	39	0.83	2
	18-4	77	61	0.80	1		18-5	77	63	0.82	4
	19-4	14	12	0.86	-1		19-5	14	11	0.79	-1
	20-4	47	37	0.79	-1		20-5	47	39	0.83	-2

表 5.21　行车板最大正弯矩应变实测值及校验系数(工况 12 和工况 13)

测点位置		工况 12				测点位置		工况 13			
		理论值/με	实测值/με	校验系数	残余应变/με			理论值/με	实测值/με	校验系数	残余应变/με
底板	17-7	47	38	0.81	-2	底板	17-9	50	42	0.83	3
	18-7	77	62	0.81	2		18-9	85	75	0.88	3
	19-7	14	12	0.86	1		19-9	7	6	0.86	-2
	20-7	47	38	0.81	-1		20-9	50	43	0.85	1

表 5.22　行车板最大正弯矩应变实测值及校验系数(工况 14)

测点位置		工况 14 理论值/με	工况 14 实测值/με	工况 14 校验系数	工况 14 残余应变/με
底板	17-10	58	47	0.80	0
	18-10	92	75	0.82	-2
	19-10	10	8	0.80	1
	20-10	58	49	0.84	-4

表 5.23　行车板剪力效应应变实测值及校验系数(工况 1 和工况 2)

测点位置		工况 1 理论值/με	工况 1 实测值/με		工况 1 校验系数	工况 1 残余应变/με	测点位置		工况 2 理论值/με	工况 2 实测值/με		工况 2 校验系数	工况 2 残余应变/με
行车板两侧	21-2	10	16	8	0.80	1	行车板两侧	21-3	11	18	9	0.82	0
	22-2		-5			0		22-3		-7			-2
	23-2		8			2		23-3		9			1
	24-2	10	17	8	0.80	-1		24-3	11	19	8	0.73	4
	25-2		-5			0		25-3		-7			-1
	26-2		9			1		26-3		11			-2

表 5.24　行车板剪力效应应变实测值及校验系数(工况 3 和工况 4)

测点位置		工况 3 理论值/με	工况 3 实测值/με		工况 3 校验系数	工况 3 残余应变/με	测点位置		工况 4 理论值/με	工况 4 实测值/με		工况 4 校验系数	工况 4 残余应变/με
行车板两侧	21-4	11	19	9	0.82	1	行车板两侧	21-5	11	18	9	0.82	-1
	22-4		-7			-2		22-5		-7			3
	23-4		10			2		23-5		9			-2
	24-4	11	17	9	0.82	1		24-5	11	16	10	0.91	1
	25-4		-7			-1		25-5		-7			0
	26-4		8			0		26-5		6			-1

表 5.25　行车板剪力效应应变实测值及校验系数(工况 5 和工况 6)

测点位置		工况 5					测点位置		工况 6				
		理论值/με	实测值/με		校验系数	残余应变/με			理论值/με	实测值/με		校验系数	残余应变/με
行车板两侧	21-7		18			-2	行车板两侧	21-9		21			1
	22-7	11	-7	8	0.73	1		22-9	14	-9	11	0.79	-2
	23-7		9			-1		23-9		10			2
	24-7		16			2		24-9		20			1
	25-7	11	-7	9	0.82	0		25-9	14	-9	11	0.79	-1
	26-7		8			-1		26-9		9			0

表 5.26　行车板剪力效应应变实测值及校验系数(工况 7)

测点位置		工况 7				
		理论值/με	实测值/με		校验系数	残余应变/με
行车板两侧	21-10		16			-1
	22-10	10	-5	9	0.90	3
	23-10		7			-2
	24-10		17			1
	25-10	10	-5	9	0.90	0
	26-10		8			-1

表 5.27　纵梁弯扭效应应变实测值及校验系数(工况 1 和工况 2)

测点位置		工况 1				测点位置		工况 2			
		理论值/με	实测值/με	校验系数	残余应变/με			理论值/με	实测值/με	校验系数	残余应变/με
纵梁1/4桥	2-2	4	3	0.75	1	纵梁1/4桥	2-3	5	4	0.80	1
	4-2	16	13	0.81	0		4-3	21	17	0.81	0
	6-2	4	3	0.75	2		6-3	5	4	0.80	2
	8-2	28	23	0.82	-1		8-3	36	30	0.83	-1
	14-2	3	2	0.67	1		14-3	3	2	0.67	1
	9-2	3	2	0.67	0		9-3	4	3	0.75	0
	11-2	3	2	0.67	2		11-3	3	2	0.67	2
	16-2	6	5	0.83	-1		16-3	7	6	0.86	-1

续表

测点位置		工况 1 理论值/με	工况 1 实测值/με	工况 1 校验系数	工况 1 残余应变/με	测点位置		工况 2 理论值/με	工况 2 实测值/με	工况 2 校验系数	工况 2 残余应变/με
纵梁1/4桥	1,3,5,7	19	16	0.83	−2	纵梁1/4桥	1,3,5,7	19	16	0.83	−2
	13,15,10,12	4	3	0.75	−2		13,15,10,12	4	3	0.75	−2

表 5.28　纵梁弯扭效应应变实测值及校验系数(工况 3 和工况 4)

测点位置		工况 3 理论值/με	工况 3 实测值/με	工况 3 校验系数	工况 3 残余应变/με	测点位置		工况 4 理论值/με	工况 4 实测值/με	工况 4 校验系数	工况 4 残余应变/με
纵梁1/4桥	2−4	5	4	0.80	−1	纵梁1/4桥	2−5	5	4	0.80	1
	4−4	21	18	0.86	1		4−5	21	18	0.86	0
	6−4	5	4	0.80	0		6−5	5	4	0.80	2
	8−4	36	29	0.81	1		8−5	36	30	0.84	−1
	14−4	3	2	0.67	−1		14−5	3	2	0.67	1
	9−4	4	3	0.75	2		9−5	4	3	0.75	0
	11−4	3	2	0.67	0		11−5	3	2	0.67	2
	16−4	7	6	0.86	−1		16−5	7	6	0.86	−1
纵梁全桥	1,3,5,7	19	16	0.83	−2	纵梁全桥	1,3,5,7	19	16	0.83	−2
	13,15,10,12	4	3	0.75	−2		13,15,10,12	4	3	0.75	−2

表 5.29　纵梁弯扭效应应变实测值及校验系数(工况 5 和工况 6)

测点位置		工况 5 理论值/με	工况 5 实测值/με	工况 5 校验系数	工况 5 残余应变/με	测点位置		工况 6 理论值/με	工况 6 实测值/με	工况 6 校验系数	工况 6 残余应变/με
纵梁1/4桥	2−7	5	4	0.80	−2	纵梁1/4桥	2−9	3	2	0.65	0
	4−7	21	18	0.86	1		4−9	11	9	0.79	−1

续表

测点位置		工况5 理论值/με	工况5 实测值/με	工况5 校验系数	工况5 残余应变/με	测点位置		工况6 理论值/με	工况6 实测值/με	工况6 校验系数	工况6 残余应变/με
纵梁1/4桥	6-7	5	4	0.80	-1	纵梁1/4桥	6-9	3	2	0.65	1
	8-7	36	31	0.87	2		8-9	19	16	0.83	0
	14-7	3	3	0.82	0		14-9	2	1	0.65	-2
	9-7	4	3	0.71	-1		9-9	2	2	0.93	1
	11-7	3	3	0.82	-1		11-9	2	1	0.65	-1
	16-7	7	6	0.78	1		16-9	4	3	0.75	2
纵梁全桥	1,3,5,7	19	16	0.83	0	纵梁全桥	1,3,5,7	19	16	0.83	0
	13,15,10,12	4	3	0.75	-4		13,15,10,12	4	3	0.75	-1

表 5.30　纵梁弯扭效应应变实测值及校验系数(工况 7 和工况 8)

测点位置		工况7 理论值/με	工况7 实测值/με	工况7 校验系数	工况7 残余应变/με	测点位置		工况8 理论值/με	工况8 实测值/με	工况8 校验系数	工况8 残余应变/με
纵梁1/4桥	2-10	4	3	0.75	0	纵梁1/4桥	2-2	3	2	0.67	1
	4-10	16	13	0.81	-1		4-2	-7	-5	0.71	0
	6-10	4	3	0.75	-1		6-2	3	2	0.67	2
	8-10	28	22	0.80	3		8-2	11	8	0.73	-1
	14-10	3	2	0.67	-2		14-2	3	2	0.67	1
	9-10	3	2	0.67	1		9-2	-7	-6	0.89	0
	11-10	3	2	0.67	0		11-2	3	2	0.67	2
	16-10	6	5	0.83	2		16-2	11	8	0.73	-1
纵梁全桥	1,3,5,7	19	16	0.83	0	纵梁全桥	1,3,5,7	6	5	0.83	-2
	13,15,10,12	4	3	0.74	-1		13,15,10,12	6	5	0.83	-2

表 5.31　纵梁弯扭效应应变实测值及校验系数(工况 9 和工况 10)

测点位置		工况 9 理论值/με	工况 9 实测值/με	工况 9 校验系数	工况 9 残余应变/με	测点位置		工况 10 理论值/με	工况 10 实测值/με	工况 10 校验系数	工况 10 残余应变/με
纵梁1/4桥	2-3	4	3	0.75	1	纵梁1/4桥	2-4	4	3	0.75	-1
	4-3	-9	-7	0.79	0		4-4	-9	-7	0.79	1
	6-3	4	3	0.75	2		6-4	4	3	0.75	0
	8-3	15	11	0.77	-1		8-4	15	11	0.77	1
	14-3	4	3	0.75	1		14-4	4	3	0.75	-1
	9-3	-9	-7	0.79	0		9-4	-9	-7	0.79	2
	11-3	4	3	0.75	2		11-4	4	3	0.75	0
	16-3	15	11	0.77	-1		16-4	15	11	0.77	-1
纵梁全桥	1,3,5,7	7	6	0.89	-2	纵梁全桥	1,3,5,7	7	6	0.89	-2
	13,15,10,12	7	6	0.89	-2		13,15,10,12	7	6	0.89	-2

表 5.32　纵梁弯扭效应应变实测值及校验系数(工况 11 和工况 12)

测点位置		工况 11 理论值/με	工况 11 实测值/με	工况 11 校验系数	工况 11 残余应变/με	测点位置		工况 12 理论值/με	工况 12 实测值/με	工况 12 校验系数	工况 12 残余应变/με
纵梁1/4桥	2-5	4	3	0.75	1	纵梁1/4桥	2-7	4	3	0.75	-2
	4-5	-9	-7	0.79	0		4-7	-9	-7	0.79	1
	6-5	4	3	0.75	2		6-7	4	3	0.75	-1
	8-5	15	11	0.77	-1		8-7	15	12	0.81	2
	14-5	4	3	0.75	1		14-7	4	3	0.75	0
	9-5	-9	-7	0.79	0		9-7	-9	-7	0.79	-1
	11-5	4	3	0.75	2		11-7	4	3	0.75	-1
	16-5	15	11	0.77	-1		16-7	15	12	0.80	1
纵梁全桥	1,3,5,7	7	6	0.89	-2	纵梁全桥	1,3,5,7	7	6	0.89	0
	13,15,10,12	7	6	0.89	-2		13,15,10,12	7	6	0.89	-1

表 5.33　纵梁弯扭效应应变实测值及校验系数(工况 14)

测点位置		工况 13				测点位置		工况 14			
		理论值/με	实测值/με	校验系数	残余应变/με			理论值/με	实测值/με	校验系数	残余应变/με
纵梁1/4桥	2-9	2	1	0.50	0	纵梁1/4桥	2-10	3	2	0.67	0
	4-9	-5	-4	0.80	-1		4-10	-7	-6	0.89	-1
	6-9	2	1	0.50	1		6-10	3	2	0.67	1
	8-9	8	6	0.75	0		8-10	11	8	0.73	0
	14-9	2	1	0.50	-2		14-10	3	2	0.67	-2
	9-9	-5	-4	0.80	1		9-10	-7	-6	0.89	1
	11-9	2	1	0.50	-1		11-10	3	2	0.67	-1
	16-9	8	6	0.75	2		16-10	11	8	0.73	2
纵梁全桥	1,3,5,7	3	2	0.67	0	纵梁全桥	1,3,5,7	6	5	0.83	0
	13,15,10,12	3	2	0.67	-1		13,15,10,12	6	5	0.83	-1

测点编号 A-B,A 为每道板应变片编号,B 为板号,例如,编号 1-2 即 2 号板的 1 号测点位置。

通过对行车板和纵梁的应变测试,对实测值与理论计算值进行比较,计算出应变校验系数。表 5.19 ~ 表 5.33 正值为拉应变,负值为压应变;行车板两侧和纵梁应变值较小以及仪器自身误差使其校验系数偏小。从中可以看出,绝大部分应变校验系数值为 0.7 ~ 1.0,表明实测值已接近理论计算值,且残余应变较小。

结论:依据《公路桥梁承载能力检测评定规程》(JTG/T J21—2011),在施工阶段,南京市纬三路过江通道盾构内行车板和纵梁的应变校验系数满足规定值,其承载能力满足设计要求。

5.5.3　施工阶段荷载试验结论

通过静载试验测试,对荷载试验结果分析表明:

(1)挠度校验系数基本为 0.7 ~ 0.9,实测值接近理论计算值,表明结构的整体刚度满足要求;其残余变形较小,卸载后变形得以恢复,表明结构处于弹性变形状态;

(2)行车板和纵梁的应变校验系数绝大部分值为 0.7 ~ 1.0,即实测值已接近理论计算值,结构的承载能力满足设计要求;其残余应变较小,表明结构处于弹性受力状态。

通过外观检测,在荷载试验前及加载过程中,行车板、牛腿、立柱及测试截面附近梁体结构均未发现裂缝。

5.6　运营阶段

5.6.1　线形测量

1. 测点布置

对车道板 11 ~ 14 沿隧道中线两侧各 2m 设置两个测点，每个车道板均有 5 个挠度测点，共 20 个测点。各车道板所对应纵梁在跨中设置一个测点，共 8 个测点，各测点按照一定的规律进行编号。截面测点布置如图 5.46 ~ 图 5.48 所示。

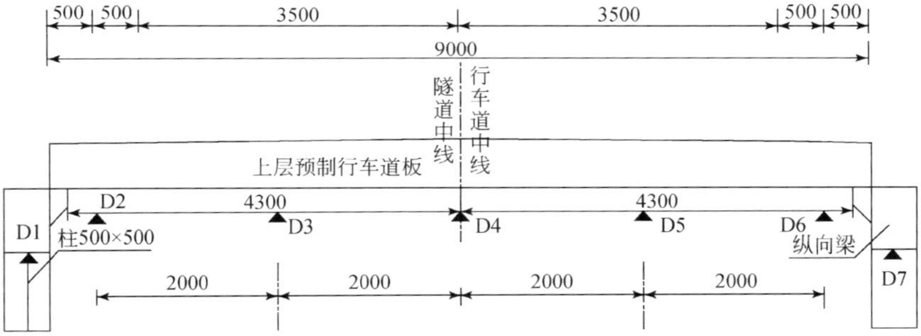

图 5.46　车道板挠度测点截面布置(单位:mm)

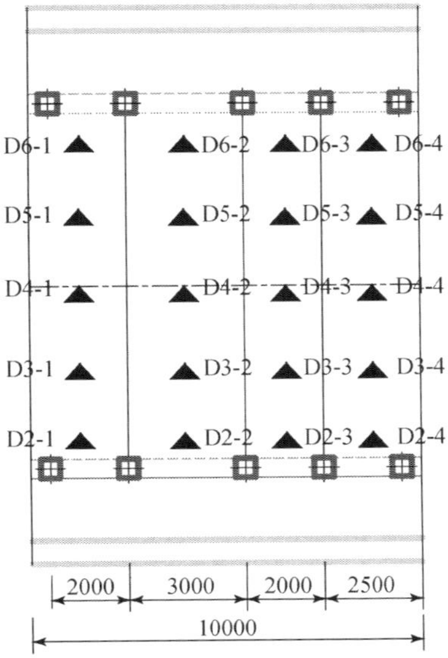

图 5.47　车道板挠度测点平面布置(单位:mm)

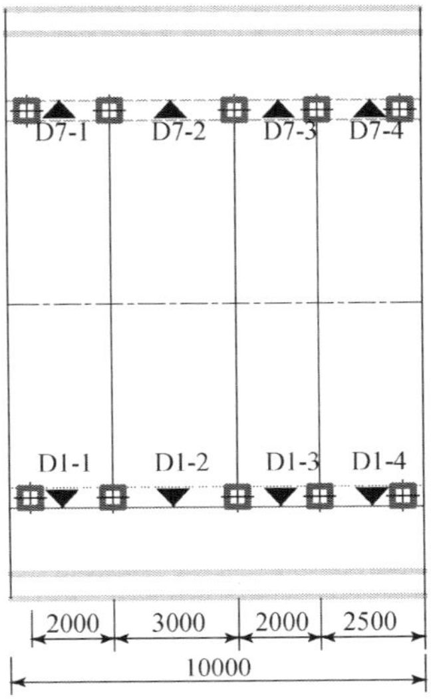

图 5.48　纵梁挠度测点平面布置(单位:mm)

2. 测试工况和结果

每一工况下对所有截面所有测点的数据进行采集。结果见表5.34～5.36。

表5.34　车辆荷载下挠度实测值及挠度校验系数(工况16和工况17)

测点编号	工况16				测点编号	工况17			
	实测值/mm	理论值/mm	挠度校验系数	残余变形/mm		实测值/mm	理论值/mm	挠度校验系数	残余变形/mm
D1-1	0.004	0.006	0.79	0	D1-2	0.006	0.008	0.75	0
D2-1	0.06	0.08	0.77	0	D2-2	0.06	0.08	0.75	0
D3-1	0.49	0.64	0.78	0.01	D3-2	0.453	0.54	0.84	0.01
D4-1	0.81	1.01	0.80	0.02	D4-1	0.45	0.52	0.86	0.03
D4-2	0.34	0.39	0.85	0	D4-2	0.63	0.84	0.75	0.01
D4-3	0.06	0.08	0.77	0.01	D4-3	0.43	0.50	0.86	0
D4-4	0.01	0.02	0.76	0.01	D4-4	0.12	0.16	0.75	0.01
D5-1	0.48	0.64	0.76	0.001	D5-2	0.453	0.54	0.84	0
D6-1	0.06	0.08	0.74	0	D6-2	0.06	0.08	0.75	0
D7-1	0.004	0.006	0.79	0	D7-2	0.006	0.008	0.75	0.001

表5.35　车辆荷载下挠度实测值及挠度校验系数(工况18和工况19)

测点编号	工况18				测点编号	工况19			
	实测值/mm	理论值/mm	挠度校验系数	残余变形/mm		实测值/mm	理论值/mm	挠度校验系数	残余变形/mm
D1-3	0.004	0.0053	0.75	0	D1-4	0.004	0.005	0.80	0
D2-3	0.05	0.067	0.75	0	D2-4	0.06	0.08	0.75	0.002
D3-3	0.36	0.471	0.76	-0.01	D3-4	0.50	0.64	0.78	-0.001
D4-1	0.06	0.083	0.73	0.01	D4-1	0.03	0.04	0.75	0.001
D4-2	0.33	0.390	0.85	0.01	D4-2	0.09	0.12	0.75	0.002
D4-3	0.59	0.738	0.80	0.01	D4-3	0.38	0.48	0.80	0.004
D4-4	0.42	0.492	0.85	-0.01	D4-4	0.82	1.02	0.81	-0.003
D5-3	0.36	0.471	0.76	0.01	D5-4	0.50	0.64	0.79	0.007
D6-3	0.05	0.067	0.75	0	D6-4	0.06	0.08	0.75	0.002
D7-3	0.004	0.0053	0.75	0	D7-4	0.004	0.005	0.80	0.0002

表 5.36　车辆荷载下挠度实测值及挠度校验系数(工况 20)

测点编号	工况 20			
	实测值 /mm	理论值 /mm	挠　度 校验系数	残余变形 /mm
D1-3	0.005	0.006	0.83	0
D2-3	0.05	0.07	0.72	0
D3-3	0.39	0.52	0.75	0.01
D4-1	0.08	0.09	0.88	0.01
D4-2	0.32	0.43	0.74	0.01
D4-3	0.63	0.81	0.78	0
D4-4	0.40	0.54	0.74	0.01
D5-3	0.38	0.52	0.73	0.02
D6-3	0.05	0.07	0.74	0
D7-3	0.005	0.006	0.83	0

表 15.34 ~ 表 15.36 中,挠度正值为向下变位,负值为向上变位;行车板采用百分表测量,纵梁挠度采用千分表测量;测点编号 A-B,其中,A 为每道板应变片编号,B 为板号。例如,编号 1-2 即 2 号板的 1 号测点位置。从表 15.34 ~ 表 15.36 可以看出,挠度校验系数基本上为 0.7 ~ 0.9,即处于正常范围,表明实测值已接近理论计算值;其残余变形较小,卸载后变形得以回复,表明上部结构处于弹性变形状态。

结论:依据《公路桥梁承载能力检测评定规程》(JTG/T J21—2011),在运营阶段中,南京市纬三路过江通道盾构内行车道板和纵梁刚度满足设计要求,梁体处于弹性变形状态。

5.6.2　应变测试

1. 测点布置

分别对 11 ~ 14 号车道板弯曲应变进行测试,每块车道板贴 4 片应变测试元件,其中,3 片沿车道板长度方向,1 片沿车道板宽度方向,共 16 个测点。分别对车道板两边对应纵梁跨中两侧(检测纵梁扭矩)及底部(检测纵梁弯矩)进行应变测试,共 40 个测点,各测点按照一定的规律进行编号。截面测点布置如图 5.49 ~ 图 5.51 所示,应变测点编号布置如图 5.52 所示。

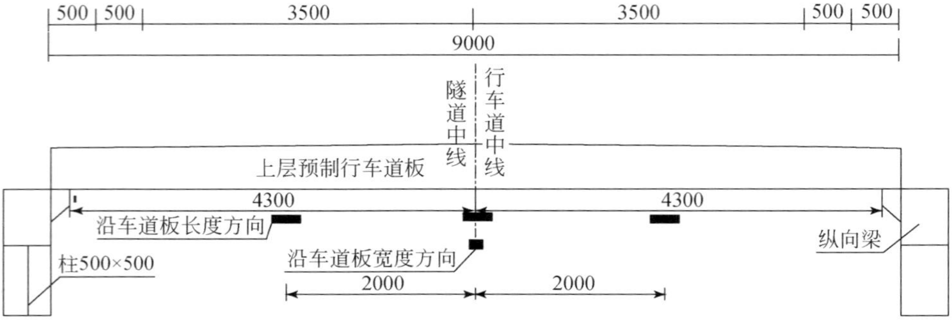

图 5.49　车道板应变测点截面布置(单位:mm)

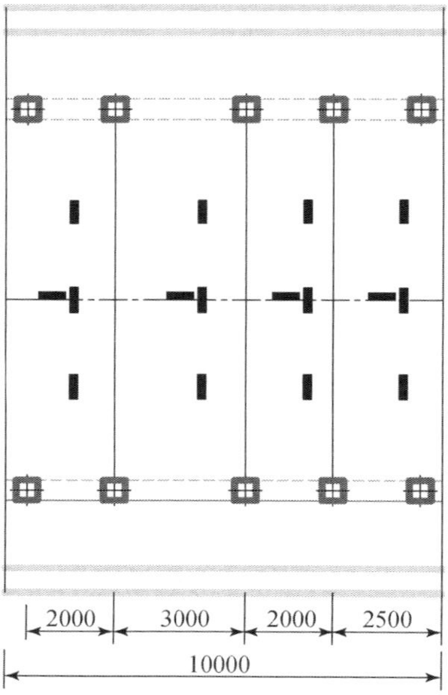

图 5.50　车道板应变测点平面布置(单位:mm)

2. 测试方法

应变测试采用粘贴应变片的测量方法,用应变测试读数仪进行数据采集。典型应变片粘贴位置和静载试验加载现场如图 5.53 和图 5.54 所示。

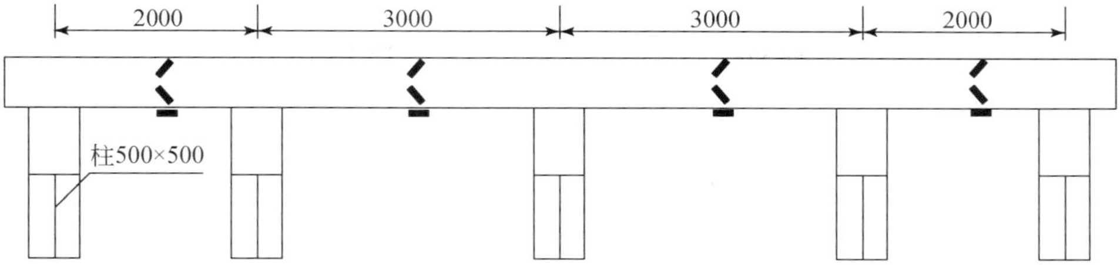

图5.51　纵梁两侧边及底部应变测点平面布置(单位:mm)

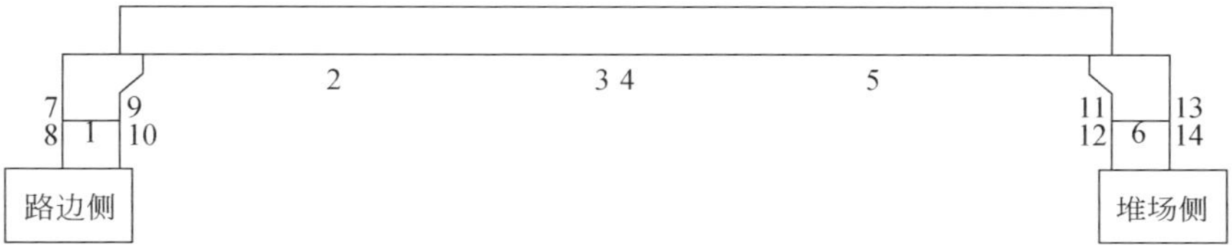

图5.52　应变测点编号布置

图5.53　应变片粘贴位置

图5.54　静载试验加载现场

3. 测试工况和结果

每一工况下对加载前后产生影响的测点进行数据采集,各个工况的应变测试结果见表5.37~表5.39。

表 5.37 各个工况的应变实测值及校验系数(工况 8 和工况 9)

测点位置		工况 8				测点位置		工况 9			
		理论值/με	实测值/με	校验系数	残余应变/με			理论值/με	实测值/με	校验系数	残余应变/με
纵梁1/4桥	2-1	20	17	0.86	1	纵梁1/4桥	2-2	19	16	0.84	2
	3-1	50	43	0.87	0		3-2	43	37	0.86	1
	4-1	15	12	0.80	2		4-1	-4	-3	0.75	0
	4-2	-5	-3	0.57	-1		4-1	-4	-3	0.75	0
	4-3	-2	-1	0.50	2		4-3	-2	-1	0.50	1
	4-4	0	0	0	1		4-4	-3	-2	0.67	0
	5-1	20	17	0.86	0		5-2	19	16	0.84	2
纵梁底部	1-1	26	21	0.82	-3	纵梁底部	1-2	33	29	0.87	-1
	6-1	26	21	0.82	2		6-2	33	28	0.84	2
纵梁侧边全桥	7,8,9,10	8	6	0.75	1	纵梁侧边全桥	7,8,9,10	9	7	0.78	1
	11,12,13,14	8	6	0.75	-1		11,12,13,14	9	7	0.78	0

表 5.38 各个工况的应变实测值及校验系数(工况 8 和工况 9)

测点位置		工况 8				测点位置		工况 9			
		理论值/με	实测值/με	校验系数	残余应变/με			理论值/με	实测值/με	校验系数	残余应变/με
纵梁1/4桥	2-3	16	13	0.81	2	梁1/4桥	2-4	20	17	0.86	2
	3-3	47	42	0.89	1		3-4	50	43	0.86	4
	4-1	-2	-1	0.50	-1		4-1	-1	0	0.00	-1
	4-2	-4	-3	0.75	-1		4-2	-3	-2	0.67	-2
	4-3	15	12	0.80	0		4-3	-4	-3	0.75	-1
	4-4	-3	-2	0.67	1		4-4	15	12	0.80	1
	5-3	16	13	0.81	-1		5-4	20	17	0.86	0
纵梁底部	1-3	28	24	0.87	-1	纵梁底部	1-4	29	23	0.79	2
	6-3	28	24	0.87	1		6-4	29	23	0.79	-1
纵梁侧边全桥	7,8,9,10	7	6	0.86	0	纵梁侧边全桥	7,8,9,10	8	6	0.75	-2
	11,12,13,14	7	6	0.86	1		11,12,13,14	8	6	0.75	-2

表 5.39　各个工况的应变实测值及校验系数(工况 20)

测点位置		工况 20			
		理论值/με	实测值/με	校验系数	残余应变/με
纵梁1/4 桥	2-3	18	15	0.86	-2
	3-3	40	34	0.85	2
	4-1	-2	-1	0.50	1
	4-2	-5	-4	0.80	-1
	4-3	17	14	0.84	2
	4-4	-4	-3	0.75	0
	5-3	18	15	0.86	-1
纵梁底部	1-3	30	26	0.85	-1
	6-3	30	26	0.85	1
纵梁侧边全桥	7,8,9,10	8	7	0.92	0
	11,12,13,14	8	7	0.92	1

表 5.37 ~ 表 5.39 中,正值为拉应变,负值为压应变;行车板两侧和纵梁应变值较小以及仪器自身误差使其校验系数偏小;测点编号 A-B,A 为每道板应变片编号,B 为几号板,例如,2-1 即 1 号板的 2 号应变片位置。通过对行车板和纵梁的应变测量,对实测值与理论计算值进行比较,绝大部分应变校验系数值为 0.7 ~ 1.0,表明实测值已接近理论计算值,且残余应变较小,表明结构处于弹性受力状态。

结论:依据《公路桥梁承载能力检测评定规程》(JTG/T J21—2011),南京市纬三路过江通道盾构内行车板和纵梁的应变校验系数满足规定值,其承载能力满足设计要求。

5.6.3　运营阶段荷载试验结论

通过静载试验测试,对荷载试验结果分析表明:

(1)挠度校验系数基本为 0.7 ~ 0.9,代表实测值已接近理论计算值,表明结构的整体刚度满足要求;残余变形较小,卸载后变形得以恢复,表明上部结构处于弹性变形状态。

(2)行车板和纵梁的应变校验系数绝大部分值为 0.7 ~ 1.0,表明实测值已接近理论计算结果,表明结构的承载能力满足设计要求,残余应变较小,表明上部结构处于弹性受力状态。

(3)通过外观检测,荷载试验现场的行车板、牛腿、立柱及测试截面附近梁体均未发现明显病害。在荷载试验加载过程中,没有出现结构裂缝。

因此,依据《公路桥梁承载能力检测评定规程》(JTG/T J21—2011),南京市纬三路过江通道盾构内行车板和纵梁在运营阶段的承载能力满足设计要求。

5.7　荷载试验结论

5.7.1　施工阶段静载试验检测结论

根据上述计算结果,施工阶段静载试验检测结论如下:

(1)挠度校验系数基本为0.7～0.9,表明实测值已接近理论计算值,结构的整体刚度满足要求;其残余变形较小,卸载后变形得以恢复,表明结构处于弹性变形状态。

(2)行车板和纵梁的应变校验系数绝大部分为0.7～1.0,表明实测值已接近理论计算值,结构的承载能力满足设计要求;其残余应变较小,表明结构处于弹性受力状态。

5.7.2　运营阶段静载试验检测结论

根据上述计算结果,运营阶段静载试验检测结论如下:

(1)挠度校验系数基本为0.7～0.9,表明实测值已接近理论计算值,说明结构的整体刚度满足要求;其残余变形较小,卸载后变形得以恢复,表明上部结构处于弹性变形状态。

(2)行车板和纵梁的应变校验系数绝大部分为0.7～1.0,代表实测值已接近理论计算值,说明上部结构的承载能力满足设计要求;其残余应变较小,表明上部结构处于弹性受力状态。

5.7.3　外观检测结论

施工阶段、运营阶段:通过外观检测,荷载试验现场的行车板、牛腿、立柱及测试截面附近梁体均未发现明显病害。在荷载试验加载过程中,没有出现结构裂缝。

综上所述,在试验荷载作用下,南京纬三路过江通道盾构内行车板和纵梁控制截面的应变和挠度均在合理范围内,上部结构性能良好,承载能力满足设计要求。

第 6 章　盾构隧道上层车道预制安装技术

6.1　工 艺 流 程

盾构隧道内部结构施工工艺流程按图 6.1 和图 6.2 进行。其中,内部结构施工的关键环节为上层车道的预制与安装。

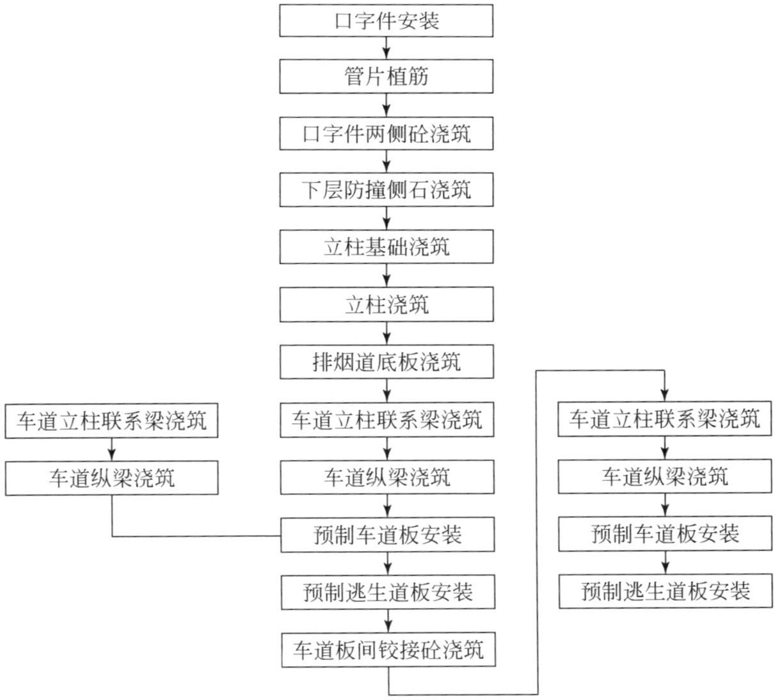

图 6.1　内部结构施工总体图

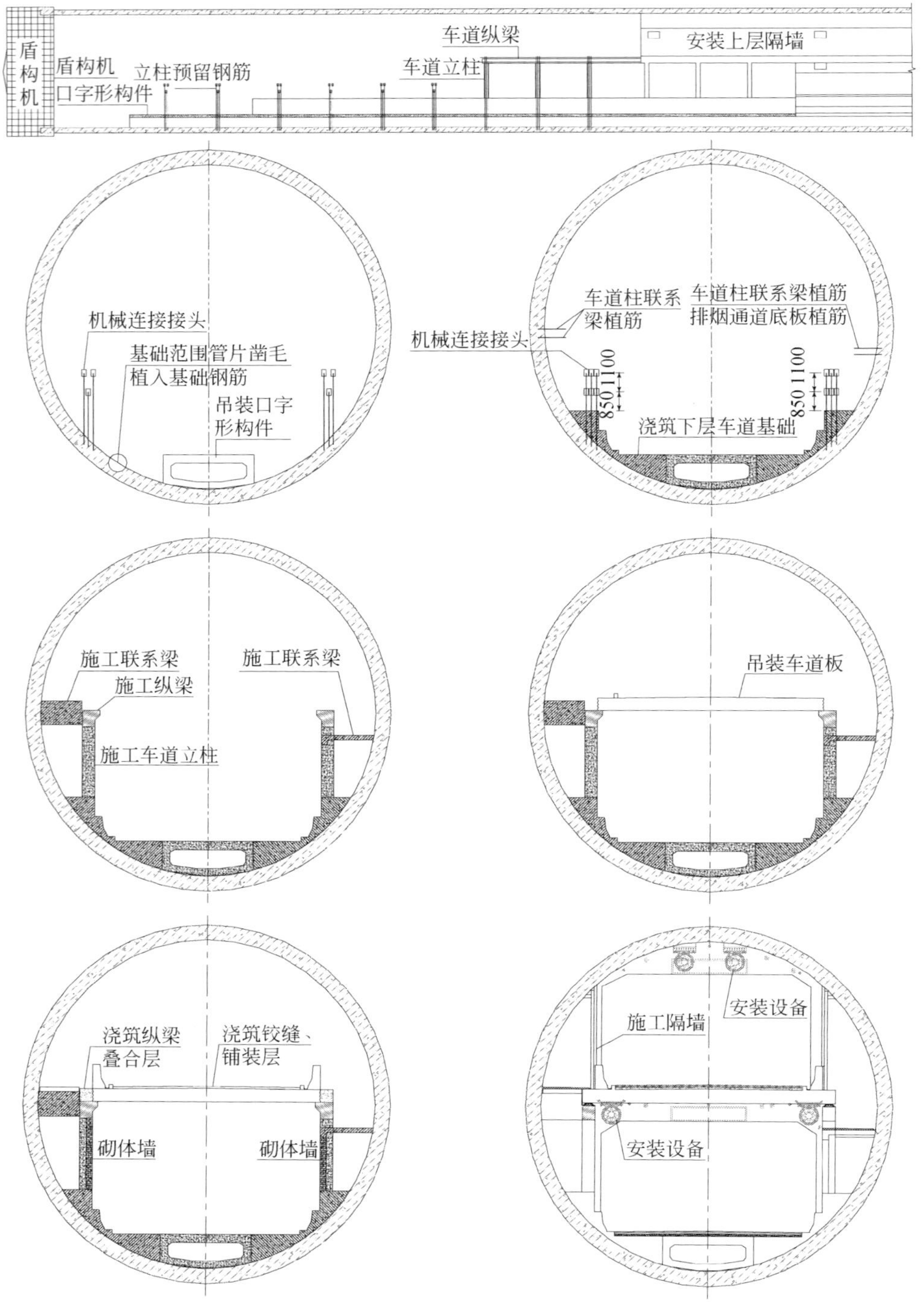

图 6.2　盾构内部同步施工工序纵断面、横断面图

6.2　车道板预制

内部结构柱距标准段按照 0.5+2+3n+2m+2+0.5 布置，风机段按照 0.5+2+2×2.5+2+0.5 布置。针对柱距不同，上层预制车道板分为五种不同类型，具体见图 6.3 和图 6.4。

(1)1 号板:9000mm×2990mm×520mm，适用标准段 3m 中跨。

(2)2 号板:9000mm×2485mm×520mm，适用标准段 2.5m 边跨。

(3)3 号板:9000mm×1990mm×520mm，适用标准段 2m 中跨。

(4)4 号板:9600mm×2490mm×520mm，适用风机段 2.5m 中跨。

(5)5 号板:9600mm×2485mm×520mm，适用风机段 2.0m 边跨。

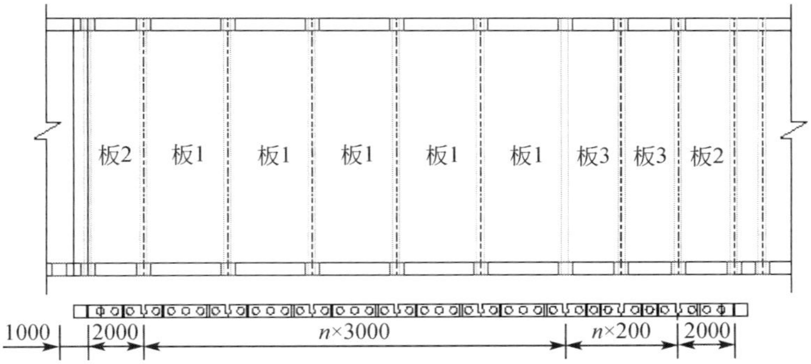

图 6.3　标准段车道板布置

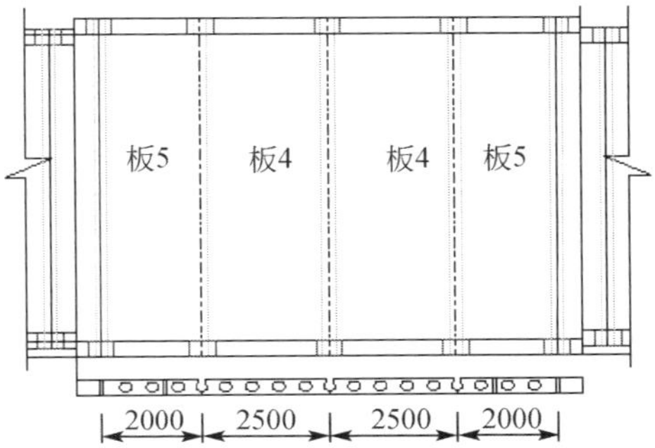

图 6.4　风机段车道板布置

预制车道板在隧道外加工，工厂化施工可以较快地完成预制构件的生产工作。

预制构件的生产在工厂内采用流水线作业方式进行，首先清洗模具，喷涂脱模剂，安放钢筋骨架及各种预埋件；然后浇筑混凝土，振捣成形；接着进行养护，养护可采用自然养护或蒸汽养护，养护后脱模起吊；室内养护 3d 后运往室外存放场地存放，同期养护 28d 后运往现场使用(图 6.5)。

图 6.5 预制板加工现场

预制车道板生产作业循环时间主要有：模具清洗及安装、钢筋笼就位、混凝土浇筑、蒸汽养护、脱模等工序，完成一个车道板为一个循环，循环时间分析如表 6.1 所示。

表 6.1 预制车道板作业循环时间

作业名称	模板清洗安装	钢筋笼就位	混凝土浇筑	蒸汽养护	脱模	合计
作业时间/min	30	40	30	260	20	380

预制构件模具应采用钢模，模具制作应考虑以下因素(图 6.6)：

(1)预制构件需预留钢筋，预制构件模具制作时应预留钢筋孔。

(2)预制车道板数量较多，为减少人工振捣对模具的破坏，确保构件混凝土密实均匀，模具应考虑振捣措施。

(3)模具应有合理的刚度，既能保证振捣效果，又能保证结构稳定性。

图 6.6　预制板模具

为匹配现场预留钢筋,预制构件质量控制应重点关注以下问题(图 6.7):

(1)预留钢筋定位。预留钢筋必须按设计要求进行定位,钢筋定位偏差应控制在 2mm 以内。

(2)定位埋件。定位埋件用于预制板整体定位,偏差应在 2mm 以内。

(3)底面平整度翘曲。底面平整度,特别是板两侧简支与牛腿顶面部分平整度需要特别注意,防止预制车道板安装时出现板部分支点腾空现象。

图 6.7　预制板钢筋绑扎现场

预制车道板模板数量与生产速度可根据盾构内部施工速度调整。为确保安装高峰期预制车道板的供应,预制板在预制厂外集中存放(图 6.8)。

图 6.8　预制板临时堆放现场

6.3　车道板运输

为减少上层预制构件运输对下层车道施工的影响,预制构件从上层车道运输。单个预制车道板重量较大,3m 宽预制板自重 30t,长 10m,一般载重汽车不能满足构件的运输要求,宜用平板拖车运输。考虑盾构内部施工条件,预制车道板可采用 40t 双头平板车运输,每次运输 1 块板。

目前盾构隧道施工所用双头车为 DCY70K 型管片运输车,满载时行驶速度 15km/h。隧道预制构件运输最远距离约 5km,自预制构件厂运输预制板至施工位置运输时间最多 20min。预制构件吊装速度约 30min/块,采用两台双头车运输可以满足车道板安装需要。

根据施工安排,车道板安装后,混凝土未浇筑前,预制车道板上应能通车。因此预制构件运输还需要考虑运输过程中车辆轮压对车道板受力的影响。运输车辆应尽量减少自重,合理安排轴重分布,防止施工过程中车道板过载。

DCY70K 型管片运输车有 3 个轴,每轴有 2 个悬挂,共 6 个悬挂(图 6.9)。

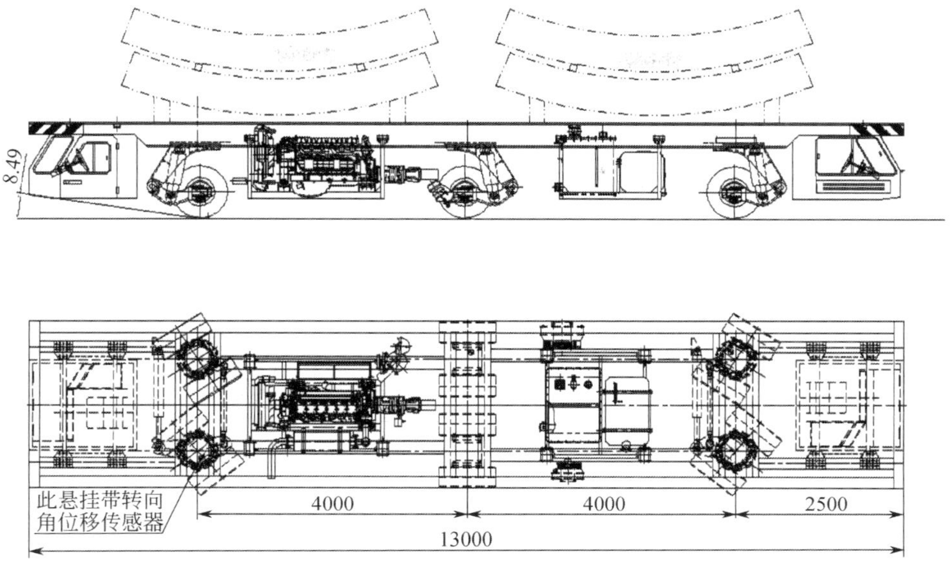

图6.9　管片运输车平纵面图

车辆设计时,应能保证车辆自重与预制构件自重均匀分布在各轴,以防止局部受力过大。对于梁板后浇接头方案来说,由于车道板安装于车道纵梁侧面牛腿,施工车辆对车道纵梁产生扭矩作用,限制运输车辆轴重对于安全生产具有现实意义。

上层车道预制化设计中,施工阶段车道板受力按规范规定的车辆荷载进行计算,结合现有计算,考虑到施工安全,施工车辆运输管片时轴重、轴距规定如下:

(1)运输车辆轴重不大于200kN。

(2)运输车辆轴距不小于4m。

根据安装施工顺序,将所需的预制板逐一从存储场运输到隧道内,用双头平板车进行运输,用桁吊装车。为了防止运输过程中造成损坏,运输时要在板下垫有枕木,并采取有效的固定措施。

根据施工现场车辆的交通要求,预制车道板可采用两种方案进行集中架设。第一种方案为双头运输车在上层安装好的预制车道板上行驶运输,架梁机进行提梁架设安装;第二种方案为双头运输车在下层车道行驶运输,架梁机进行提梁架设安装。

第一种方案为首选方案,在架设车道板的运输施工过程对下层车道的交通影响很小,保证了下层路面交通的畅通。

第二种方案主要在下层车道交通车流量很小的情况下进行集中架设,对下层的交通畅通起到制约的作用，因此为应急架设方案。

由于运输车要在预制车道板上行驶，纵梁后浇区及铰缝不能及时的浇筑混凝土，而板与板之间的铰缝上口宽度为250mm，车辆无法通行，为此需要对铰缝进行特殊的处理。在铰缝位置盖上10mm钢板，钢板设有限位支腿，支腿伸进铰缝，防止车辆通过时钢板滑动，如图6.10所示。

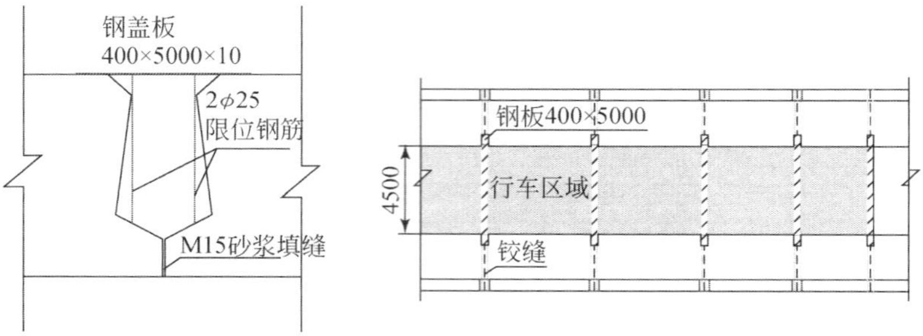

(a)断面图　　(b)平面图

图6.10　铰缝临时处理示意图(单位：mm)

6.4　车道板安装

6.4.1　机械设备选型

预制车道板的吊装设备种类较多，可以采用桥梁常用的架桥机，也可以采用吊装桁车作为主要吊装设备。吊装设备可以在上层车道进行吊装作业，也可以在下层车道，还可以将吊装设备主要部分安装于上层车道，但吊装时在下层辅助设置支承点。具体吊装方法可根据施工设备的特点进行选择。

架桥机(图6.11)是桥梁安装中常用的吊装设备，可以实现较大跨度范围的安装作业。

由于跨越距离较大，架桥机支承反力较大，对支承结构要求较高。在桥梁架设中，架桥机通常支承于桥墩。表6.2列出了DF40/120Ⅲ型架桥机相关参数。考虑到上层车道立柱设置了节点预留钢筋，无法作为架桥机支点。因此，在盾构内部结构中采用架桥机时，需选择好支点位置。

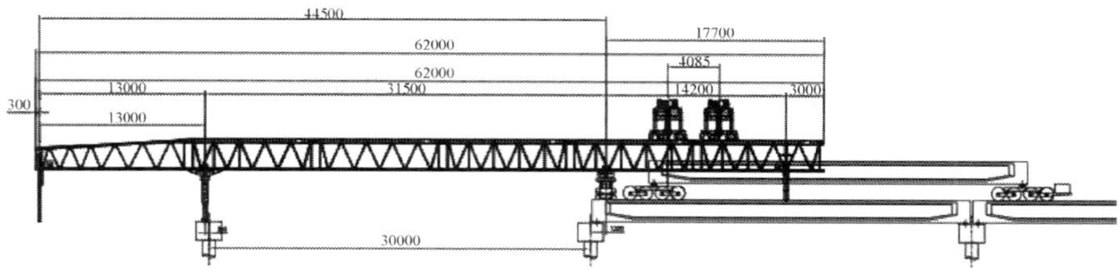

(a)架梁机纵断面

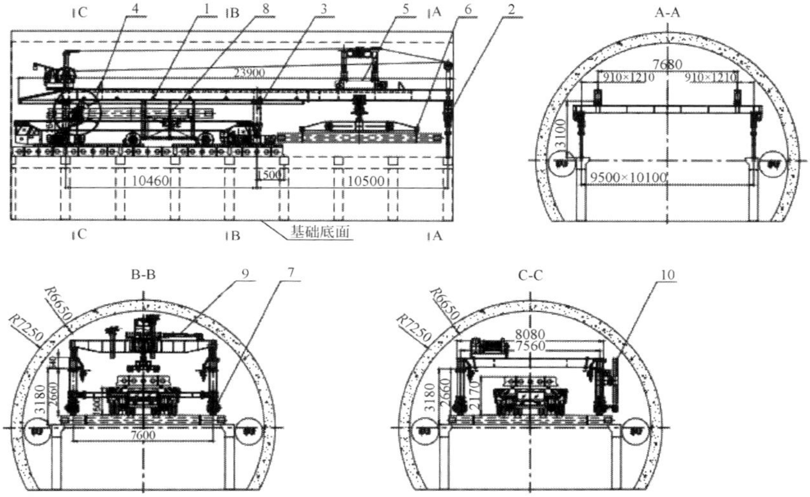

(b)架梁机各部分组成

图 6.11　架构机示意图(单位:mm)

1. 主梁;2. 前支腿;3. 中支腿;4. 后支腿;5. 起升系统;6. 吊挂架;7. 下走行装置;
8. 附属结构;9. 液压系统;10. 电气系统

表 6.2　DF40/120Ⅲ型架桥机参数

外形尺寸/m	72×6.5×7.5
最大起重量/t	120
跨径/m	≤40
前支腿最大反力/t	91
后支腿最大反力/t	92

吊装桁车是车道板安装常用的一种设备,桁车由主桁架梁、行走机构、起重天车、卸梁吊机等部分构成,可以完成预制车道板起吊、平移、定位安装等工作。图 6.12 是一种 40t 吊装桁车,桁车通过钢轨在预制构件顶面行走。桁车尾部从运输车辆位置取梁,并运至最前方旋转定位后安装预制车道板。

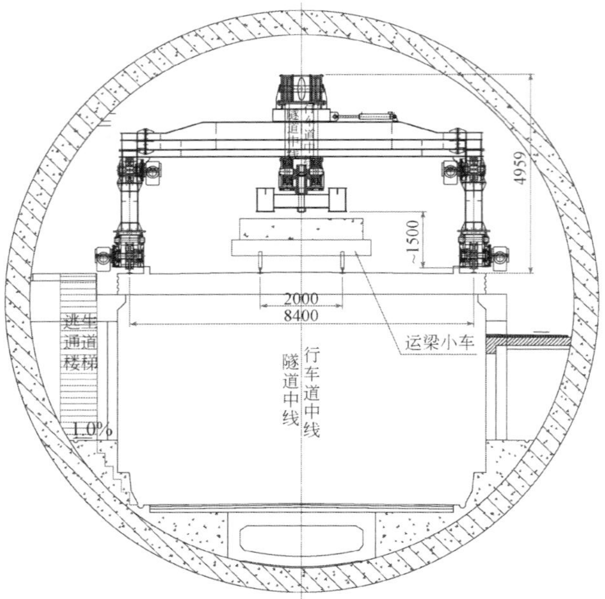

(a)横断面

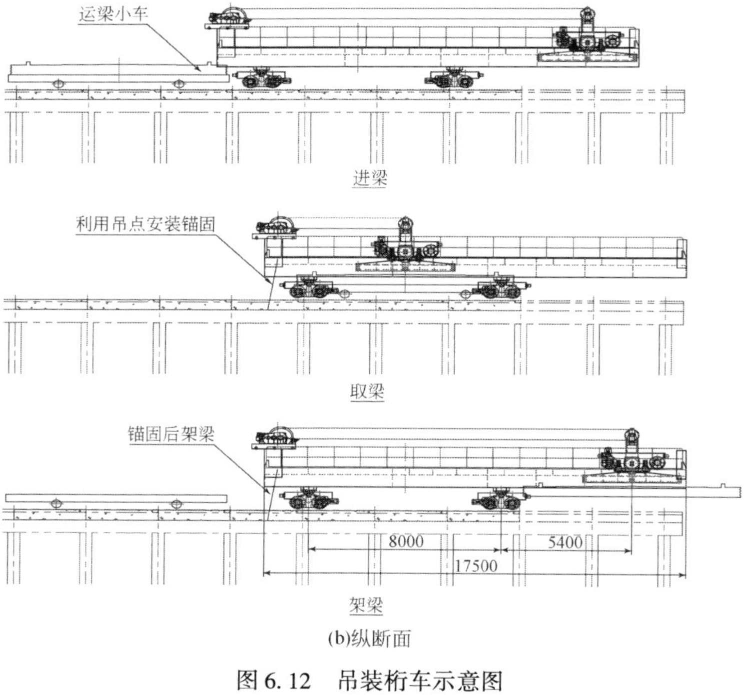

(b)纵断面

图 6.12　吊装桁车示意图

吊装桁车在上层车道进行安装,不影响下层车道施工。采用特殊的设计时,桁车也可以部分安装于上层、部分安装于下层,以减少桁车对上层车道的反力。

采用梁板后浇接头方案时,桁车可以安装于牛腿位置;采用支座支承方案时,桁车可以安装于车道纵梁顶面,桁车随车道安装进度向前行走。对于梁板后浇接头方案而言,桁车反力作用于牛腿,对车道纵梁是一个扭弯作用。施工阶段车道纵梁截面较小,桁车反力需控制在一定范围内才能保证施工安全。根据使用阶段计算结果,桁车反力不得大于50kN/m,且应通过桁车主梁转换,以均布荷载形式施加到支承结构。

通过比选,上层车道板的安装采用架梁机完成。架梁机主要由主梁、前支腿、中支腿、后支腿、起升系统、吊挂、下走行装置、附属结构、液压系统、电气系统等组成,具体见图6.11。

6.4.2　施工流程

立柱、纵梁混凝土强度满足要求后,由运板车将预制车道板运到架梁机下部,架梁机吊起并进行架梁,具体施工工艺介绍如下。

1. 测量定位

将两变形缝间板块作为一个工作单元,复核板编号并测量板长,检查预制车道板的外观质量及几何尺寸。由测量人员将单元内每一块板的安装位置以及纵梁顶部衬垫位置测量出来,并在纵梁上将其位置用红油漆标志,确保每条绞缝宽度一致、板两头支点宽度均匀对称、衬垫位置准确无误。然后清理车道立柱纵梁牛腿表面垃圾,调制M20无收缩干硬砂浆铺在牛腿表面,砂浆配比为水泥:砂:水=50:183:34,砂浆铺设在牛腿表面0.5cm左右,保证牛腿的表面水平,调整牛腿两侧预留预埋钢筋位置及间距,将填充块安装在空心板梁空心部分。

2. 架梁机就位(图6.13)

检查架梁机调试位置,行走天车运转情况,检查架梁机两牛腿的稳固情况,架梁机支腿下肢必须均匀架设在两个纵梁牛腿表面,防止不均匀受力影响架梁机的整体稳定性,梁机支腿下肢必须垫橡胶板,严禁用木方或钢板代替,防止架梁机吊装预制车道板时由于支腿不稳而发生危险。现场施工人员检查架梁机的刹车装置是否到位,架梁机尾部设置保护绳,即两个5t手拉葫芦进行加固,防止架梁机架设过程中溜车。在下车道板层安装可移动式安全作业平台,有效地保证架梁吊装区域安全,保证下层道路交通。

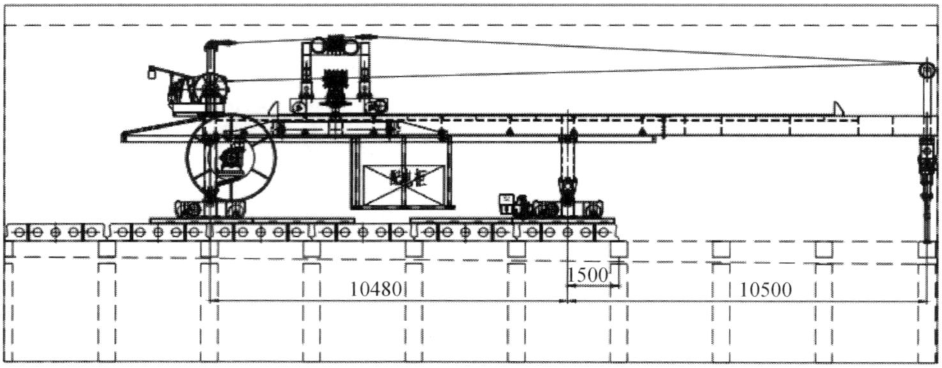

图 6.13　架梁作业第二步示意图(单位:mm)

3. 上层车道板就位(图 6.14)

架梁机调试及双头管片车行走到位期间,安全人员要保证起吊区域内安全,维持现场的秩序。对下层车道交通进行管制,严禁吊装作业时下层车道车辆及行人通过。

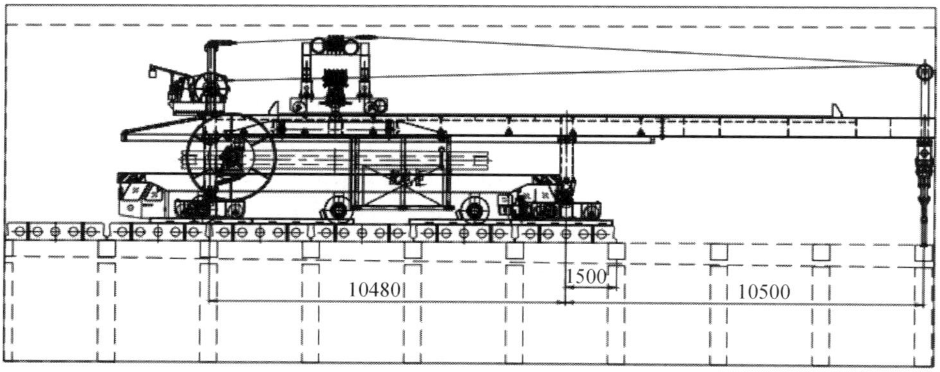

图 6.14　架梁作业第三步示意图(单位:mm)

4. 车道板吊装

起吊预制车道板,并将其旋转、平移至相应的位置,所有人员必须听从统一指

挥,将预制车道板缓缓下降至车道立柱纵梁预埋钢筋上表面。具体工序如下:

(1)架梁机提起车道板约 5cm。

(2)待车道板吊装平稳后运板车退回。

(3)天车提梁至前跨(图 6.15)。

(4)天车在前跨将车道板旋转 90°后落板。

(5)天车退回架梁机后跨(图 6.16)。

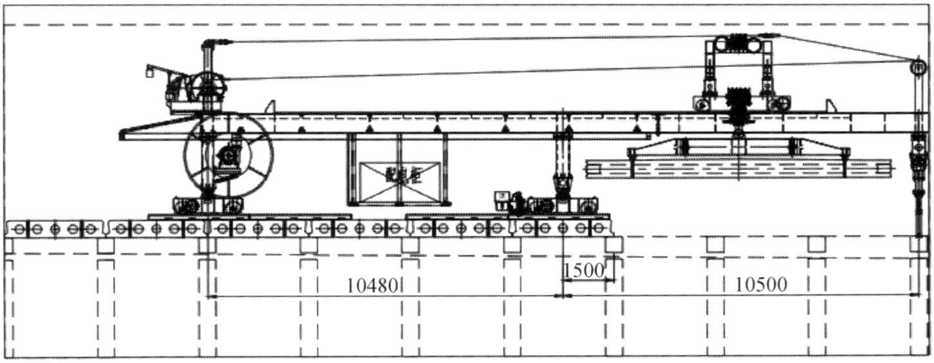

图 6.15　天车提梁至前跨(单位:mm)

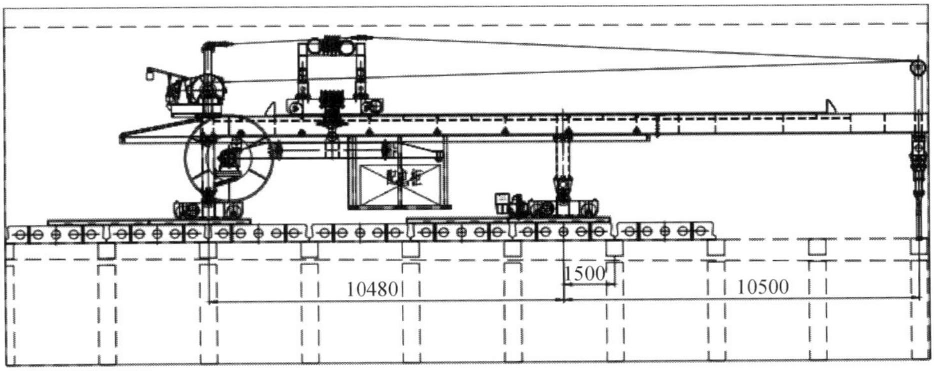

图 6.16　天车退回架梁机后跨(单位:mm)

5. 架梁机前移(图 6.17)

架梁机前移的具体工序如下:

(1)开动主梁上的两台电动葫芦,倒运大车走行装置的轨道前移。

（2）架梁机中、后支腿的大车在走行驱动架梁机前进 3m 后到位。

（3）支承前支腿在前方墩。

（4）利用前支腿油缸伸缩调整主梁标高，主梁前后高差 100mm（前高后底）。

（5）架梁机处于等待状态。

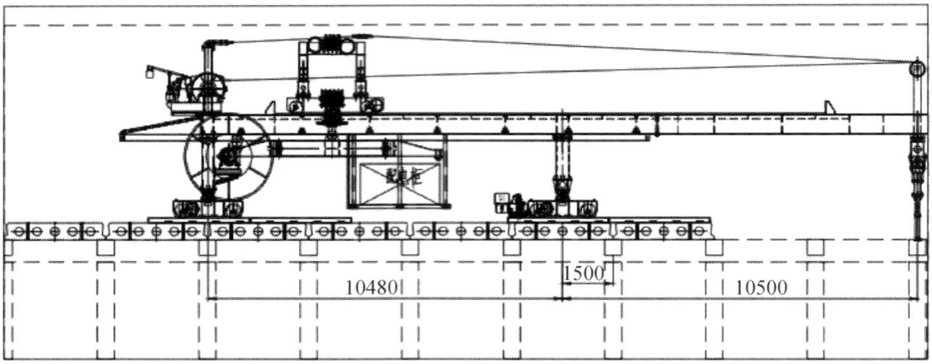

图 6.17　架梁机前移（单位：mm）

6. 预留钢筋连接

将架设好的板与纵梁伸出钢筋进行焊接，焊接质量要达到规范及质量要求。

6.4.3　后浇节点施工工艺

预制车道板安装于车道纵梁位置。为保证预制纵梁与预制车道板连接，纵梁与预制车道板均设置预留箍筋，该梁板连接节点（图 6.18）钢筋较多，预制车道板定位容易受到干扰，需采取以下措施。

（1）根据车道纵梁长度，精确确定箍筋位置，施工时采取精确定位措施，防止过大偏差。

（2）预制车道板、车道纵梁制作时设置定位标志，防止定位偏差。

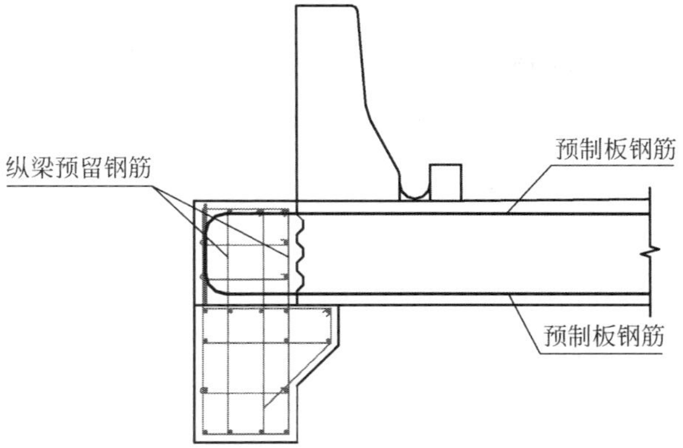

图 6.18　梁板连接节点示意图

第 7 章　预制化隧道建设技术前景

7.1　预制化隧道建设技术小结

纬三路盾构隧道内部结构是国内首例直径大于12m 的盾构隧道内上层车道采用预制车道板的工程，是对法国 A86 公路隧道和上海复兴东路隧道双层预制车道板建设技术的提升，实现了一种标准化的隧道结构施工工艺，为今后该类型的结构设计提供了一定的参考。

(1)分别对全预制方案、叠合板预制方案、上层车道板预制+梁板后浇接头方案与上层车道板预制+支座支承方案进行了论述。根据设计分析，后两种方案均为结构可行的预制化设计方案，是国内盾构隧道双层车道结构设计的首创。

(2)纬三路过江通道工程盾构隧道内采用上层车道板预制+梁板后浇接头方案。在今后的同类工程中也可以采用其他方案，针对不同的项目特点进行进一步研究。

(3)上层车道预制化施工实践表明，现场实施与设计考虑的施工时间表吻合，预制化建设方法完全能满足盾构掘进的施工进度需要，且对盾构施工干扰极小，得到了建设单位的好评。

(4)预制化施工比现浇结构施工节约 2~3 个月的施工时间。针对隧道最后 300m 施工速度的研究表明，预制化施工方法比现浇施工节约 1 个月的时间，这将对整个隧道按时完工做出重要贡献。

(5)预制化设计成果转化到实际工程中，可以实现较大的经济效益和社会效益。以南京市纬三路过江通道工程为例，效益如下：

①节约总工程量，进而达到节约资源，节省国家投资的综合效益。经内部结构优化设计，综合造价减少了超千万元，具有良好的经济效益；

②采用预制化设计，实现标准化、模块化生产，节约了现场施工的大量人力、物力，取得了较好的社会效益；

③采用预制化施工，可以实现盾构内部结构施工与盾构施工的同步化，加快施

工速度，改善隧道内部施工环境。同时，体现了节能环保和以人为本的可持续发展目标。

7.2　预制化隧道建设技术前景

目前，双层盾构隧道内采用预制结构设计施工仅仅只是个开端，通过设计师的不断努力，将实现更加完善、系统的设计突破，创造更多技术创新。

(1)进行全预制化设计的深入研究，实现立柱基础、立柱和纵梁框架的预制和安装。在今后的项目中可实现内部结构的全预制设计、施工，提高隧道施工的标准化建设水平。

(2)双层车道结构可以在各种大断面隧道，如钻爆法、明挖法隧道内部应用，结合工程项目进一步研究，并推广应用。

(3)隧道建设应该是现浇和预制技术的完美结合与和谐统一，需要同行们继续努力，加强隧道标准化设计，实现隧道建设的突破。

参 考 文 献

[1]张凤祥,朱合华,傅明德. 盾构隧道. 北京:人民交通出版社,2004.

[2]小泉淳. 地下空间开发及利用. 胡连荣译. 北京:中国建筑工业出版社,2012.

[3]王明年,李志业,魏龙海. 隧道及地下铁道预制化技术. 成都:西南交通大学出版社,2009.

[4]曹文宏,申伟强. 超大特长盾构法隧道工程设计:上海长江隧道工程设计. 北京:中国建筑工业出版社,2010.

[5]上海建设委员会科学技术委员会. 隧道工程. 上海:上海科学技术出版社,1999.

[6]周文波,吴惠明. 水底公路隧道盾构掘进中的道路同步施工技术. 世界隧道,1998(3):13-17.

[7]上海建设和交通委员会科学技术委员会. 复兴东路双层越江隧道工程. 上海:上海科学技术出版社,2006.

[8]杨继范. 双层越江隧道上层道路的施工技术. 现代隧道技术,2008,(S1):361-364.

[9]蒋洪进. 双层公路隧道的盾构掘进与道路同步施工方法:中国,CN200410025247. 5. 2010.

[10]丁志诚,杨千本,郑宜枫,等. 隧道盾构推进与内部双层道路同步施工方法:中国,CN200810039493. 4. 2008.

[11]黄俊,王建,李勇,等. 大直径盾构隧道内部双层结构预制化设计技术研究//中国交通建设股份有限公司,2012 年中国交建优秀科技论文. 2012.

[12]黄俊,马明,李勇,等. 盾构隧道内部双层结构快速化施工方法技术研究. 公路,2013,(3):212-218.

[13]王德忠,傅德明,丁志诚,等. 上中路越江隧道工程//大直径隧道与城市轨道交通工程技术——2005 上海国际隧道工程研讨会文集. 上海:同济大学出版社,2005.

[14]林洋. 巴黎 A86 公路西线隧道工程简介. 公路交通技术,2005,12(6):114-116.

[15]隧道网. 美国 SR99 隧道. http://www. stec. net[2014-3-20].

[16]黄俊,刘洪洲,李勇,等. 大直径盾构隧道双层车道预制结构荷载试验研究构//2013 年全国公路隧道学术会议,重庆,2013:201-214.

[17]黄俊,徐国平,李勇,等. 一种盾构隧道内部双层预制化行车道结构:中国,ZL2012 20703973. 8. 2012.

[18]黄俊,赵光,张忠宇. 盾构隧道内部双层预制车道结构设计技术//中国公路学会,水下隧道建设与管理技术论文集. 2013.

[19]中交公路规划设计院. 公路钢筋混凝土及预应力混凝土桥涵设计规范(JTG D62-2004). 北京:人民交通出版社,2004.

[20]中交公路规划设计院. 公路桥涵设计通用规范(JTG D60-2004). 北京:人民交通出版社, 2004.

[21]中建标公路委员会. 公路工程技术标准(JTG B01-2003). 北京:人民交通出版社,2004.
[22]交通运输部公路科学研究院. 公路桥梁承载能力检测评定规程(JTG/T J21-2011). 北京:人民交通出版社, 2011.
[23]宋一凡. 公路桥梁荷载试验与结构评定. 北京:人民交通出版社, 2002.

国家出版基金项目
NATIONAL PUBLICATION FOUNDATION

“十二五”国家重点出版物出版规划项目

走向世界丛书

主编　钟叔河　曾德明　杨云辉

FROM EAST TO WEST

丁鸿臣 东瀛阅操日记

伍成泉　校点

岳麓書社·长沙

本册总目

丛书新序

钟叔河

二〇一三年十月

“走向世界丛书”一百种，只收晚清时期 from east to west（从东方到西方）的记述，这并不等于说，只有十九世纪末二十世纪初的中国人，才需要面对走向世界的问题。

纵观人类历史，走向世界决不是什么地区性和阶段性的活动，而是不断出现在全人类发展进步过程中并与之同步的历史现象。一百万年前，人类开始从非洲进入亚洲和欧洲，一万年前，又从亚洲进入北美洲和大洋洲，就是在不断地走向世界。

从有史以来的文献、文物看，三千多年前的

《奥德赛》和《出埃及记》，说的是古希腊人和以色列人走向世界——走向地中海和巴勒斯坦。两千多年前的《史记》和《汉书》，写了张骞和后来汉朝“益发使”走向世界——曾走到罗马在西亚的边陲。一千三百年前的《大秦景教流行中国碑》、七百年前的《马可·波罗游记》和四百年前的《利玛窦中国札记》，记下了阿罗本、马可·波罗、利玛窦的 from west to east，这和 from east to west 一样，都是在走向世界。

人类曾因地理、种族、制度、意识形态等原因而互相分离，甚至隔绝。夜郎国的君长初见汉使时问：“汉孰与我大?”当是时，夜郎的世界僻处黔西，其“大”可知；连夜郎都未入版图，则汉之“大”亦远不如今之中国。但人为万物之灵，为了求生存谋发展，总不能老守着自己的一亩三分地，总会要想方设法走向世界——走向更广阔的外部世界。于是，汉要“通西南夷”，要前往原来“道险终不能有”的夜郎；夜郎要问“汉孰与我大”，要想改变原来“不知汉广大”的状况。由互相隔绝变而互相接近，互求了解，这就是走向世界。

走向世界，无论是自己走出去还是让别人走

进来（总比让别人杀进来好），无论是主动的还是被动的，从总的历史进程看，用大的历史眼光看，都有利于发展，都是一种进步。对汉朝来说是如此，对夜郎来说亦是如此。两千年前是如此，两千年后亦是如此。上世纪七十年代末开始编辑出版“走向世界丛书”时是如此，如今来继续编辑出版这部丛书时亦是如此。

今天的中国已不再是七十年代的中国，虽然仍称发展中国家，经济总量却早已“超英”，正在“赶美”，但走向世界的路还“漫漫其修远”。时至现代，走向世界当然是要走向现代化的世界，也就是要高度现代化，全盘现代化。“四个现代化”的“四个”——工业、农业、科技和国防，已经“化”出了很大的成绩，而我们的管理现代化，我们的服务现代化，我们的制度现代化……要走的路的确还很长。

现代人走向世界，首先要使自己成为能接受全球文明，有世界知识，有世界眼光，有世界理想的人。“走向世界丛书”杰出的作者，如郭嵩焘、黄遵宪……又如邹代钧、金绍城……他们看到的新技术还是德律风（送话器和最早的手摇电话机）、火轮车（蒸汽机车）……我们如今却已经用上了智能手机、坐上了波音飞机……但在思想层面上，我（不敢称我们）反省自己的世界眼光和世界理想，甚至在世界知识的某些方面，比起一个多世纪以前的郭、黄他们来，差距实在还不小。在这方面，也就是人的现代化这方面，要走的路就更“漫漫其修远”了。

五年前北京奥运会的成功举世公认，它已经成为中国走向世界的一大标志。它的口号：

ONE WORLD，ONE DREAM

“同一个世界，同一个梦想”，这也应该是现代人走向世界的志向和目的，是我们继续编辑出版“走向世界丛书”的志向和目的。

丛书原序□

钟叔河

一九八〇年七月

人们常说，今日之世界，乃是一个“迅速缩小的世界”（rapidly shrinking world）。在电视卫星、激光通信和喷气式客机的时代，地球之上各地之间的距离，确实好像越来越短，人们相互间的接触和交流，也越来越方便和密切了。

可是，仅仅在几代人以前，异国还显得那样的离奇和遥远。古代欧洲人说，中国人用小米和青芦喂一种类似蜘蛛的昆虫，喂到第五年虫肚子胀裂开，就从里面取出丝来（Pausanias《希腊纪事》）。古代中国人则曾经相信，西方有种羊羔是从泥土里生长出来的，脐带还连着大地（《旧唐书·西戎传》、《渊鉴类函·边塞部九》)。这类海外奇谈，今天听起来简直不可思议，而在过去上千年中，却一直被当作可信的资料，记载在欧洲和中国的史书上。由此可见，人类文明的发展，经历了一条何等漫长曲折的道路。

为了探索和开辟外部世界，丰富自己的物质和精神生活，各国人民都作过许多贡献。人类文明史像叙说伟大的发明家和著作家一样，将永远铭记着张骞、玄奘、马可·波罗、哥伦布等不朽的名字。我们甚至可以这样说：一个民族从中世纪到现代的历史，也就是它打开眼界和走向世界的历史。

历史的发展从来是不平衡的。当黄河、长江已经哺育出精美辉煌的古代文化时，泰晤士、莱茵和密西西比河上的居民，还在阴暗的原始森林里徘徊。而自从地理大发现和产业革命以来，中国却相对地落后了。在西方实现资本主义的现代化以后，中国还是一个基本上同外界隔绝的古老国家。是鸦片战争打开了中国的大门，也打开了中国人的眼睛。人们称林则徐和魏源为清代最早“开眼看世界”的人，因为西方的坚船利炮打到中国来时，他们首当其冲，亲身感到这个世界在缩小，距离和壁垒再也不能将异国隔离开了。

过去时代的中国读书人，在“严夷夏之大防”的社会里度过了上千年。封闭的外壳被打破后怎么办？守旧派的办法是把脑袋钻进沙子里学鸵鸟，像慈禧太后的大学士徐桐，见到洋人就以扇遮面。就是这个徐桐，在庚子年间焚香叩请骊山老母下凡来“杀尽洋人”，结果骊山老母没有下凡，他自己的老命却白白送掉了。而林则徐和魏源则不同，提出要“师夷长技以制夷”，主张学习外国的长处，以对付外国的侵略。要学习，先得了解，于是林则徐编了《四洲志》，魏源编了《海国图志》。虽然他们未能亲身出国去考察，书的材料靠间接采辑而来，难免有许多谬误，但无论如何，地里长羊羔之类的神话毕竟不得不逐步让位给常识了。

林、魏之后，中国才开始有读书人走出国门，到欧美日本去学习、访问和工作。容闳、王韬、郭嵩焘、黄遵宪和严复等人，要算是最早的。接着出国的人渐渐多了起来，尽管其中不少是奉派而去的政府官员，但既然去了，就不会不接触近代—现代的科学文化和政治思想，也就不可能不在中国发生影响。

“走向世界丛书”专收一九一一年前国人亲历欧美和日本的记述。自从一八四〇年鸦片战争失败那时起，先进的中国人，经过千辛万苦，向西方国家寻找真理。应该说康有为和在他之前的郭嵩焘、王韬、容闳等人，的确代表了近代中国向西方寻找真理的一派人物。当然，丛书所收的，也并不全属先进的人物的作品；但总而言之这些都是中国人从东方走向西方的实录，自有其文化的意义和历史的价值。

必须指出的是：从鸦片战争到五四运动这一历史时期中，西方国家虽在许多方面比中国先进，值得中国人学习，但国家利己主义的本质，却总是要压迫剥削比他们落后的民族的。中国人走向世界、接触西方，既有一个学习外国长处的问题，又有一个抵抗外国侵略的问题，盲目排外和盲目崇外都是错误的。对于某些作品中不免流露的这类观点，我们将在为各书撰写的叙论中，适当地作些分析，供读者参考。

“洋为中用”是我们今天的主张，也是十九世纪先进的中国人的主张。“师夷长技以制夷”，不就是“洋为中用”吗？当然，随着接触和认识的逐步深入，人们慢慢地看出：仅仅学一点“长技”，搞一点坚船利炮，还是不行的；要救国，只有维新，维新行不通，就只有革命。伟大的革命先行者孙中山，用他自己的话来说，也是在一八七八年出国以后，“始见轮舟之奇、沧海之阔，自是有慕西学之心，穷天地之想”，才树立了推翻清朝建立民国的大志和信心。历史无情亦有情，后人的思想和事业肯定要超越前人，但前人的足迹总可以留作后人借鉴，先行者总是值得纪念的。

今天的世界已不是十九世纪的世界，今天的中国更不是清朝末年的中国。今日之中国，已经逐渐以现代的面貌，出现在世界的东方。但是，世界的进步越来越快，中国的经济和文化等许多方面还需要不断地发展和提高；这就必需继续打开眼界、走向世界。打开眼界以后，还要学会分析，分清好的和坏的。一切好的东西，要拿来为我所用；一切有害的东西，要实行抵制和预防。在这方面，前人的经验和教训，有一些也仍然值得我们注意。

谨将这套丛书奉献给爱好历史和文化、关心中国和世界的读者，希望它能在中国现代化的过程中，起到一点微薄的作用，是为序。

丛书凡例□

一、“走向世界丛书”一九八六年前已刊三十五种，二〇一五年起仍按原定一百种的计划继续刊行，仍然专收现代以前用文言写作的国人考察西方（含开国后的日本）的记述，仍以亲身经历、直接闻见者为限。

二、丛书按作者出国年月排列次序，尽量单行，即以一种为一册；字数过少无法单行者，才以两种或数种合订成册。合订本尽可能以类相从，按第一种出国年月排序；其各种均在封面列出书名，书脊则只列出第一种书名，并在其下注明“等几种”。

三、每种（册）书前，均由编校者撰写导言（叙论），介绍作者有关背景和书中重要内容，酌加评论分析，以供读者参考。

四、丛书均经编校者校订，标点分段，并加边批。边批的内容主要包括三个方面，兹以《随使德国记》为例，举示如下：

1．标题、提要和说明，如“星使由苏州来”、“普鲁士分一十二省”、“演八十日环游地球的故事”、“如夫人即赛金花”、“‘人工’今皆称工人”。

2．书中较重要的译名（加括弧注出原文或今译），如“德璀琳（Detring）”、“毕驷马（俾斯麦）”、“布莱门（不来梅）”、“德利风（电话）”。

3．原文的订正和存疑，如“‘公司船’原无船字”、“‘骁勇’原作‘骑勇’”、“‘薛福成’成字原作辰”、“奥京立斯本应是维也纳”。

五、每种书后，均附人名索引，人名依首字笔画和一丨丿丶乚排列，按年、月、日三节数字查检（正文单页码下均有年、月、日三节数字备查）。如德璀琳之“德”字为十五画，于索引“十五画”内检得其名下首列“13，8，17”，查正文“13，8，17”在P.3下，即可在P.3上找到（光绪十三年八月）十七日“乘肩舆往拜税务司德璀琳”的记载。

六、每种书后，一般附有译名简释（今昔译名对照，必要时并加说明），亦依首字笔画和一丨丿丶乚排列。如“卜兰墩浦 Brandenburg，勃兰登堡”，又如“勺勾腊 chocolate，巧克力”。

七、人名索引和译名简释的条目，并不限于边批中所举者；边批中所举者，则必皆收入索引和简释。

八、人名索引按年、月、日三节数字查检，其原书不著年、月、日者，则按篇章序号或页码查检。

九、原文因排印（抄写）而出现的明显的文字错误径予改正，不在边批中注出。

十、原文中同一外国地名而作者译法多样，如缪祐孙《俄游汇编》中“彼得堡”就有“比得堡”“彼德堡”等异文，“莫斯科”也是如此。此种情形，无碍阅读，故一仍其旧，不作统一。

十一、原文中之统计数字均一仍其旧。少量表格中之统计数字，为方便读者阅读，改为阿拉伯数字。个别已经失去时效、并无参考价值的资料，则在说明情况后予以删去。

十二、丛书均以简体汉字印行；除总序、凡例外，编校者所作导言（叙论）、边批、索引中涉及的数字均按现行规定采用阿拉伯数字。

叙论：《东瀛阅操日记》之作者及价值□

伍成泉

一

《东瀛阅操日记》还有一个名称：《四川派赴东瀛游历阅操日记》，清丁鸿臣撰。丁鸿臣（1845—1904），字雁廷（一作“雁亭”），湖南长沙人。关于其人生平，《刘申叔先生遗书》之《左盦外集》卷十九《前四川提督丁公墓志铭》有介绍，此外，诸如《清德宗实录》和奎俊、锡良等人之奏折及《(天津)大公报》中，参伍互见，可考见其大略。鸿臣生于官宦家，其曾祖丁国琛当过曹县知县，祖父丁永寿为湖北候补知府，父亲丁九皋为候选道飞虎营统领。鸿臣绍踪先轨，咸丰十年（1860），年十五，即投效楚军，参与镇压太平天国运动，转战太湖、潜山，从克十馀府县。东南底定之后，复随楚军转战山东、陕、甘、新疆等省，叠著功绩，由蓝翎守备衔千总洊擢花翎都司游击副将，赏赐克勇巴图鲁名号。[1] 四川总督丁宝桢(1876—1886年在任)知其材，调留川省委统防军。此后，历任川省督臣（指刘秉璋、鹿传霖、李秉衡、裕禄、恭寿、奎俊等）对其皆颇倚重，并经奏署提督、总兵篆务。[2] 光绪二十六年（1900）义和团运动导致八国联军侵华，川军奉檄入卫京都，总督奎俊（1898—1902年在任）抽调练军威远后军五营，派提督丁鸿臣统带，兼程北上，以备调遣。丁军由水路顺流东下，行抵湖北宜昌，接奉电传，得知慈禧太后与光绪帝出奔陕西，乃舍舟由陆路，自宜昌、沙市，取道襄樊，晓夜兼驰，与东南各省入卫诸军分道并进，由河南捷径趱程，驰抵山西平阳，于闻喜县跪接车驾，蒙召见，当即奉旨随扈。[3] 后闻洋兵将至保定，难保不再图西犯，而晋省防务极关紧要，故丁军复奉敕赴晋扼守韩侯岭一带，受统领威远前军之贵州提督夏毓

① 参见刘师培《左盦外集》卷十九《前四川提督丁公墓志铭》，《刘申叔先生遗书》第59册。

② 中国科学院历史研究所第三所工具书组整理《锡良遗稿·奏稿》卷五《请开复丁鸿臣并请恤折》，中华书局1959年版，第435页；台湾沈云龙主编《近代中国史料丛刊》续辑101《锡清弼制军奏稿一、二、三、四》，文海出版社1979年，第435页。

③ 《头品顶戴兼署成都将军四川总督臣奎俊跪奏，为入卫之威远后军著有微劳，遵旨开单请奖，恭折仰祈圣鉴事》，载《（天津）大公报》光绪二十八年（1902）六月二十二日，第40号附张《京报录摘》。

秀节制。[①] 直至次年（1901）十一月和局大定，始奉调回川。[②] 因防卫勤劳，丁鸿臣得赏头品顶戴。[③] 同年底，丁鸿臣复统威远后军五营，除夕日冒雪开往松潘，镇压该处少数民族起义。光绪二十八年（1902），川省因灾疫及官吏贪暴导致民变不断，白莲教支派红灯教聚众起义，攻教堂，灭洋人，杀贪官，波及汉州、资阳等共二十馀处，成都戒严，总督奎俊复将丁军星夜调回，丁军驰往镇压，诸处悉平。[④] 御史王乃徵等奏参川省肇乱实由文武官吏种种不法所致，丁鸿臣亦被奏参，经署理总督岑春煊查明，丁并无逗留各节，但认为其屡被参劾，声名自系平常，奏请将其革职。[⑤] 继任川督锡良以丁鸿臣勇略素优，老于戎事，且被参后深知愧奋，亟图立功自赎，乃奏请留川差遣，奉旨允准。光绪三十年（1904）锡良檄委丁鸿臣分统续备右军，驻防雅州府遮边一带。时凤全募勇进扎察木多，令丁鸿臣在打箭炉添练新勇，以为后路更番接应之

---

① 《清实录》第58册《德宗实录七》卷四百七十一《光绪二十六年闰八月下》，中华书局1987年版，第195—196页。

② 《（天津）大公报》光绪二十九年（1903）一月十四日《时事要闻·四川特派员专函》。

③ 《清实录》第58册《德宗实录七》卷五百一《光绪二十八年六月下》，中华书局1987年版，第620页。

④ 《（天津）大公报》光绪二十九年（1903）一月十四日《时事要闻·四川特派员专函》。

⑤ 《锡良遗稿·奏稿》卷五《请开复丁鸿臣并请恤折》，中华书局1959年版，第435页；《（天津）大公报》光绪二十九年（1903）四月二十九日《上谕恭录》。

师，并沿边查看军情运道。丁鸿臣感激驰驱，备极劳瘁，感受暑热瘴气，牵动旧疾，于是年八月病故于普玉龙寨军次，享年六十，身后尤极萧条。锡良接据打箭炉直隶同知刘廷恕等所禀，乃上奏清廷，请求开复丁鸿臣并为其请恤。[①] 清廷准奏，复丁鸿臣原官，照军营立功后积劳病故例优恤。[②] 奏折中，锡良曾对丁鸿臣有如此论定："自卒伍洊擢专阃，效力行间者四十馀年，远戍边陲，以死勤事，核其被议之案，亦尚无实在咎戾。"又言其死后，"身后尤极萧条"。而此前《(天津)大公报》曾引四川特派员专函云："署提督丁鸿臣军门在川二十年，军民相安，地方一切情形最熟。""经言官奏参查办矣，而丁交卸提督事务，静以待之。"[③] 总体评价尚属不错。其人著述，除《四川派赴东瀛游历阅操日记》外，尚有《游历日本视察兵制学制日记》二卷抄本传世，其内容与前者大同小异，实为前者之初稿；此外，《荣禄存札》中保留有其致荣禄之书札二通，[④] 作于光绪二十八年（1902）春、夏，有一定史料价值。

---

① 《锡良遗稿·奏稿》卷五《请开复丁鸿臣并请恤折》，中华书局1959年版，第435页。

② 《清实录》第59册《德宗实录八》卷五百三十七《光绪三十年十一月上》，中华书局1987年版，第144页。

③ 《(天津)大公报》光绪二十九年（1903）一月十四日《时事要闻·四川特派员专函》。

④ 杜春和等编《荣禄存札》，齐鲁书社1986年版，第316—317页。

二

光绪二十五年（1899）春，日本陆军大尉井户川辰三奉命来华，请川省委派官员往观秋季军事大演习，并考察其学制、兵制。四川总督奎俊派文官沈翊清、武官丁鸿臣，随带幕友三人、哨官一人、差弁四人及学生数人①，前往游历阅操，并将其兵制、学制详细考究记载，以广见闻而备采择。丁鸿臣等一行人于该年七月十三日自嘉定束装东下，八月初八日抵沪，二十七日乘日本西京丸前往日本，二十九日抵达日本长崎，九月初八日至东京，除在栃木县观近卫师团之军事演习外，复周历长崎、马关、神户、名古屋、静冈、沼津、东京、西京（京都）、大阪等城市，遍观横须贺造船厂、大阪炮兵工厂、大阪造币局、内阁印刷局，及成城学校、陆军地方幼年学校、中央幼年学校、户山学校、军医学校、骑兵实施学校、士官学校、警察监狱学校等军事院校，和其他学校如理科学校、医科大学、东京大学等，并与近卫步兵第三联队、近卫骑兵大队、中野铁道大队、近卫工兵大队、近卫野战炮兵联队等近距离接触，几度出席该国盛典如天长节阅兵式、菊花

---

① 沈翊清其时尚在福州船政局任船政提调，川督奎俊檄委其作为文官与武官丁鸿臣一道赴日阅操，沈携船政学堂学生六人，与闽省阅操官崔祥奎一行人，于八月二十三日由闽出发，二十五日抵沪，与丁鸿臣等会齐。因沈需为学生治装，滞留上海数日，丁鸿臣等先行，九月初十日会齐于东京。

会、体育漕艇（舢板）竞技会、士官学校毕业典礼等，会见了大批日本军界、政界和商界要人，前后游历七十馀日，于十一月初九日结束考察，离开长崎回国，十一月十一日返沪，光绪二十六年（1900）正月十六日回到成都。其间所历各事，丁鸿臣于日记中均有载录，回蓉后稍加补苴，析分为上下二卷，末附《上四川总督奎乐帅禀》《复日本驻华参赞楢原陈政书》和《东瀛阅操日记跋》，同年三月由候补知县李宏年校刻刊印于成都，题为《四川派赴东瀛游历阅操日记》，简称《东瀛阅操日记》。该书在后人著述中征引频率颇高，如张一文等编著《中国近代军事史研究概览》载："《东瀛阅操日记》（丁鸿臣），1900年刻本，上下卷。是为1899年作者赴日考察海、陆军、兵工、学校的日记，记述了日本师团级攻防演习情况。"① 寻霖、龚笃清所编著之《湘人著述表1》载："丁鸿臣，清长沙人。官四川提督。撰《东瀛阅操日记》二卷，清光绪二十六年（1900）长沙李宏年蓉城刻本。"② 其他如吕顺长著《清末浙江与日本》，③ 徐苏斌《清末四川与日本的交往之研究——留日的铁路留学生、雇佣日本

① 张一文等编著《中国近代军事史研究概览》，天津教育出版社1991年版，第160页。

② 寻霖、龚笃清编著《湘人著述表1》（湖湘文库本），岳麓书社2010年版，第6页。

③ 吕顺长著《清末浙江与日本》，上海古籍出版社2001年版，第152—153页。

技术者与成都“辛亥秋保路死事纪念碑”》,[1] 姚婕《清末官员对日本陆军学堂的考察和思考》[2] 等等，亦有提及。

而王宝平先生所主编之《晚清东游日记汇编》之《日本军事考察记》更将该书全书收录其中，其所据版本即清光绪二十六年李宏年蓉城刻本。该《日本军事考察记》汇集了晚清光绪年间日本军事史料六种，包括姚文栋《日本地理兵要》、丁鸿臣《四川派赴东瀛游历阅操日记》、丁鸿臣《游历日本视察兵制学制日记》、沈翊清《东游日记》、钱德培《重游东瀛阅操记》、佚名《赴日观操报告书》等，皆据原刻本或抄本影印出版。每书皆有简明解题，其《四川派赴东瀛游历阅操日记》之解题为：

> 《四川派赴东瀛游历阅操日记》，二卷，丁鸿臣撰，李宏年校，光绪二十六年（1900）暮春蓉城（成都）开雕。题签和内封作“东瀛阅操日记”，此据卷端书名。光绪二十五年（1899），为观察近卫师团举行的军事大演习，著者一行九人（幕友三人，哨官一人，差弁四人）应邀访问日本。七月十三日从嘉定出发，翌年正月十六日回蓉，历时半载。他们除在枥木观操外，还在东京视察了各种文武学校，参观了西京（京都）、大阪等城市。附录《上四川总督奎乐帅禀》为丁鸿

① 徐苏斌《清末四川与日本的交往之研究——留日的铁路留学生、雇佣日本技术者与成都“辛亥秋保路死事纪念碑”》，载张复合主编《建筑史论文集》第13辑，清华大学出版社2000年版，第46页。

② 姚婕《清末官员对日本陆军学堂的考察和思考》，载《深圳大学学报（人文社会科学版）》2010年第6期。

> 臣向上提交的此行考察的总结报告；《复日本驻华参赞楢原陈政书》为复函。楢原（井上）陈政曾师从晚清大儒俞樾，时作为日本外交官驻扎中国，义和团运动时，死于京师。①

其丁氏二种实为一书，《游历日本视察兵制学制日记》是抄本，盖为《四川派赴东瀛游历阅操日记》之初稿本，内容稍见简略，文中（九月十四日条）无对日本各种学校的介绍，其末仅载至返沪止："（十一月）十一日，晴。正午，抵上海。往返凡七十日。日本总领事小田切使人来候。十二日，晴。拜小田切领事，谢其政府优待之意。渠亦属归（蜀代）陈候督宪，致其拳拳之意。"无《上四川总督奎乐帅禀》《复日本驻华参赞楢原陈政书》和《东瀛阅操日记跋》三文。而《四川派赴东瀛游历阅操日记》十月十三日自"而马队之"后至十四日"先乘马至岩舟山麓"前有阙文，刚好可据《游历日本视察兵制学制日记》补正。此次点校即以王宝平先生主编《日本军事考察记》本为据，② 而以同书所收录之《游历日本视察兵制学制日记》作为参校，③ 同时参考了该《日本军事考察记》所收之沈翊清《东游日记》。④ 沈翊清即丁氏日记中

① 王宝平主编《晚清东游日记汇编》2《日本军事考察记》解题，上海古籍出版社2004年版，第1—2页。

② 王宝平主编《晚清东游日记汇编》2《日本军事考察记》，上海古籍出版社2004年版，第309—352页。

③ 王宝平主编《晚清东游日记汇编》2《日本军事考察记》，上海古籍出版社2004年版，第353—384页。

④ 王宝平主编《晚清东游日记汇编》2《日本军事考察记》，上海古籍出版社2004年版，第385—422页。

所说“沈道翊清”“沈丹曾观察”“沈观察”者也。沈翊清（1861—1908），字丹曾，号澄园，福建侯官（今福州市）人，晚清名臣两江总督沈葆桢长孙，清末船政大臣。光绪二十四年（1898）三月，以道员身份发往四川补用，次年奉川督奎俊之命，与丁鸿臣等赴日本阅视兵操，撰《东游日记》，光绪二十六年（1900）刊印于福州，《日本军事考察记》本即据此本影印。该书也收在本丛书之中，由于丁、沈二人同行，所历多同，故所载可相印证。

三

丁鸿臣作为武官，其关注点与沈翊清自然有所不同，故其书虽于学制亦多所涉及，而于军事方面载录尤详，此为其书价值之所在。在上海时，丁氏曾登日高雄、龙田二兵舰参观，其中提及：高雄舰安放曷克勒斯炮二尊，“以攻鱼雷者，初造自英厂，一分钟能发十八子，日人依样造制，精益求精，一分钟能发三十子”。龙田舰安放快利炮四尊，“先造自英人，其火门须一开一合而后出子。日人变其制，拍手则子出，一分钟能发二十馀子，尤为迅速。必知变制，而后可言取法，此日之所以能自强也”。笔者对日人无甚好感，然而该民族确有过人之处，颇令人敬畏。此言其学习西方，而能推陈出新，后来居上，委实不易。

八月三十日参观马关炮台，丁氏介绍：

（马关）乃东京之门户，至险之地也。两山林木稠密，中安无形炮台，凡三十馀处，非外人所能窥测也。当维新之初，日人争欲延西人筑炮台于马关，大臣西乡隆盛独抗议，以假手外人，不足守险。于是遣人至泰西学习建筑炮台之法，归而自筑之，三十年来经营未已，诚日本之险隘，制敌之雄关也。

此亦颇可畏者。西乡隆盛是明治维新重要干将，为著名政治家，曾与木户孝允、大久保利通并称为“维新三杰”，其人识量之非凡，于马关炮台一事可见其一斑。

九月十六日由参观户山学校，而兼及日本兵制：

日本近时兵制之良，实根柢于户山。然现在时局，诸雄并立，日益求精，变本加厉，故又广派武员，随公使驻札各国，专察目前兵制，有所改作，立图其新式新法，以报于陆军省。省以令于教育总监，监以令于户山。乃令全国师团，更番分派武官来学，就其新法而研究之，其果善者，则酌本邦之兵制而变通之，不拘泥不全法也。或半年，或一年学成，归营以教其部曲。故万国之新法虽日变而月异，国家无不知之，亦无不变而通之，师其利而祛其弊，故能造其极，而不受其侮。

丁氏行伍出身，文墨非其所长，而观其《东瀛阅操日记》之叙事，如前述之马关炮台，此处之日本兵制等，皆甚有理致，较之沈翊清《东游日记》毫不逊色，甚为难得。此言日本通过向各国派驻武弁（侦伺各国新法）→部队派员齐集军事院校（学习、研究新法）→学员回到部队（推广新法），使国家兵制始终处于动态更新状态，故能与时俱进，不致因僵化而落伍。其他如骑兵实施学校、炮兵工厂等，其宗旨皆与户山学校相类，皆立法甚善，即便是今天仍不失其借鉴价值。日本作为岛国，地狭人稠，资源匮乏，且多地震，生存条件较为艰难，其忧患意识本强，而近世以来目睹中国所受之侵凌，更激起其莫大危机感，居安思危，故凡事认真对待，覃思研精，而臻于极致，非人所及。书中有言："目前地球，德医至精，次则推日本耳。"亦可为证。

另外，其寓兵于学亦颇值得借鉴。书中记载，明治维新之后，日本之兵皆征之于学校，其兵源皆来自普通各学校之生徒，而各学校平素即教以体操和兵操。丁氏初入日本时，于长崎諏访公园见小学生习练体操，"进退秩然，……皆有杀敌致果之意"。由于自幼及壮，皆习于兵，服习有素，故日人罕有昧于兵者。日人有言："东京之人务官，西京之人务文学、工艺，大阪、横滨通商之口务商，而一国皆知务于兵。""一国皆知务于兵"，日本自强之道实肇基于此。又创办体育会竞漕（舢板竞赛），以推动海军建设：

> 其初立会之旨，盖以日本滨海，而学校仅操习步兵，是专力于陆，而忽于水，将何以为国？且欧美诸国，各以兵舰竞于太平洋，而东方诸国不与焉。有日高藤吉郎者，奋然兴起，纠合同志，创为斯会，集学校之人，修驶驾之术，务求国人皆习于海。会既立，日皇嘉之，助以二万金，通国官商士绅又从而乐输之，资用既充，遂为海军自强之本。

其自强不息如此，故虽崛起不过短短数十年时间，而能捋俄、美之虎须，与此等老牌资本主义国家角力争雄，至于腐朽之大清王朝，则视同蔑如也。此等情形，作为一省之军事首脑（清提督约相当于今省军区司令），丁鸿臣自然是了然于胸。九月二十四日参观横须贺造船厂，登富士、浅间二舰，丁氏就说：

> 日本于德军〔陆军〕，已可自信其扩张之日进；至于海军，则犹兢兢焉，惟恐其不及。既有富士兵舰，顷又在于德厂定造容万五千吨炮舰一具，彼有集太平洋之全力，而犹扩张海军，汲汲如此，吾华岂可处故安常而不思所以自立哉！

此次日人对丁氏一行甚是礼遇，接待规格很高，军政要人与丁氏等频繁晤谈，而且款曲周至，在丁氏日记中，诸如“意极殷勤”“其言恳切若此”“言极恳挚”“言至亲切”“极优款之谊”“意至谦笃”“询督宪起居甚挚”“甚挚”“意可感也”“温恭和蔼，垂询甚殷”“情真意挚”等字眼不时出现于字里行间，颇有受宠若惊之感。以下数则材料，足可证明日人为接待丁氏一行煞费苦心：

> 九月初四日，至静冈县，止大东馆。初五日巳刻，参谋总长大山岩来电致意，又谕旅中启日皇驻跸之室相款。乃五年前，日皇幸广岛驻跸斯馆，其室遂扃，今日合两国之邦交，优大臣之遣使，特启相款。良用不安，坚辞不可，复电申谢。
>
> 九月二十七日，夜，大山参谋总长召饮，述其倾仰乐帅及王爵帅之意，甚挚。此行，井大尉介绍之辛苦，参谋部接待之优异，皆倾慕乐帅之心，推爱及乌，并望与四川同心合力，以图自强，意可感也。
>
> 十月二十九日，辞行，宴请日本诸大臣，宾主酬酢极欢。此行，日廷及政府邦人士之相待至为款洽，皆中东同心之切，

而又倾慕督宪之久，乃克臻此。

十一月初一日离开东京。日众官送行，耿耿于中。此行，东邦士夫相遇极厚，即参谋部预备一切费用，亦且千元，不知何以报贶也。

十一月初一日，夜。火车发，井大尉与中岛裁之必欲伴送至神户，辞之，不可。

十一月初四、五日，参观大阪炮兵工厂和造币局。炮工、造币，皆秘密之地，先由参谋部、外务省电话照会，导鸿臣等往观，意至周密。

十一月初六日，至神户，井大尉置酒为别，情真意挚，桃花潭水不及其深，此行照料鸿臣等之周备，辛苦匪言可罄，惟有一言心感而已。

日人为何对丁氏一行如此礼遇，如此殷勤？难道真如他们所说，是因为倾仰奎乐帅（川督奎俊，字乐峰）之故？有道是“无利不起早”，事情当然不会如此简单。实际上，其真实意图是，自光绪二十四年（1898）德国强租胶州湾，列强竞相在中国强占租借地，划分势力范围，日人已据闽省，然意犹未尽，环视中国四境，其时列强尚未染指者，唯川省等少数省份而已，故以阅操为名，邀请川省官员赴日考察，对他们大加礼遇以结其心，导观先进兵制学制以动其容，贩卖俄国威胁论以耸其听，撺掇他们向奎俊建言，延聘日本教习练兵御侮，以实现其向川省渗透之目的。故十月十六日载：“接奉督宪咸电，教习缓聘。当即婉达参谋本部。而数日阅操旅费，鸿臣与沈丹曾观察二人皆参谋部预备，却之不可，至为不安。”据此可知，丁氏此前或已向奎俊有过提议，或者说川省原有延聘日本教习之打算，然尚在犹豫，故委派丁氏实地考察以落实之。俗话说，“拿人家的手软，吃人家的嘴软”，日人为丁氏一行花费不少，故丁氏接奉“教习缓聘”之指令，颇感不安。又十月二十一日青木外务大臣与丁氏晤谈，“述钦慕督宪之意，且云：将派明白之员，常驻四川，以备谘询”。其意旨亦同。

但丁鸿臣尚非庸懦之辈，能明辨深思。故在十一月初十日回程中，丁氏写道：

> （前略）（日本）陆军盛矣。海军不及英国六分之一，然其全力可注太平洋。言东方之局，日本兢兢联中国以免其危，此其逊下之词，实则日本今日之强，可以独立于东方。又采其朝野之论，日之恨俄张威于中国，而侮东方，妇人孺子皆思与之一角。二三年内，日俄之战祸万不可免，其所以汲汲劝中国练兵自强者，盖以唇亡齿寒，理所必然，势所必至也。

丁氏能认识到日本政要所言多逊下之词，知道以日本今日之强，完全可以独立于东方，不必借重于大清，说明其脑袋尚属清醒；但所谓“唇亡齿寒”云云，则其自视仍然过高，而且对日俄本是一丘之貉，对日本侵略中国之本质，仍缺乏深刻认识，日人岂真“恨俄张威于中国”？不过恨俄人独霸中国之东北，妨害其自身利益而已。日人岂衷心希望中国转弱为强？所谓“汲汲劝中国练兵自强”者，不过欲借此向川省渗透而已。但丁氏能预见到，“二三年内，日俄之战祸万不可免”，亦属难能，说明其作为一省之军事首脑，确非泛泛，其嗅觉之敏锐，颇值得称道。我们知道，四年之后，即光绪二十九年农历腊月二十三日（1904 年 2 月 8 日）日俄之间即正式爆发大战，说明丁氏之说确有预见性。然则面对危局，大清将何以应对，川省将何以自处？据书末所附《上四川总督奎乐帅禀》，丁氏认为，其出路仍在练兵自强，他说：

> 中国诚能以三年之力练兵，日俄战起，吾兵果强，则助日可，助俄亦可，即中立而守局外之约，亦无不可。否则，无论日俄之孰胜孰负，其先必以中国为战场，其后必以中国为鱼肉，此事之所当预虑也。不特此也，日既不能以独立御俄，则未战之先，不能不筹一回旋之地，以为自固之谋，□□□□，殷鉴不远。此事之尤当预虑也。逆料其事，不出三年。所谓可畏者，此也。

此段文字颇为精彩，丁氏能在光绪二十六年（1900）作出此等预测，能有如此眼光，颇叫人佩服。后来事态之发展，我们都已经知道，大清王朝已经彻底腐朽，无药可救，所谓三年内转弱为强不过是一句空话，光绪二十九年农历腊月二十三日（1904 年 2 月 8 日）日俄战争爆发，清朝政府被迫宣布中立，中国东北成为日俄双方陆上交锋之战场，使当地人民蒙受极大灾难。一年半后，俄国战败，日本取代俄国宰割中国东北。战争爆发后，日本强迫朝鲜大韩帝国政府先后与之签订《日韩议定书》《日韩新协约》，将朝鲜拉进日本阵营，此即丁氏所说“回旋之地”也，一切皆如丁氏所言。

丁鸿臣东瀛阅操日记□

光绪二十五年（1899）

八月二十七日　自上海前往日本

八月二十九日　抵达日本长崎

九月初八日　　抵达日本东京

十一月初九日　离开日本长崎

十一月十一日　抵达上海

□据清光绪庚子（1900）年李宏年校刊之蓉城刻本整理
□伍成泉校点

丁鸿臣东瀛阅操日记

目录

25,7,13

东瀛阅操日记上卷

光绪二十五年春，日本陆军大尉井户川辰三，衔本国政府之命，请派四川文武各一员，并选择学生往游其国，详考学制、兵制，以开风气。五月，由总理衙门咨会到川，经四川总督部堂奎，以日本所设学校、练兵诸法，多仿自泰西，既经其国派员来川，一再陈请，未便却其敦睦之意。惟川省学生骤难其选，于七月内饬派鸿臣，会同沈道翊清，前往游历阅操，并将其兵制、学制详细考究记载回川，以广见闻而备采择。鸿臣遵于七月十三日自嘉定束装东下，随带幕友三人，哨官一人，差弁四名。 访日缘由

十九日，晴。抵渝城，晤井户川大尉，并拜代理领事堺与三吉、警部中村善次郎、游历官成田安辉三人。

二十日，晴。井户川召饮，同席夏菽轩观察及领事诸君。

二十一日，晴。发渝，领事诸人皆送于十五里之大

佛寺。

二十八日，雨。抵宜昌。

二十九日，阴。附昌和轮船，发宜昌。

八月初一日，晴。抵汉口，拜日本代理领事古谷滦一，谭及其国天龙轮船，初五方能抵汉。

初三日，阴。古谷领事召饮。

东肥洋行 初四日，阴。宴古谷领事及东肥洋行橘三郎、井户川诸人于一品香。张虎臣参戎来谭，系上年奉张芗帅派赴日本游历者，谭东事甚悉。

初六日，阴。附日本公司天龙轮船，发汉口，领事及东肥洋行诸人俱送于舟。公司特派一人送赴上海，照料甚至。

初八日，晴。抵上海，悉沈丹曾观察未至。

初九日，晴。拜日本代理总领事松村贞雄。据云：正领事小田切万寿之助，前偕钦派刘、庆二使归国，已数月矣。是日，以抵沪日期电陈王爵堂方伯转禀督院。

初十日，晴。拜上海道曾经郛观察，与井大尉商量一切。夜，松村贞雄召饮。同座陶菊龄观察，系上年奉刘岘帅派往日本阅操者。又晤大尉小山秋作，乃参谋本部派来南京，谒岘帅商榷兵事之员。

十二日，晴。井大尉来，约明日往视日本高雄、龙田二兵舰。

十三日，阴雨。辰刻，井大尉偕南洋公学译书官大尉稻村新六，及正金银行翻译成田练之助来寓，同至法码头。

25,8,13

参观高雄舰龙田舰

兵舰已备小轮来迓，先至高雄，后至龙田。高曳国旗，领队官口作小哨前引，兵士捧枪鹄立，士官佩剑，白服而列。舰长迓于船首，送如之。皆具酒果为礼。复于高雄舰照列队小像，意极殷勤。高雄舰长酒井正利伯爵，船在日本为三等兵轮，明治二十四年造自英国，今为旧式。长旧尺二十二丈，宽三丈，深三丈有奇。配兵二百八十有奇。一小时行十四迈，盖甚迟者。船凡三层，上层安放克虏伯大炮五尊，英造，旧式。フルテンヘハト小炮六尊，为发冷赫鲁朵五字，即克虏伯。曷克勒司炮二尊，以攻鱼雷者，初造自英厂，一分钟能发十八子。日人依样造制，精益求精，一分钟能发三十子。皆安放船之前后左右。中层水雷四尊，船头山内炮二尊，此日本海军官山内某所造，即以其名名之，皆用以攻鱼雷者。远可及四五里，一分钟能发三四十子。夜发，则用电火测准开放。凡置炮十九尊。后有号令台，宽约二席，四面铁壁，壁凿小孔。战时，舰长及士官居其中，以觇敌船进退，而以德律风发号令。兵自外听令，复树木曳字为信号，以备战时两舰通报之用。舰长、士官、兵卒及一切当用军械，皆安置下层。如一二层破裂，则于下层取其储而再战，立法至密。有吸水器，有救火器，有日记室，有晴雨寒暑及游历见闻，四小时一记，而归报于国。有藏图室，藏中国与日本诸内港之图于中，兵以时览之。兵睡，以悬布为床。每兵一食案，案下有楱，纳衣被之物于中。有定式，不整则罚。凡海军兵，必学陆军操，以备陆路应敌之用。纪律之严，与陆军同。

高雄舰

龙田舰长大久保喜造，官海军中佐，船小于高雄而式

龙田舰

新，亦造自英厂。长二十六丈，宽、深率一丈三尺，一小时行二十一迈，以其速，故曰跑船。船多鱼雷，盖鱼雷炮舰也。上下三层，上层安放新制克虏伯炮三尊，造于日本大阪炮厂，一分钟能发十三子，远及二十馀里，用电气发，最为灵捷，盖日人所新造者。快利炮四尊，先造自英人，其火门须一开一合而后出子。日人变其制，拍手则子出，一分钟能发二十馀子，尤为迅速。必知变制，而后可言取法，此日之所以能自强也。鱼雷五，水雷二，皆置中层，逐一演习，无不适用。演时，兵皆奋发，若临大敌。兵器之良，亦教练之效也。其他较高雄尤坚实，铁门多其半，号令台铁壁厚其半，虽巨弹不易裂。日本近造巨舰，有可容万吨者。其船身多购自泰西，而以己意改配，以本国铁价过昂故耳。万国通例，炮台、兵舰皆秘密，外人不得观。今殷勤导引，示其用法，凡以表明两国协和之意也。

必知变制后言取法

高雄常赴汉口，龙田常赴厦门，以练习中国长江内港风涛沙线，且以侦国情、壮声威，用意深矣。

十四日，雨。得沈观察来电，尚未知鸿臣抵沪之日，因复电速之。是日，江苏巡抚鹿滋帅航海到沪，询川事甚详。

十六日，晴。李维之观察约览纺纱织布各局，又至造纸局，皆借汽机之力，至为便利。四川产纸甚富，若能就地立厂，以汽力制造，利必十百沪厂也。午后，新任成都绰军宪抵沪，同寓。因肃谒，承询蜀状甚详。

十七日，晴。至日本领事馆一谭。

参观瀛华洋行

十八日，晴。同井大尉至瀛华洋行，乃日商所开，凡日本近今所造精粗之物胥备，而价值甚昂。近日东西各国

25,8,18

工艺日精，而成本过重，输入中国，不能不昂值以发售，而实不便中国普通之俗。中国诚能以自产之物，兴工艺以讲制造，专精美而别贵贱，则外品之输入者，不禁而自绝矣。然彼亦知此中利弊，而日求廉价之术，中国若不亟图振兴商务，而又假以内地制造之权，殊可深虑也。

十九日，晴。沈观察来电，以许筠帅遣派学生出洋之事遽难成行，因商井大尉，以电复而速之。

二十一日，晴。以沈观察来函，电禀督宪。随与井大尉同至顺泰洋行，主人吉田顺藏业煤，有矿在门司，云已函致厂中，属到门司上陆一视。

二十三日，阴。井大尉召饮东和洋行。

二十四日，晴。送绰军宪于招商码头。

二十五日，晴。井大尉为购定日本邮船株式会社船票。

二十六日，晴。大东公司白岩龙平，同文会井手三郎公，宴于蓬莱春。午后，沈观察随带学生，及福建派往日本阅操之官，皆至。观察以学生上海治装尚需数日，不能同行，因与井大尉约定先行，而待于东京。

二十七日，晴。辰刻，登日本西京丸。巳刻，展轮，领事松村贞雄及稻村、成田、吉田、白岩、井手诸人皆来送，船远而后去。日本邮船会社航于上海者三，神户丸、山城丸及此船也。容四千吨，长三十六丈，亦蒙铁皮。平时通商，战时以助军舰。公司之力不足，国亦助之也。出吴淞口，东南行，时折而东北。夜，风烈。 从沪出发

抵长崎

二十八日，晴。风大小时变。傍晚，瞥见一山，询之，为朝鲜之竹岛。夜，寅刻，抵长崎，待检查，泊口外。

二十九日，晴。质明，检查者来，先诊者检疫，次警察检违例禁物，次海关检行李。然后泊口内，以小轮登陆。长崎四周皆山，停泊之埠只可通商，非险要地也。初入日境，就其风土人情之可见，则无乞丐、无争斗、无吸鸦片者。其民皆有执业，不敢逞忿以干禁，故能健体以勤业。即此数端，可以考其国本之强。至其民之服役甚劳，居处甚卑，则国小而瘠使然也。有诹访公园，盖为国人公游之地，有与民偕乐之意。凡大区，皆有之，园林荟蔚，屋宇修洁。于时小学校生徒方习体操于公园，三十许人，皆持枪列队，作向敌状，进退秩然，一惟教习之令是听。小者十岁，大不过十二三岁，人人皆有杀敌致果之意。日本自维新以来，小学即教以兵操，故国人鲜有昧于兵者，自强之道基诸此矣。华人商长崎者可千人，置领事。自八月以后，日本颁田地杂居之令，中国领事具文而已。闻小田切领事自东京来，止长崎，拜之相左，而见三菱公司松尾长太郎、邮船会社细川原太郎。午后四时，展轮。步兵大佐田村怡喜造，由参谋本部派往西伯利亚游历，顷归长崎，附西京丸还东京，相见谭俄事。其言曰：西伯利亚铁路三年成矣，不及此三年以兴东方之事，路成之日，恐即黄种凋谢之日矣。日本今日非不能自守，然实赖中国为车之辅。夫中国强，非日之利；然中危，则日亦危。日本不

初见日本观感

小学生徒持枪列队

25,8,29

计己之不利，而欲倾国之力以助中国者，实迫于目前之危也。虽然言兴国之道，海陆军、学堂皆不可缓，而中国海口大半已失，学校之效又在十年八年之后，二者暂且可缓。陆军为立国之大本，救急之捷方，不可不倾国之力以练之。中国之兵，身健而耐苦，练之三年，无不可用。兵可用，则国威可张，外侮不亟，内治乃可徐理也。夫中国开化于七千年之前，欧洲开化于二百年之间而已，欲驾中国而前者，欧洲以不进化为耻，中国以进化为足，耻者教之，足者听之。欧人愚而薄，中人颖而笃，然而主奴之义反焉者，则教之、听之使然也。二百年来，欧洲卫生、教育之学日精，人生日繁，而地小，无以容，于是求殖民之地于外。先据美洲，其人不服而自立。又据非洲，其人易服，然地土瘠硗。于是垂涎于东方，而择其易服而壤沃者，莫如中国。此骈趋并骛之所来也。今日世界之两大，英也，俄也。俄专于中，人皆知之。英顷者犹不忘非洲之事，竭其力以营之，不三年则非洲定，定则可专注于中矣。俄之路成，英之力专，其时中国虽欲自强，日人虽欲助中国之强，无可及矣。田村大佐为参谋部干员，又亲游俄而忧中国，故其言恳切若此。 与田村怡喜造晤谈

三十日，晴。卯初，抵马关，与门司对峙，犹武汉也。入口处甚隘，既入口，山势大展，左右环抱，作深规形。五六里一小口，约束而出，乃东京之门户，至险之地也。两山林木稠密，中安无形炮台，凡三十馀处，非外人所能窥测也。当维新之初，日人争欲延西人筑炮台于马 抵马关 无形炮台三十馀处

关，大臣西乡隆盛独抗议，以假手外人，不足守险。于是遣人至泰西学习建筑炮台之法，归而自筑之，三十年来经营未已，诚日本之险隘，制敌之雄关也。停十时，申正，展轮东行，则内港长江矣。吉田顺藏之弟千住喜作约视矿厂，时迫，不果。日本煤山多在九州，马关为九州之域，故产煤亦富。采掘俱用新法，而分三类：一官采，一合资，一独办，皆统于农商务省。合资与独办，皆先相定有矿之地，而请于官，官检查无碍，则许之，税其矿而保护之。每矿，官立一警察署，以护主人之虐待及工人之纵恣，立法颇善。

抵神户

九月初一日，阴雨。卯初，抵神户，检查如长崎而后入口。以小轮登陆，止西村旅馆。神户滨于海，亦通商之地。华人旅者千馀，置领事，贸易大于长崎。

谒楠公墓

初二日，午霁。游诹访公园，登西山以望，尽神户之半。又谒楠公墓。日本南北分立之际，楠公为国尽瘁以殁。明之末季，舜水朱之瑜到日本，题其墓曰“於戏忠臣楠子之墓”，日人至者，皆免冠致敬。

至名古屋

初三日，晴。午正，上火车，经大阪、西京、琵琶湖，戌初至名古屋，止志那忠旅馆。途中风景，颇若蜀中气候，晚稻之未刈者，与枫林相掩映。时行山穴中，长者可一里。大抵铁路工程，以穿山架桥为最费，日本铁路狭于中国四之一，而修造一里之费，几减于中国之半。中国挑土填路，既费工力，又费时日，阔而无益，则不如节费以多造此，亦日本新法之可采也。

25,9,4

初四日，晴。游名古屋市，观其古城最著者，以金为级。日本古亦连城巩固，维新以后悉平毁之。今日民居皆用木栅，不用高墙峻壁，亦不闻民之苦盗，大有比户可封之治。又至第三师团联队屯驻所，当日曜，日曜即西人礼拜日，东瀛呼为日曜。辍操演，兵皆游偃于外。日本营制，非日曜日不得离营一步。营门一卒，负枪庄立，若待敌者，一时一易，更番休息。营四周，杂置松柳、蒺藜之属。兵室皆用西式，广楼精洁，群居无哗。市中有电气车、马车，亦范以铁轨。午正，登火车发轫，经三川：曰天龙，曰大井，曰安倍。大井之桥，可三里，巨工也。酉初，至静冈县，止大东馆。 参观名古屋 静冈观感

初五日，晴。自静冈至沼津，铁路毁于水，修缮需时，鸿臣未到之前五六日，大雷雨以风，海啸于东海道而铁道毁，风暴于北海道而汽车覆，死伤相藉，举国惶骇。日本灾异迭见，凡地震、飓风、火灾、海啸，无岁无之。巳刻，参谋总长大山岩来电致意，又谕旅中启日皇驻跸之室相款。乃五年前，日皇幸广岛驻跸斯馆，其室遂扃，今日合两国之邦交，优大臣之遣使，特启相款。良用不安，坚辞不可，复电申谢。夜，偕井大尉游览市中，商业繁盛之衢，而无往来喧豗之象，足见其整齐而游民少也。

初六日，晴。滞静冈。日本皇太子现出巡东海道，前夜止于静冈。太子年二十二岁，少学军事，至是始积资劳为少佐。日本亲王之官佐尉者甚多，苟不当位，不以天潢越升也。太子之出巡，则为历练内国形势，且将周历海 太子出巡

口，以习海军之事。储为国本，故督之如此其严。

初七日，晴。沼津铁路线断，难以遽通，乃定迂海而行。巳正，火车发轫，行五十里，至江尻，步行八九里，至清水湾，以帆船渡海。适值风暴，洪涛巨浪，簸荡空中，舟小，不能压浪，几濒于危。历五时，行百里，抵沼津，泊港口。登人力车，行十里，至市中，止杉木旅馆。值东京士官学校生徒为野外演习于沼津，同寓其教官松浦大尉来谭。士官学校之例，岁必遣诸生分察内地山川、形势险要，研究攻守之术。止沼津者，凡三十人，皆昕出而夕还。出则负革袋，佩剑，如行军之式，并操纸笔以绘画。一月乃反，教官日日从之跋涉也。

海行至沼津

初八日，雨。巳正，火车发轫，经御殿场小山，穿山穴甚多，为东海道铁道最巨工程。横滨、神奈川县，申初至东京新桥下车。参谋总长遣大佐福岛安正、中佐柴五郎、翻译官木吉保马，外务大臣遣译官小林光太郎，皆迎候车前，致其总长大臣之意；并云，已代订木挽町厚生旅馆，即去年两湖南洋派员寓所，馆中有电话，往来市中传语甚便。东京至明治三年创行德律风，至于今日，凡官署、商店、旅馆、士大夫家，往往而有。又于通衢广立电话分局，以备行路传语之用。无电话所，则用邮便，每纸一分五厘，露书其事，纳于邮筒，邮局按时收取，传递市中，移时辄达。东京之大，拟于北京，有此二者，乃无室远之叹。其馀府县镇市之稍大者，皆有电话，而邮便则达于村落者也。

初达东京

镇市稍大皆有电话

25,9,9

初九日，晴。李牧斋星使盛铎遣翻译冯国勋来候，约以沈观察到日，同谒参谋部。又遣翻译松本菊熊来常川，住于馆中，以备琐屑之用，意甚周挚。

初十日，晴。文部大臣桦山资纪，电话约往晤谭，答以翌日。巳刻，沈观察至，同谒李牧斋星使，留谭最久，饭而后去。此次福建派遣留学生八人，又派阅操官崔牧祥奎，随带哨弁四人。又闻湖北已派钱念劬太守，带来学生七十八人，兼入文武工艺诸学堂，不日可到。夜，发电禀报到东日期。

与福島安正晤谈

十一日，雨。参谋本部大佐福島安正来谭。君尝独骑游西伯利亚，绕地球一周，二年而后反，于欧美大势与俄之相待中国，言之颇详。大意谓，俄之发也，甚急甚烈，日本急望中国练兵救急，通力合作以求抵制之道，勿待路成祸发，不可救药，中国勿以弱而自馁也。三十年前之日本，犹今日之中国；知今日之日本，则知他日之中国，必能奋威于东方也。若其不图，强者可弱，弱者可亡。日本以中国之强为强，故西望扶持之心不能自已。言极恳挚。使署参赞黎觉人来谭。

十二日，阴。与井大尉同往拜参谋本部、外务省。是日有要政，国议大臣皆入朝。仅见参谋部长大佐大生定孝、福島安正、中佐柴五郎，外务省政务局长内田广吉，馀皆投刺而已，归。而前文部大臣榎本武阳电话约谭，井大尉答以翌日。川島浪速来谭。

十三日，晴。宫島大八来谭，以汉文汉语名于日本者也。午，拜参谋次长中将大迫尚敏、大佐大生定孝，大迫中将意尤勤恳。驻日大臣李牧斋星使、湖北委员陈昌基、陆军少佐齐藤为三郎，均来答拜。

游上野公园

午后，末吉君约游上野公园，东京最著公园。周匝数里，林木阴翳，春时樱花盛开，游者尤众。中立博物院，重楼广厦，举古今中外常用之物，与夫羽毛鳞介之标本、生人之骨植，无不具备。其法创于泰西，所以考察风俗文质之变迁，以验天产人工之进退，而激观者之机力，凡以启发民智，不徒供游观已也。是日为吉田松阴死难之日，特遣大臣致祭，邦人趋拜亦多。当幕府擅权、外夷纵恣之际，松阴独与二三同志倡为尊王攘夷之说，而欲私附美舰出洋，幕府侦之，捕置重典。然一时学者感动其事，纷然争学于外。伊藤博文、山县有朋、品川弥次郎，皆维新元勋，而皆松阴之门人也。维新事定，朝廷察其孤忠，追赠褒恤，岁以殁日遣官致祭。

十四日，晴。参谋总长侯爵大山岩、次长中将大迫尚敏、大佐大生定孝、少佐石井中利、外务大臣子爵青木周藏、政务局长内田广吉、外一等官书记官楢原陈政，均来答拜。

按日本学校兵制，均有专书。自海军学校外，约分三大段：曰普通各学校，曰陆军各学校，曰专门大学校。今将规制大要节录于左，以清眉目，馀详后。

普通各学校

为生人之始基，开各学之门径，无地不设，无人不

25,9,14

学，故名普通。内分五小学校。

一寻常小学校

通国约二万数千区，无论官民子女，皆令入学。其功课为本国文字、伦理、地图、算数、历史、植动名物，取其浅近易入手者教之，四年毕业，方入高等小学校。 普通学校五小学校

一高等小学校

即设于寻常学校中。功课如前，稍为加增，如西文、画图、音乐、体操、兵操，各学四年，能毕业者，方入寻常中学校。

一寻常中学校

凡二百馀区，功课如前而较深，加汉文、西文、外国历史、舆地、理数、名物各学，化学、地质、动植各学，均属焉。在学五年，号为小成。自此以往，或进而入专门学校，或擢而入陆军学校。

一寻常师范学校

为通国小学校根本，各小学之师咸取资焉。功课如前而益加精。目下各小学待师甚急，尚拟推广其制。

一高等师范学校

为寻常中学校、寻常师范学校根本，故二校之师咸取资焉。

按普通各学校及专门学校，皆隶于文部省，所用书籍非经该省勘定，师不授而徒不学焉。凡此学之师，非由前师范两学校考取得凭者，不得充选。书同文，行同伦，毋异趣，毋歧途也。即从此入陆军、专门两学，其志趣、学

术无入主出奴之患，是己非人之心，蒙养之法可云善矣。

陆军各学校

取高等小学校、寻常中学校毕业诸生充选。约分四种：曰预备学校，曰补充学校，曰研究学校，曰高资学校。

一成城学校

以寻常中学校毕业之人，即径考士官，骤入陆军，终难适用。乃设此学，为士官储材之地，故名预科。由地方私立，而以武官中之大将或中将主之。功课大率如中学校加严，而体操、兵操特重。在学五年，入高等，又一年，而考入陆军学校。不愿者，听入专门各学。

一地方幼年学校

陆军学校各级军校

亦士官预科，以成城非官立，恐难画一，故官别立此学，以储士官之材。凡六所，功课如前，特详体、兵两操，其兵操作中队操法。在学六年，入中央幼年学校。

一中央幼年学校

亦士官预科，功课如前，而兵操作大队操法。在学二年，毕业后，先入兵营，继乃得入士官学校。以上三学，皆陆军之预备学校。

一士官学校

为武官出身之地。日本武官，凡分三等：曰将官，大将、中将、少将，如中国之提镇。曰佐官，仍分大、中、少，如副参、游。曰尉官。亦分大、中、少尉，如都守。尉官，亦名士官，得

25,9,14

之者如中国之成进士，由中央幼年学校，兼取成城学校，及中学校毕业优等者入焉。自中央幼年入者先，入兵营学习，只需半年，即入此学。自成城入者，入兵营学习须及一年，方得入此学。均名士官候补生。自入小学，以迄中央幼年学校，毕业以后，至此已十三四年，学业根柢已厚，陆军已足备用，惟专心兵学，约及一年半，复入兵营一年，曰现习士官，选其果堪任用者，方补陆军士官实任，故曰补充学校。 士官学校

一户山学校

此为既作士官以后，研究新学之地，故名研究学校，事详于后。

一炮工学校

专为炮、工、马三队士官研求马术之地，而以马医学附之。以上三种，均为陆军研究学校。

一陆军大学校

此学专隶参谋本部，内则如中国之军机处，外则如各行省之营务处。专为储备将帅及参谋之地。每岁于通国军镇中士官，择其尤者五十人入学，教以各国山川扼塞、军势强弱、人情向背，纤巨皆知；与夫自己临敌因应之宜、水陆师旅工程各队策应之法，知己知彼，确有把握。故其学以兵略为主，兼及外交，旁及历史、算术、营垒、粮台诸事。三年考其权略，过人者以备参谋官及将帅之选，是为兵学之大成。此种为陆军中之高资学校。 陆军大学兵略为主

一经理学校

经管钱粮诸事。盖日本陆军省有监督部，而各军镇中

亦有监督部，与参谋部如左右手。参谋专司军机指麾，监督专司粮饷出纳，凡购备转输、工程建造，皆其所司，故名经理学校。考取各军镇中之士官及下士官入学，毕业后，士官高资者，出为陆军省或各军镇之监督长；下士官之卑者，出为监督官，军中百役皆属焉。

一军医学校

各师团联队皆有军医，设病房以养轻病，病院以养重病。通国凡适中之地，皆有陆军大病院，有事则疗军中百疫，并战士之受弹子伤者。故设此学，择取寻常医科学校毕业医生入学。其各军中原设军医，仍必轮流调取来学，俾知新法，实近日行军要事。

一兽医学校

即附于乘马学校中，专考求马病及豢养、刍牧、蹄铁诸事。

陆军学校培植武官

以上陆军各学校，为培植武官之地，除大学校隶于参谋部外，馀皆隶陆军省，别设教育总监部以司其事，凡陆军教育之方，必经该部总监长核定，乃准颁行。是以所教举国画一，无朱丹墨素之别，且教师即资高学粹之武员，入为师，出为长；而同寅之官即其同学之士，一旦临难，生死固结，是于学校之中隐寓维系之意。此外又别设教导团，以培植下士官，其作育人材之法，盖无微不至焉。

专门各学校

凡分六科：曰文，曰法，此两科专讲内治外交之学，

25,9,14

故日本大小文官，多自此二科出身者。曰理科，乃格物之学。曰农，曰工，曰医，惟工科名物最繁，此即所谓专科，而其中尚有专科中之专科，不能相通为用。凡此六科，皆考取寻常中学校已毕业而质敏者入学。其学校凡分两种：曰预备学校，即高等学校也；曰正科学校，即大学校也。此外，尚有大学院，即大学校毕业之人益求精进之地；又有工业学校、技手学校，乃工科中之骈枝也。

一高等学校

乃大学校之预科，盖中学校毕业之人，尚未能服习大学校诸科之业，特设此学为先基，故曰预科，犹陆军学之有地方、中央两幼学也。通国凡六所：一东京，一仙台，一西京，一金泽，一熊本，一山口。功课分三大宗，合文、法两科为一宗，合理、农、工三科为一宗，医科为一宗。在学三年，乃入大学校。不入者，如法科，即出而为判师、律师。工科即出而为官民各厂二等技师，医科即出而自行其道。 大学预科

一大学校

即所设前项之文、法、理、工、农、医六科。文、法两科中，内而为各部院大臣及治民听讼之官，外而为各国公使及参赞、随员，各埠领事，皆出其中。理科之中，出而为官民各厂技师，司大调度。如中国各局之督办，各厂之总监督。农科之中，出而为农商务省及各农务试验所技师，并通国农学教习。医科之中，出而为通国病院医师，及各军镇军医官。凡此六科，皆在学三年，历考而得毕业凭证 大学六科毕业去向

者，如中国吏部执照、兵部札之类。附名为学士，有文学士、法学士、理学士、工学士、农学士、医学士之分。如中国之得馆选，举国荣之。馀详后。

一大学院

无专署，即寓于大学校之中。凡六科中，已得学士，仍得入学三年，俾之优游餍饫、精益求精，其能得毕业凭证者，名曰博士，为其国学校出身之至荣者。

一工业学校

工业学校学制功课

考选中学校毕业者，入学三年。其学浅于大学校之工科，欲其速成以听用。功课分两大宗：曰化学工艺部，曰机械工艺部。而化学部又分三科：曰染织科，曰窑业科，曰应用化学科。机械部分为两科：曰机械科，曰电气工科，大旨为民业工艺而设。三年毕业以后，出而充各厂二等技师。

一技手学校

犹中国所称工头缆头也。乃工科学士博士所私立，取高等小学校毕业之人，专以教成工头，以供其指挥，犹陆军之有教导团，以教下士之官也，亦必入学三年，乃能有成。

附各种学校

一华族学习院

贵族学校

初本为皇族官族子弟而设，分初等、中等、高等学。功课略如小学校、中学校、大学校，只有文、法两科，盖

25,9,14

世官、世禄，以备子弟异日居官之用，然习于骄贵，多不向学。故亦令民族子弟附学，以愧励之。

一高等商业学校

储以备银行各大商会，并游历外国，体察商业之用。于中学校毕业诸生考选质地优者入，凡一年预科，二年正科。

一高等师范音乐学校

专储各学校男女音乐教习之材。

一盲哑学校

专以教民间瞽哑子女，使能自存活。盲生功课为识字、如电报码面窿起，以手代目认。算术、医术、音乐、按摩、体操诸学。哑生功课为识字、令对镜学口之张弛形。学书、作文、算术、笔谈、图画、雕刻、指物、裁缝诸学。以五年毕业。 盲生功课 哑生功课

一女子高等学校

日本仿泰西法，无论子女，年六岁者皆入小学校。其女子于小学四年毕业后，即专入此学校。其功课为本国文、汉文、西文、历史、算学、地理、格物、家事、女红、习字、体操、音乐、图画诸学。以六年毕业，得保入高等师范学校。 女子高等学校功课

一女子高等师范学校

功课大率如前，特所诣益精，而外加教育子女法一项。凡四年毕业，得为女子高等学校之师焉。

一华族女学校

为日本皇后所设。后以时临幸，董之者为退老大臣。

现以讲一视同仁之谊，故民间女子亦得入焉。其功课分初等、高等，略如小学校、女子高等学校。

一邮便电信学校

学分三科：曰技术，曰行政，曰通信。生徒一百八十馀人，以二年毕业，分任各局邮电之事。

一外国语言学校

外语学校

中历丁酉年立，专习中国、朝鲜、英、俄、德、法、西班牙、意大利八国语言，三年毕业。现拟推广，举五洲语言皆令肄习，亦要务也。

一附属中学校

以备师范诸生考验学业成否之所。

一单级小学校

为穷乡僻壤而设，凡乡居子弟，贫不能入城学习各业者，专派教习，设此学以教之。

一庆应义塾

庆应义塾私学之最

富绅私立。维新以后，国家需材孔亟，一时出面应选者皆出其中。现有学徒千馀，小学、大学皆具，为私学之最大者。此外，公私学校尚多，难以枚举，兹就东京所目击者而节录之。中国富绅巨族不少，宜仿此意，聘教习以教西学，成就人才，讵有涯涘。

兵制大略

首近卫师团如中国神机营，拱卫京畿者。

日本兵制

第一师团驻东京，第二师团驻仙台，第三师团驻名古屋，

25,9,14

第四师团驻大阪，第五师团驻广岛，第六师团驻熊本，第七师团驻札幌即北海道，第八师团驻宏前，第九师团驻金泽，第十师团驻姬路，第十一师团驻丸龟，第十二师团驻小仓。

每一师团内有工程队、辎重队、炮兵队、骑兵队、军医队、铁道大队。

其队由渐而积，每六十四人为一小队，三小队为一中队，四中队为一大队，三大队为一联队，两联队为一旅团，两旅团为一师团。

每一师团约一万五六千人，临战时酌增。

是日，往观成城学校。与译官末吉君及井大尉同往，参谋部特遣中佐柴五郎先候于学馆。晤其干事长奥山三郎、日高藤吉郎，略述立学大旨，而后导视各所。盖日本学校分三类：一官立，国帑为之。一公立，地方税为之。一私立，或独立，或合资。皆统于文部省。成城学校，私立者，始明治十八年，今毕业而任士官及工农商之业者，凡千有六百人。先纳私费，已而国家知其善而助之。现在生徒五百六十人，皆取高等小学卒业，或寻常中学未卒业之人，就其志愿，考取入学。而分中学、高等二科。中学五年卒业，则可入士官学校、海军兵学校及他高等工商学校。其功课如中学校，而以预备士官学校之用，故于体操、兵式尤重。其教之宗旨，则以伦理学端其心志，体操学练其胆力，使其忠君爱国之心油然而生。虽当危亡，效死勿去。若是者，为精神教育为第一义，而以和文、日本国文字，以和文呼之。汉文、西文、地理、

成城学校

日本学校分三类

成城学校课程

历史、凡文章、地理、历史皆先本国而后外国，不使学人数典而忘祖，舍己而耘人也。算学、博物、兼动物、植物、生理、卫生而言。化学、习字、图画诸学，以启发其智慧，扩张其能力，于生人当知之学无所缺憾。若是者，为知识教育为第二义。生徒学普通，教习则各授其专门。故凡教习三十馀人，讲堂三十馀所。七日一休息，六日之中，分配各学教授之时，一日授业凡七小时，授业一小时，息十分以舒教者、学者之气。授时，衣冠必整，坐作有式，寝兴有时，寝有室，室有定位，列书置物有式，师问对有式，毋谗言，毋惰容，毋嬉笑，违者有罚。人置一册于前，别为副本，录师所授之业，肄习之久，不悟则请益。师又以虚理事实，或图画之属反复开导之，如化学，则实验轻气，植物，则执花木之枝叶，以剖析其形质构成之理；算则演数，地则悬图，文章则骈列其虚实之字。凡讲学，皆悬及丈之版，以粉笔画之，以诏学者。且诏且问，师弟精神无不贯注。惟讲堂仅以听讲，别有自习室，退而自习所讲之业。凡以上各事，均设有专员检察之，师弟兢兢，毋敢或慢。有体操场，有普通体操场，如超距、秋千、纵竹竿、跃木马之类，所以柔软身体之用。兵式体操场，分个人教练、中队教练。士官督之，皆负革持枪作向敌状。号令起止有节，其幼者尤矫捷。有击剑场，盖开国以来相传之术，两人以革蒙首，持竹剑相击，若真刺者，无所逊让，凡以练胆气也。别有器具库，凡动植物、矿质、全体化学应用之品料，与其机器皆具。学生每日纳受业费二圆，寄宿、寄食则有加。学业之勤惰，教习日验之；德行之进退，检查员日验之，校长

教育制度

详介成城学校规制

25,9,15

又察其勤而进者奖之，惰而退者诫之，至于再三不悛，则屏出学。凡学生之一举一动，固无时不注于教者之心目中也。是学，高丽留学者五十人，中国留者四十一人，岁纳费三百圆，皆自湖北、浙江、南北洋派遣者。于此学普通学八阅月，东文、东语大半已通，体操亦熟，学校特委一人监督之。奥山君者，专司教中国之人，于饮食起居，则委曲以安其心；而于学业，则毫无假借。又酌中国之情形，特求教以速成之法，至可感也。

陆军地方幼年学校中央幼年学校

十五日，晴。拜陆军中将寺田正毅，未晤，即东京教育总长。往观陆军地方幼年学校、中央幼年学校，二者皆陆军士官之先基。先是，明治八年官立中央幼年学校于东京，选高等小学卒业之人入学教之，为士官预科。已而以小学之级不能遽入中央，且仅一学，亦不能尽一国材智之士，故于明治三十年分立地方幼年学校六区，东京、熊本、大阪、仙台、广岛、名古屋。凡高等小学中，选其毕业而质敏者五十人，凡六处，共三百人。先入地方幼年学校三年，而后入中央幼年学校，人数如前。在学二年，然后得入士官学校。此官立者，故规模大，而法令严，凡学生之坐作起居，皆有程式。盖成城学校卒业之人，犹可入文法、工商诸学，此二学校则专备陆军士官之用，故皆以兵法部勒之。中央学生有骑马学。其教之宗旨，则在涵养精神，以为作育人材之地，凡耳目所接，无非忠义之事，诱掖奖劝以固其志操。如文章，则读古忠义传，及画古忠臣烈士像，并书日皇诰敕于寝食之所，使之触目惊心，而后教以普通之学，以开其知识。数者无缺，庶几备一将校之选。开知识者，文职教习任之，而别设士官监督，以任涵养约束之事。校长必以武官，凡以从其类也。地方校长少佐关谷铭二郎，中央校长中佐伊崎良熙，皆久其任者，皆自校官累层而升。每岁七月卒业，日皇亲临考试，重其选也。官立者，学生半不纳费。凡死难子弟入学，皆不纳费。地方学校岁费三万馀圆，中央学校岁费十六万圆，学级有深浅，教员薪俸有加减，屋舍器械有加费。

参观户山学校

十六日，雨。往视户山学校。依次序而论，今日当视士官学校，以其生徒野外演习未反，故越次以观户山。户山立于明治六年，其创始宗旨，盖因维新之初，宿将固执，不喜新法，故立此学，调和新旧，专择将校中壮而稍颖者教之新法，以化其固执，学成而使之将。古所谓强将无弱兵，自然之理也。日本近时兵制之良，实根柢于户山。然现在时局，诸雄并立，日益求精，变本加厉，故又广派武员，随公使驻札各国，专察目前兵制，有所改作，立图其新式新法，以报于陆军省。省以令于教育总监，文学堂统于文部省，陆军学堂统于教育总监。盖教育事重，不可不设专官，以督责之。监以令于户山。乃令全国师团，更番分派武官来学，就其新法而研究之，其果善者，则酌本邦之兵制而变通之，不拘泥不全法也。或半年，或一年学成，归营以教其部曲。故万国之新法虽日变而月异，国家无不知之，亦无不变而通之，师其利而祛其弊，故能造其极，而不受其侮。此今日日本陆军，所以能抗泰西陆军之原委也。现在

万国新法无不知之变而通之

25,9,16

融会万国之心，故法制稍别于初时，所谓调停新旧之意，早已涣然冰释矣。其派来者，自师团、旅团、联队之佐尉，以至下士，更番入学，无定额，事多则遣派来学者亦多。见在百六十八员。学分四科：一战术，研究各国用兵之法，准本邦之现制，而定其至善者用之。是科读书之外，兼习兵棋，以其为将，故所读皆精深之理。一体操，体操为将卒一日不可缺之学，且各国多有新式，故专科习之。一剑术，既尚火器，而剑术之要，则在子尽弹绝、短兵相接之时，故日本剑术与泰西剑术皆习之，战时乃知所备也。一枪术。列万国新枪，以考其造之之法，而后择一用之。最利者，一国皆用之。盖枪不一律，弹子尽时，彼此不能相通，其弊甚大。此学科之意，则在研究造枪之法，于演放犹次也。四科皆兼习之，俱有长、有佐。校长步兵大佐依田广太郎，科长中少佐。又附立一教导团，由各师团选兵之良者入团，以习新法，一年而反其部。即就四科中之卒业者充当教习，以试验其学于教导团。团凡一大队，七百五十人。学与团费，岁共十万圆。盖将校兵丁皆由各师团调来，均有底饷，官不再给，故费少而功巨。现在湖北护军营派差弁四人，入户山学校专习体操已半年，将卒业，学颇可观，惟年老者较艰苦耳。随阅军乐学校，亦自各师团派兵来学者，凡四十八人，教官军乐长一人，举万国之军乐而谱之，以习其进退号令。兵制改良，斯亦不可略也。

湖北派员专习体操

鸿臣案：游历观法，期限迫促，既不能详察细微，则贵通其立法之大旨。然事变未已，故其立法之意，亦岁异而月新。即如今日户山学校，若犹执当日调停新旧以求之，鲜不与国情相背者，此游历之员未可执一以求，而各省游历之使，亦岁不可缺也。

参观军医学校

十七日，晴。往视军医学校。盖取高等学堂、帝国大学校医科中之卒业，有志于军医者考取之，教以临阵施治，与平时有缓急之别。以四月卒业，高等学堂七月卒业，分隶各队，以疗治军中疫疠，及军士之受弹伤者。现在生徒五十许人，岁费六万圆。各军军医亦必轮调来学，俾知新法。有图室、备内外科之书，及各国医学报。外科解剖生理讲室、列诸受弹之骨，以求弹子出入之法。卫生学业室、行军卫生，如筑营之地，必验其水草、土地之性。携粮审查处、列诸食品，分化美恶，去恶存美，以备军用。验虫室、病皆由于虫，甚微，测以千倍显微镜，得其形，就其所以食人者，养之玻璃管。管如人生之温度，俟其长大，用种豆法种于鼠，待其病，以知其状；待其死，剖解之，以知其受病之故，而得其术。有黑死病、肺病、痧病诸虫，甚多。标本室。储古来战死之骨，以考古人受伤之异同，而知火气之力。又备人之脏腑，以酒养之不朽，而备学生考验，医院皆有。其他可资考验之具甚繁，要以关于军事者为尤备。火器日精，伤亡日酷，行军者未可置为缓图也。目前地球，德医至精，次则推日本耳。

两日所至学校，阅视既毕，其校长出册一本，请署衔名，以存记念。必亲书之，不能倩人捉刀也。书毕，各以其学校章程相惠。

晤品川弥次郎

拜枢密顾问，官子爵品川弥次郎，吉田松阴之弟子也，维新之初，尝披甲以从勤王之师，今年六十矣。述维新之状曰：中国易于日本，万万不可自弃也。虽然日本以地小而易举，中国地大，自北京变之，十八省承之，亦非易易；如不能尽举，倘得一二贤督抚，经营一二省，以倡

25,9,18

风气，时会既迫，人心所趋，固无虑其不举也。且日本维新，当时亦自萨摩、长门一二藩主先之。言至亲切。

十八日，晴。是日为日本体育会竞漕开始之日，先日柬约往观，在东京东南隅墨田川地方。其初立会之旨，盖以日本滨海，而学校仅操习步兵，是专力于陆，而忽于水，将何以为国？且欧美诸国，各以兵舰竞于太平洋，而东方诸国不与焉。有日高藤吉郎者，奋然兴起，纠合同志，创为斯会，集学校之人，修驶驾之术，务求国人皆习于海。会既立，日皇嘉之，助以二万金，通国官商士绅又从而乐输之，资用既充，遂为海军自强之本。今日为创始日，闲院宫亲王为会长，偕其妃俱临。先行开始式，王读文，诸生鞠躬而听，退而驾六舢板，纵横为阵于川，子爵小笠原长生驾小轮指挥号令之。是为漕艇运动，乃以三舢板竞驶，艇用六人，以赤白青别而蒙首，先至者举青旗庆之，王召至前劳之。相竞之时，若决死命，一尺寸不相让，与中国竞渡之意相似。既蒇事，王邀鸿臣与沈观察列坐饮酒照像，极优款之谊。日舰少于英，而英舰力分于所属，日则专集于太平洋，今又倾国之力以求其学，抵俄制英之外，岂无所欲哉！

日本体育会竞漕开始之日

漕艇运动

闲院宫亲王见官陆军骑兵中佐，日本亲王中之最优于胆略者。又晤海军中佐子爵小笠原长生、海军大佐玉利亲贤、寺垣猪三、陆军监督平泽道次、大尉大森狷之介，体育会总日高藤吉郎、丸田近方。

十九日，晴。往视骑兵实施学校。火车行四十分，至

参观骑兵实施学校

涩谷，又徒行五里，始至其地。骑兵学校之旨，同于户山，亦自师团派人来学乘马、养马、调马之术，及战时骑兵种种分合、进退之法，而取各国骑兵新法研究之。四月归教其部，自中央学校即学骑马，此则专门求其精者，故四月可以卒业。则一国骑兵皆新法，而无不一律者也。见在学生八十四人，养马三百馀，岁费十万元。凡马之刍秣、马厩为广厦，一马一厩，列马之齿与名与产之地、御者之名。蹄铁、造蹄铁及装配法。疾病养马之事，皆学生理之。乘马之术，教官先自操习，一礼拜中，教官三日自习。而后学生授业。操习之法，先于练厅分三区，一、架木以阻马，而自后鞭之，使其奔驰狂跃，骑者挥两手，直以一身与之腾掷，以试身力。一、策马环驰，骑者舍辔夹之而超，以试跨力。一、则于马上反正左右上下超距，以极驾驭之变。既而策马驰于淖潦阪涧，以调马与骑者，而备非常。此外，兼习发电之学，战时骑任前锋，主破坏敌境之电，故必先知其法。

又附属兽医学校，以习马之解剖，及保护疗治之术。凡与骑兵相关系者，无或阙焉。而其要则在教习之躬践，故收效甚速。

参观日本近卫步兵第三联队

二十日，晴。赴近卫步兵第三联队，队长为吉田大佐。日本十二师团分镇全国，别立近卫师团，保卫王畿；一师团六联队，各分两屯。凡合三大队为一联队，四中队合一大队，三小队合一中队。兵之额，平时与战时异。此一小队则合旗号手，凡五十四人，或八十人，则一联队凡二千三百馀人。联队之长大佐，大队之长中佐，中队之长大尉，小队之长少尉。一联队屯所，广三四里。兵所居皆

25,9,20

西式楼，四层一大队，别一楼，楼如千室。队长、队副与军曹之室，皆近兵室。兵室或十人、十六人。榻一字列衾被、折叠物品，位置有定式，寝兴有定时，违则罚。队长之室亦然。将不自范，不可率兵。每室图古忠烈事，并书日皇诰敕于壁，使毋须臾忘忠君爱国之忱。军士见所属长官及所属之士官，必为礼，虽大将，必答礼。上无骄傲之态，下无纵恣之形，于相敬相亲之中，隐寓相维相系之意。又有庖厨、铳工、靴工、缝工各场，皆以兵更番为之，以时习之，凡以备临事之用，缓急有所恃，不挟工以自累也。有粮秣、炊具、被服、兵器各库，亦备军中临事之用。储时必足，有需立发，毋敢或阙。法至良，意至美也。是日先作个人操，五人分演，一兵督之，人少而后可以察其细微之当否也。又以一兵作负剑状，二兵治之，须臾如法包裹，一如战时。继为中队操，作横阵、竖阵、侧面阵、对骑阵，皆本德制而变通之，特其精神奋厉，不仅以步伐见长也。横列时，望兵之手足及枪首剑锋，若绳墨焉者。又为击枪，先二人交击，后十人互刺。弹尽以枪刺，生死之交，势尤猛烈，观者不知其为演也。吉田大佐欲试将校之号令，与兵卒之精神，于是传非常齐集令，每联队有号令手四十八人，专司号令，兵寝兴进退皆有令，令所至，毫不敢违。兵之嬉于外者，闻令奔赴，三分时至十二分时，二大队皆戒严。出阵演大队操。大队长骑而号令，始为横竖阵，继则进步，连环呐喊冲锋，终而敛队就舍。大中队长各至联队长之前，以剑当额为礼，若请诫饬者，联队长慰而遣之。此名非常令，岁恒数举，以警兵之懈弛

日本近卫军军纪等

操练情形

也。一联队有将官会集所，下士会集所。皆具酒食，为将官宴乐谈议之所。又有酒保队，凡军兵日用饮食所需，以公费购储队内，贱其值以售之。兵平时不准出营，以此恤而便之。日本之兵，皆征于学校，与仓卒召募者迥异。以民间子弟，岁二十者听征，就其身体、学技所宜，分配步骑、炮工、辎重各队，大抵皆系小学毕业，粗解普通之人，方能充选。所谓征者，盖征于普通各学校之生徒也。入队之后，该管将领学业既深，以身作则，躬亲教督，年复一年，益加精进，无扞格不入之患，有父兄师保之情。一旦有事，腹心干城，缓急足恃，自然之理也。是法也，虽穰苴、孙膑复生，亦毋以越而过之。矧现在泰西各国大致相同，德制尤精，日其次也，可不惧哉！

参观近卫骑兵大队

又至近卫骑兵大队。队长骑兵大佐涩谷在明。日本将校皆兼通步骑、炮工、辎重、五兵之学，至于统兵，则各用其专门。骑兵士官，终身不能将步兵也。凡师团，皆立一骑兵大队，平时兵四百，马四百，战有改。一马之费，月十圆。居室一如步兵之制。其操演，亦区分乘马、养马、调马三法，如骑兵学校，凡学校内刍牧、蹄铁等事，佣人为之，而学生亦兼习之。至兵队内马，则皆归兵自管。凡骑兵，身材皆选短小精悍者，取其矫健便捷，弹又不易中也。

日本兵饷，每月一圆五角，然衣服饮食皆由公家预备，名虽薄，而实不薄矣。而其能固结军心之法，则由兵征于学校，服习有素，人皆以当兵三年，为尽其国民之

征兵之法

职。当维新之初，征兵令下，人心惶惶，皆以免役为幸。

25,9,21

自普通各学校立，而通国私立小学校至二万数千区，从幼至壮，皆习于兵，迨于近岁，小学生徒率以不得入选为耻，而其志，故不在饷糈之厚薄也。孔子曰：道之以政，齐之以刑，民免而无耻；道之以德，齐之以礼，有耻且格。由是观之，聘教习，设小学，岂可以为不关兵事，而置为缓图哉！

二十一日，晴。火车行五十分，至中野铁道大队。明治三十年，甫创者以战时不知建筑铁道、通用电信之术，则运输消息不灵，故预立此队，以资学习。大队凡区为三，以二队学筑道驾车之术，以一队习立竿发电之术，皆于平常用法外，别求其简捷者，而以兵法部勒之。立电竿法，以兵三十人，列队受号令讫，乃分荷竿线、锸畚、梯驾而趋，十丈植一竿，五人司之，随植随前，一小时成日本一里，当中国七里而弱。成则立发一电话、一有字报、一无字报，皆兵习之。筑铁道法，亦用兵三十人。地必先平，筑时惟覆土、运木、安条、置轨，诸事既毕，乃移而前，一小时可成五百米突，一米突，日本三尺三寸，凡一百六十五丈，不足中国一里。皆倍速于平常。现兵甚少，均自各团队征集，更番学习，归教其部，盖欲使通国之兵，无不知临事时建筑铁道电信之学者。 参观中野铁道大队

二十二日，晴。往观近卫工兵大队。火车行三十分，至赤羽，又里馀至驻营处。队长工兵大佐为佐川耕作。兵制：每一师团，皆特立一工兵大队，凡四百馀人。岁费六万圆，野外演习费二千圆。师行所至，工队随之，凡战时筑垒、 参观近卫工兵大队

架桥、修路、地道之事，皆工兵任之。而练之于平日，以求其简捷。有器具库，凡测量、修路、架桥、地道、营垒、铁道、电信兼通其粗浅者，不如铁道大队之精熟也。之器，木料、斧斤，大小胥备，有警立发。是兵在队三年，第一年讲习于营，二三年实演于野。昨自野外演习初归，劳乏已甚，仅演无线电机。乃用两镜筒，距一里外取阳光，相对而按字，于中光之所射，相望而知，较胜于有线者，线可为敌断故也。然此亦不便于山隔雾障，且远不及五十里，似亦有弊。并兼习步操、缝靴之术。有事，则以马载工具，尾步兵而行。故此队之下士官，亦骑兵之不兼工者，东西各国皆然。

铁道大队演习打靶

是日，铁道大队演放洋枪，打靶于工兵场。取其原野空旷，免致枪子伤人。靶式如人身，竖于场中二里之外，计以中里。靶旁掘深濠，以二兵守之，弹子中靶，濠内兵出红旗展扬，军曹立注于名册下，否则已。大队长及下士官皆肃立、阅看。放时，五人为列，鱼贯以进。演毕，军曹验其馀药，队长监其正否。枪身光洁，体正志力，不以演试为嬉也。鸿臣随带哨官袁锦鳌侍侧，不虞其队长军曹以为远客，再三以枪让之。名虽示敬，实则欲试中国武弁有无技艺也。锦鳌惧不中靶，贻外邦笑柄，辞不演。鸿臣谕以既承诸君相让，何妨一试。锦鳌遂接，放五枪，幸中三靶。队长等皆喝采，称其久未演习，生地生枪，竟能中的，不可及也。鸿臣代为敬谢不敏焉。

游上野公园动物院。凡羽毛鳞介之族、内外国之产，

25,9,23

无不毕具，一鹦鹉，至五十馀种。以见证闻，亦启发民智之一端也。

近卫野战炮兵联队

二十三日，晴。往视近卫野战炮兵联队。凡师团皆有之。队长隈元政次，炮兵大佐也。凡区分三大队，兵九百馀人。岁费二十四万有奇。第一、二大队为野战炮兵，用于平旷之地。其操法，一中队载六炮，一炮一车，七马、一卒、二军曹、二下士官，皆骑六炮为列，先横阵，后竖阵，遇敌则解车横列。二卒管马一，持车一，测准一，曳大绳二。送弹军曹，奔走以听队长之令。其演时，甚奋厉。第三大队为过山炮兵，用于山间狭隘之地。其操法，一中队六炮，一炮一车，四马、七卒、二军曹、一下士官。先横阵，后竖阵。遇敌则横列。放已，则折车载之马而趋，遇敌复合而放。合之时，马轮车辐皆有定所，折合至速，不过五分时。盖由各学校征兵时，即择汉仗魁梧者充炮兵。小演于营，大演于野。或一月而反，野外演岁费八千圆。岁一大操，养马三百馀。蹄铁兽医之所，靴缝炮工之场，以及临战药弹，无不储备充足。士官七十，其四十派赴陆军大学校及户山学校、炮兵工厂，以求新法。现用二炮，皆大阪炮厂造，皆独发现。在该厂新造，连发大炮明年可成，则独发皆废。西洋各国炮皆连发，火器日烈，兵祸日酷，自制抵制之道，可不讲哉！日本军制，岁十月军医监检查军士之身体，师团长检查军士之行为。今日为军医检查之期，监长亲至，逐一查验，既毕而返。昨日为师团长检查之期，查毕，受令于联队长，以兵之何者当革，何者未尽善，转令于大队长。大队长乃于今日集大队兵，立而诏之，若师弟之相告诫者，相亲以情，相服以学。凡兵之行止，无日不往来于将校之心目中，此所以兵无败检，而能收其指臂之

军医检查

助也。

拜参谋总长大山元帅，言中日协力之事。谓唐以来，日本饮食、衣服、起居、学问之事，皆中国贶之。今日之愿助力者，不惟辅车唇齿之义，亦以报往日之赐。意至谦笃。又拜伊濑知少将、外务青木大臣，约明日过谭，复以翌日趋拜。

二十四日，阴。火车行一时又半，至横须贺，日本三镇府，此其第一也。置海军中将，为都督，凡出师及海军区之警备、军港要港之防御、十五兵舰之进止，皆统之。三镇皆同，而横须贺为日本最能避风泊船之海口，比于旅顺，实东京之咽喉也，故特立造船厂于此。经始三十年以前，至今凡造成大小兵船三百馀号，规制日备，可自造容积万吨者。厂用工人三千，有船坞三，机器、铸铁、炼铁、打铁厂大小各二，碓铁、平铁、锅炉厂各一。别有木场、存料库、制图场、抚形场、诊疾所，大抵如福建船厂。而此厂纵横十三四里，经费充足，故规模特大也。其自机关监至技手，皆有定员，而监督则必海军深通造船之官充之，故海军人员可以就监督自练其学，以备异日充选监督地步。其馀章程严密，大致与四川机器局相仿。不过监督能通制造，既可由熟生巧，而工人技艺之精粗、用力之勤惰，与夫器具既成之良窳，不敢妄相蒙蔽而已。时方造容积万一千三百吨之千早炮艇，已二年，再半年可以竣工。

参观横须贺造船厂

其都督，中将男爵湘浦纪道，张宴奏乐，优款甚至。

25,9,24

宴已，又以小轮相迓，请观所部富士、浅间二舰。富士为二等铁甲船，去年始自英国阿木士郎厂驶回，容万二千吨，长四百英尺，马力二万匹，入水二十六尺，速率一小时十八海里，甲厚十四寸，兵六百七十。附鱼雷二，小轮二，舢板十二，大炮四，口径十二寸，弹及七十里，配放前后，围以铁台，人力、汽力、电力俱可使之旋转如意。中炮十，小快炮十八，凡炮三十六尊。船五层。船头安鱼雷二尊；三层，左右各安鱼雷二尊。船外可张鱼雷网，其他制之严备。火药如龙田，而十四倍之亚细亚，铁甲船之第一也。浅间乃一等巡洋舰，明治二十九年，与富士舰同造于英阿木士郎厂。长三百五十英尺，容九千五百吨，马力一万二千，入水二十六尺四寸，一小时行二十一海里，甲厚九寸。配兵六百，大小炮四十，鱼雷二，小艇二，舢板四，馀与富士舰同。日本于德军〔陆军〕，已可自信其扩张之日进；至于海军，则犹兢兢焉，惟恐其不及。既有富士兵舰，顷又在于德厂定造容万五千吨炮舰一具，彼有集太平洋之全力，而犹扩张海军，汲汲如此，吾华岂可处故安常而不思所以自立哉！

参观富士、浅间二舰

日倾全力扩张海军

二十五日，雷雨。与沈观察会发，阅视各处学校军制禀。

二十六日，晴。往视炮兵工厂。大阪厂造炮，此则造剑枪之厂也。经始于三十年以前，岁有推广。现在役工六千，岁费至八百万圆，日成三十年式新枪四百。日本现用枪三种：一村田，连发；一明治十八年式；一三十年式，连发五子，至速，

炮兵工厂

至稳。明年以后，一律用此。厂周八里，二日乃可周，三小时仅视其炼铁、熔铁、铁板、铁皮、铳身、铳头、锻工、剑工、制管、机关、火器、改木、填药、药荚、配合、纸函、系用女工。发电、拂拭、检查、射的诸场，三分之一而已。大致若江南制造局，而其要在监督皆士官之出于学校者，与前船厂监督同一意义。此则监督一二年，可以领兵于外，仍选熟习炮工之士官任厥事。现在总长为陆军少将，亦深知制造之员，此似中国所宜采法者。又于厂立生徒授业场，自各联队派来兵五百人，研究枪之利钝与修造之术，数月毕业，归教其部，一队之兵皆能自修其枪，立法至善。中国勇营修整洋枪，动辄需匠，此节尤当效法。大抵日本讲求火器之要有三：一以知制造者监工厂，一则将卒必知修整枪炮，一则通国所用之枪，必皆一律，所配药弹亦无歧异，俾免临事仓皇，皆成弃物。三者缺一，谓之无枪无厂可也。

参观卫戍医院

午后，往视卫戍病院。凡师团所在，必立病院。将卒病，军医治之，大病送于院。军医者，野战病院；卫戍，则预备病院也。病院岁治疗费三万余圆。病分内、外二科，军医十四人，调护病人起居者三十七人，治病者百三十四人。病院列室十三，番番列榻二十许，就病之相类者同居。枕被日用饮食之需，皆院中备，靡不精洁。日立表，记病人之数及病之种类，每日之诊状，药剂愈否，纤悉无遗。当战，则病院助军；平时，则军医助院。二者相通，卫戍之意甚备。

25,9,26 同文会

同文会召饮红叶馆，会长近卫公爵游南京未返，代理会长子爵长冈护美，致其殷勤，演述同文会连合清韩、共兴东亚之意。鸿臣亦举督宪派员游历，期在采取日本陆军文学及他良法善政，将以整顿中国之意答之。已而同文会员田锅、中岛二君及井大尉相继演说。同席者，李星使，罗、冯两翻译，崔直牧及日本知名之士三十许人，歌舞间作，尽欢而散。

拜桦山文部大臣，言中国振兴之道，惟在练陆军以救急，兴学校以立本。语意诚挚。

二十七日，晴。赴练兵场。三日后为天长节，日皇将出阅兵。今日先演观兵式于此，近卫第一两师团兵之在东京者皆至。先齐队，作环列式，以大将代阅兵官。军乐队奏迎驾乐，阅兵官乘马，周绕兵前一轮，过时本队奏乐。阅已，阅兵官南面立场之中，各大队以次绕场而趋，横列于中，作分列式。军乐队北向奏乐。诸大队，先教导团，一大队。次近卫师团步兵，四联队一大队为一列，分八排。次第一师团步兵，亦四联队，馀者屯戍于外。次工兵，两师团，各一大队。次铁道大队，次近卫炮兵，大队三，皆曳炮而行。次近卫骑兵，一联队。次第一骑兵炮兵，各二联队。次辎重兵，两师团，各一大队。以次趋过。前队官举剑当额，兵举枪脱剑为礼。次第趋过，复横列作送驾乐。于是诸队长下马，集阅兵官之前，请其不及而笔记之。是日演其式，兵之过位，北面肃然，如亲上者。参谋部、宫内省各遣官来视，日皇亦遣闲院宫亲王来，甚重之也。

阅兵演习

参观红十字会病院

午后，视察赤十字社病院。十字社始于瑞士国，战时社之人从军，白冠，赤十字为记，见伤则救，不问敌国，敌亦不敢加弹于救护之人。盖于极不仁之中，行至仁之事。有万国赤十字会，立约于会，则得擅社中权利。日本立约始明治十九年，于东京立本部病院，而分设支部于府县，凡四十馀所。本部岁治疗费八万圆，皆国帑及社员志士醵金为之。战时从军，平时为人诊治，而分三等取费，苦者不取。病院可容七百人，现居病者二百馀人。调护病者皆女人，凡二百五十，选妇之强壮方正者，先为生徒三年，然后任调护之事，月给七圆，以女德静细，宜于侍疾也。他制如卫戍病院，规抚三倍过之，顷犹将扩张其经费、房舍，保全性命于枪林弹雨之中，有国者不可不急讲也。

是夜，大山参谋总长召饮于偕行社，同席为李星使、崔直牧。席间，大山总长述其倾仰乐帅及王爵帅之意，甚挚。

二十八日，阴雨。商之井大尉，憩息一日。午后，雨稍止，乃与沈观察偕至李星使署，坐谭良久。并晤黎觉人参赞、罗保生翻译，谘询东事甚悉。此行，井大尉介绍之辛苦，参谋部接待之优异，皆倾慕乐帅之心，推爱及乌，并望与四川同心合力，以图自强，意可感也。

望与四川同心合力

二十九日，晴。拜近卫师团长中将男爵长谷川好道。

十月初一日，晴。东历十一月初三日也，为日皇万寿天长节，阅兵之日。鸿臣等质明先诣练兵场肃列将官幕

25,10,1

下。巳初，驾至，前驱近卫宪兵十二骑，各持菊花小旗，前八后四。亲王宫省侍从，车七乘。日皇居中央，朱轮双马，侍从大臣陪驾，至场憩于御幕。始易坐骑，环场以观兵。日皇着戎服，佩剑，略如大将。天皇兼大元帅号，示重武也。亲王、大臣、陆军武官、各国阅操之官乘马随后。观兵已，止于幕。须臾，日皇乘马，立场之中央。兵以次趋前，一切如前日。每联队大旗过，日皇举手齐额礼之。联队大旗，日皇亲授，为一联队之耳目。秉旗者虽弹过，不敢避，甚危且重，故礼之，以固兵气者。马上一时许，坐观。兵过，演毕，驾还，各官皆退。是夜，外务省柬约，赴天长宴于帝国客馆，本馆外国官及知名之士皆与会。延宾者，外务青木大臣周藏，偕其夫人与夫人之妹娣，候客于门。西人至者，皆与妇偕，露其胸肘，长裾曳地。坐须臾，男女相持跳舞，节之以军乐。闲院宫亲王妃亦效西装，为跳舞。舞已，筵开，客自奉盘盂取酒食。是日，会者千人，中国三十许人。

观天长节阅兵式

初二日，晴。天长节三日内，辍一切事。农商务大臣曾祢荒助、秘书官美浓部俊吉、近卫师团炮兵大佐牟田敬九郎来拜。

初三日，晴。视农商务省商品陈列馆。其陈列分二端：一列本国精品，标作者之名、地物之植，任人纵览。有好者，馆人为之介绍，以畅内国之销路。一列外国品，考各邦之嗜好，而求制造相当之法，以争外国之利权。二者皆所以励工、保工也。其国之品分农、林、水、矿、工

参观农商务省商品陈列馆

日人常刺中国必需之物常用之品

五产，而工产之磁、丝、漆尤多。外国品则中国为重。盖日人工艺虽精，而原料工价皆贵。加之西国入口之税重，输出者苟价与西国相若，则万不能夺其利。中国工艺既逊，入口税又轻，率嗜贱物，不择良窳。故日人常刺中国必需之物、常用嗜好之品，以筹工省价廉之法。现在倾国所究工商，纯注意中国。迨其商务日盛，则中国输出之利益广。彼国所需之物，仅米、糖、漆三项。日本漆工精而漆不足，皆取之中国。而中国之漆，皆萃于重庆，商人贩至上海，往往搀以伪油，日人苦之，恒扼其值。若于四川重庆立公司以揽漆，昂其价值，而禁作伪，亦可擅利。如能于米、糖、漆三项中，保护而策励之，以畅销路，未始不可稍相抵制也。

初四日，晴。往谢青木外务大臣天长节之宴。晚间，与沈观察同邀桥本斋太郎大尉及井户川、小林诸君，宴于偕乐园。桥本斋大尉现应福建教习之招，明日行矣。

25,10,5

东瀛阅操日记下卷

初五日，晴。往观女子师范学校，并其附属之幼稚园、女子寻常小学校、高等小学校、高等女学校。以前所观陆军各学校兵队，皆参谋部翻译木吉君同往；今日以后，则外务翻译小林光太郎同往。 十月初五参观学校

日本学校次序，凡民间子女，三岁即送入幼稚园学习，不送者，罚及家长。学至六岁，方入寻常小学校，四年毕业，又预科二年，男女自此分途。女则专入女子高等小学校，四年又入补习科，二年然后入高等师范学校，四年毕业，则出而任高等女学校、寻常女子师范学校之教习。公私所立，但有女子寻常师范学校。若女子高等师范学校，官立一所而已。选入此学者，皆官助其费。盖以教习无多，培养人材必先自教习始，故官助费以鼓励之。现在岁费八万圆，犹待扩充也。附属小学及幼稚园，以资研究普通教法，使本校毕业生徒试验教育之法，于此方知其 女学次第 幼稚园情况

能胜任教育之事与否。凡师范学校，无不有小学附属之也。凡送子女至幼稚园者，月纳费一元。教导之法，以涂泥、架木方、胜开方诸事，及草木鸟兽之形状、名色，以广其识。而图画古忠臣、孝子、奇男、烈女之事迹，反复演说，以端其趋。别有嬉游歌舞之地，以怡其神而畅其气，不强役以苦难之事，使之遏郁不舒，阻塞生机也。无论子女，一切皆以保姆督之，保姆则以师范生习之。盖纯以可乐之事，使之易从，而仍不越乎规矩、准绳，与古人蒙养之法暗相吻合。法良意美，故日本以学校为立国根本，而幼稚园又学校之根本也。

寻常女子小学校与高等女子小学校

寻常女子小学校者，凡民间女子，年至六岁，不入此学者，亦罚其家长。此学以四年毕业。其功课为修身、读书、习字、本国文、汉文、西文、算术、体操、格物、家事、缝纫、刺绣、音乐、歌舞诸事。其体操亦以兵法习之。此学毕业，即不入女子高等小学校，亦足以主中馈而尽妇道焉。至高等女子小学校，功课大率如前，而加以本国地理、历史、理科、图画之事，以六年毕业。小学校以端其趋向，高等则重在开其智慧、浚其灵敏，故为女学之中权。学业之小成，即此而止，凡女子当学之事，皆备。由此再进，则可以为教育之事矣。

由女子高等学校，入高等女子师范学校者，先入补习科二年，造诣益深，然后保入。以教师之责任甚重，凡子女之成材与否，胥视教师为转移，必其材德学术兼优者，而后可以为人师。故其学有普通科、研究科、撰科。以三

25,10,5

年毕业，至第四年，则于附属小学中，试验其教育之事。其程度分文科、理科、技艺科，而以兼习教育之事为重。师范诸生皆宿于学舍，整肃如男学。别有博物室，以考究动植；图画室，以供博览；习礼室，以修仪文；烹调室，以习中馈。而外加教育子女法一项。四年毕业后，得为女子高等学校之师。此学校惟东京一处有之，举一国之材智女子，皆成于此，故规模甚阔，而法律亦严。盖自寻常女子小学校，循途至此，凡学十七年，而后保选为师，其难也，其慎也。然亦有男员充教习者，则以学劭年高、退老大臣任之，外此不能也。凡女学诸生，每岁必派保姆检验其身体盈虚一次，而比较之，尤寓体育之精意。植母德以训其□，□妇德以赞其夫，女子之系人家国，其重如此。此东西诸邦，教育加详之不可及也。幼稚园生徒二百五十人，寻常小学校生徒五百人，高等诸生三百人，师范诸生三百人。

高等女子师范学校

初六日，晴。陆军大将伯爵野津道贯、中佐西村千里来拜。

是日，往观高等师范学校，与其附属中学校、单级小学校。此学亦惟东京设立一所，实为寻常师范学校及寻常中学校之根本。故此二学校之师咸取资焉。官给之费。四年毕业，日皇亲莅学校，授以毕业证书，而后出为教员，视之至重也。其学至第四年，先试验教育之法于附属学校。功课分文、理二学，于文科，又分教育、国语、汉文、地理、历史、法学、哲学、经济、言语诸学，于理

高等师范学校

学，又分理学、化学、数学、地质学、植物、动物、生理、农业、手工、图画诸学。二科之中，皆有伦理教育，必其坊表可法，学术甚精，而后选为人师。亦有专修科、研究科、撰科。凡学生三百人，专修科亦必及普通学，有不知者，不能俨居师位矣。附属中学校者，以备师范诸生之实验。其学级五年，学科伦理、国文、汉文、英语、凡寻常中学之第三年，则有外国语学。历史、地理、数学、博物、理化学、习字、图画、唱歌、体操。生徒凡三百五十人，月纳金二圆。单级小学者，盖为穷乡僻壤而设，势不能用专门教习分级讲堂之例。故于村壤特立单级小学，以一教习，于一室中，分时以授各种之学。学生大抵贫不纳费。生徒不足七十人者，则独任之；过七十人，则置一副教习。理栉、饮食皆于讲堂，学生任洒扫。教员宿于舍，一切用乡例。贫家子弟不能永学，故单级所教，皆至浅近，惟使其力足谋衣食而已。东京大都而立单级者，以资师范生研究单级之法。其制甚简，校长伊泽修二，尝司教育于台湾，曰中国初立学，利用单级之制也。每金曜日，即西人礼拜日。教员开恳谈会一次，以讨论教授之事。五洲之学，日进不已，改良之意须臾不可忘也。师范生有运动会，其目曰：柔道、击剑、击枪、弓技、器械、体操。又以时习吸水、槽漕、远足之事，责于师者尤备。师范学校之右，有孔子庙，德川光国所立。明末，舜水朱之瑜携大圣及四配之象东渡，因抚而象之。殿门三重，奉祀甚谨。又于师范学校之侧，附属教育博物馆，为教员研究教育用

附属中学校与单级小学

孔子庙

25,10,7

品之地。分小学用品、中学用品二部，其品分学校建筑、学校备品、教员用具、生徒成绩、学校统计规则五端，又分图与具二端，图具又分内国、外国二端。学校日增，用品日众，往时率购自西洋而昂，近者日人自求贱料。造为学科适用之品甚多，至于经营教育用品，则其教育之完备，可以见矣。

初七日，晴。宫内省柬约赴菊花会。日本例以十月，日皇亲临此会，招各国之官与知名之士赴会，尽外交之道也。巳正，至使署，从公使同至赤坂离宫。乃太子肄业所，周十馀里，亭榭林木，雅洁异常，帝后尝避暑其中。种菊万本，有一本而花三四百朵者，亦奇观也。晤伊藤侯，询督宪起居甚挚。又晤桦山文臣大部、大山参谋总长、桂陆军大臣，立谈良久。申初，帝后驾至，列班恭迎。憩须臾，侍从官引见外国诸臣。鸿臣与李星使同觐帝后，皆立。先问公使，中国菊花何如，今年年岁何如。再问鸿臣几时到此，学制何如，何时回国。谨具词以对，使署译官代奏。进退皆鞠躬，于后亦然。公使则握手为礼。觐见已，乐作，具酒食，如天长节之宴。食已，驾还，列班而送。预是会者，内外国二千馀人，中国至者十五人也。 出席菊花会 觐见帝后

初八日，晴。往观印刷局，局长得能通昌。此局为国家印造纸币、邮便、税券之用，又为商人代印钞券之类，而稍昂其值，以其费为局费犹有馀者，岁终以归大藏，至便至利之计也。统于内务省，一国金银券皆出于此。故设 参观印刷局

守警，稽查出入甚严。工者必具誓书，不得为人赝造。印刷分四科：曰雕刻科、雕刻铜模。印刷科、调查科、印刷已，检查光泽否。整理科。检查已，整理其券而分送之。次序相因，一科之中，有先后之别。大抵成一纸券，几费百转，防赝乱真，故不惮烦也。局用男女工约七百馀人。现造日本银行、台湾银行银币及邮便、税券。邮便、税券日成百万纸，然其岁用七亿万，日造百万，犹不暇也。监工之人皆通印刷学，工乃不敢惰窳。附设诊查所，凡工之伤于机器及病者，皆诊之。凡机器处与工多处，皆特立诊所。又附立官报局，凡官之文告、公牍皆印于此。有至速机一具，一小时可得三万纸。公用文多，局既画一，而以代人印刷之费为局用。又有印泥局，以印刷之用泥多，故造之本局，以保其利，日本全国通用。一圆以上皆以币，既以便人，而国储其款于银行，必有一千万之款存储，乃能造一千万之券。孳其息以供它用，实无利于此者。泰西诸国，今皆此例也。现在湖北，于此局定造银圆钱一千，纸币二百万张，工资四万四千元。必有官立银行，而后乃能信用。官发之纸币，又势之相因者也。

监工皆通印刷学

参观东京工业学校

又视东京工业学校。官立者，东京、大阪二处，私立则多，专究工艺之事。泰西各国，近今皆以工业相争竞，故日本亦汲汲广劝，府县多立工学，以国助之。此学岁费八万圆，又此五年别助建筑、购机之费四十万圆，犹且扩之不已。自明治十四年经始，至今学成，而各司公私各机器制造所者，已七百人。学之中，区三科：曰本科，曰教

25,10,8

员养成所，曰附属徒弟学校。本科之科五：曰染织工科、曰窑业科、曰应用化学科、曰机械工科、曰电气工科。五者专科，而别有普通学科，为工之不可少者，则数化、格物、英语、体操、分晰、图画，凡关工业之经济、卫生、簿记、建筑之属者，专科之外，必兼习之。习之之道，先听讲记，讲者之言，退而实验，三年毕业。生徒三百十七人，一人岁纳费百六十五圆。皆寻常中学校毕业之人，无学不可以言工也。教员养成所、养成徒弟学校及工业补习学校教员，其学浅于工业学校，三年毕业。又于中分速成科，以一二年毕业。以待年岁较长之人。养成所之学，分金工、木工、染织、窑业、应用化学、工艺、图案诸科，学者七十七人。速成科之学，分金工、木工、染织、陶漆诸科，学者十九人，亦分讲习、实验二者。徒弟学校，即为养成教员实验教育之地，取毕业寻常小学之人入学，三年毕业，而自食其力。又别立补习科为夜课，以待日间无暇之人，所以教民力工、养生之法至矣。工业学校，亦列外国常用嗜好物品，而以中国物品为多。日之工商，固将尽其全力，以注意于中国也。

无学不可以言工

初九日，晴。往观东京商业学校。商学之立，盖以泰西商战之烈，较兵战尤有把握，故立此学以相抵制。皆于平日讲求内外诸种商业，以储办理商务之才，及各商学校之教员。学者取自寻常小学校、中学校毕业诸生，考选其质敏者，先习预科一年，后习本科二年，得卒业凭者，而后可为农商务省之官，及会社银行执事。其预科功课为：

参观东京商业学校

商业道德、必言忠信、行笃敬，而后众情悦服，犹圣门德行科也。体操、书法、作文、算学、簿记、应用物理、化学、外国语言清、韩、英、法、俄、西、意、德八国之一。诸学。其本科功课为：商业文、商业算术、簿记、机器、工学、商品、商工地理、商工历史、度支学、经济学、统计学、财政学、民法、商法、国际法、商业学、兵操、商业实践诸学。实践为第一要义，盖商业皆证于事，未尝践习则临事或戾。实践之法，分两室：外室列邮便、电信、铁路、邮船、银行、海关、收税、仓库、保险、小卖诸门，内室分各国通商大埠，列银行、支店、保险、买卖诸门，皆列阛阓，并诸应用、簿记、券符之具，若真交易者。内室用外国文，外室用本国文，学者常更番于内外室以习之。其学之次序，先究内国公司、银行、海关、收税、买卖，以求保利，乃究外国银行、轮船、保险、会社买卖以求争利，而后究邮便、电信以通其隔绝，而终究内国销卖外品之法，亦以保商之利，而陈列诸国之商品，以备学生考究各国嗜好之用。又为表，列进出货物之多少，俾晓然于本国之商业消长、运道之纡直、销路之通滞。又习兵操，以保行旅不虞。所以育德储材，而启发其智能者，无微不至矣。日本今日之商，惟注意中国，而其所需于中国者，则仅米、糖、漆三宗。然则中国亦不可不设法教商，以相抵制也。

实践之法分内外室

参观外国语言学校

午后，往观外国语言学校。前年方立，学习中国、朝鲜、英、俄、德、法、西班牙、意大利八国之语。中国、朝鲜、俄罗斯教习，皆聘三国之人。学生三年毕业，有专

25,10,10

修一国者，有兼习三国者。经始未久，规模粗备，将益扩之，举五洲所有之语言，皆令肄习。不通语言文字，不可以行远方，外交方繁，此学不可不务也。

初十日，雨。恭逢皇太后万寿。质明，谨诣使馆，北向朝贺，出使例也。午后，拜外务一等书记官楢原陈政，将从新简公使西德次郎往北京，为参赞也。又谒西乡内务大臣，名从道，为楢原君外舅，维新第一杰人西乡隆盛之弟也。老成硕望，犹可想像。楢原君，沈丹曾观察旧交于福建，出妻子相见，甚欢。夜，招饮于李星使署。次日复招饮，辞之。

维新第一杰

十一日，晴。往观士官学校。生徒操演方归，又当毕业，课无可观者，仅观战术兵棋一端而已。兵棋之法，以诸生分两军，作主客。主军止它室，教习列内国之图教。客军各以己意，思攻击进退之法，然后退而进主军，诸生使思抵御之法。客蓝旗，主红旗。就所思者，分布于图，教习为设问以难之，无异真战者。校长少将高木作藏为言学校大旨，盖为日本武官出身之地。其制分三等：曰将官、曰佐官、曰尉官。三大等中，亦分三等：曰大将、中将、少将、大佐、中佐、少佐、大尉、中尉、少尉。其大将、中将、少将，如中国之提镇；大佐、中佐、少佐，如中国之副、参、游；大尉、中尉、少尉，如中国之都守尉官，又名曰士官，能得士官者，如中国之成进士。等而下之，曰下士官，如中国之千、把外额。旧制，每岁由中央幼年学校毕业选入者，约二百五十人，而士官学校现需岁入六百馀人，于是不得不兼取成城学校及中学校优等之人以充选，特自中央幼年学校入者，其先入兵队

参观士官学校

学习只需半年，即可入士官学校；而自成城学校及中学校入者，其先入兵队学习，必得满一年，而后方入士官学校，以其学有浅深，故补习亦分久暂。其在兵队学习也，统名曰士官。候补生所作，皆兵丁与下士官之事，如行军、领队各项执事，与中国什长队目红蓝大旗相似，为军中杂役所不可少者。自此遂分学步队、马队、炮工队、锱重队，学虽独精一门，然必兼通各术。现在学生六百七十人，分为四中队，每中队一队二班一教习，皆佐尉官任之。学生之寝食举动，皆特立人员检查之，严整过于兵队之制。以战术学、营垒学、军器学、地形学、卫生学、乘马学、体操学及外国语言文字为急。而前此所习舆图、历史、算学、画图、格物、化学诸科，自寻常小学校，以迄中央幼年学校毕业以后，至此已阅十三四年，所学已深，根柢已厚，陆军中已足备用，故概从简略，俾得专心于兵学。在学约及一年半，复入兵队一年，曰现习士官，择其果堪胜士官之任者，乃补入士官。此所谓武官出身之地，故又名补充学校。中国留学生于成城学校一年半，而入联队半年，而入士官学校一年而归。此特欲其速成，未必能得其精义也。

独精一门兼通各术

十二日，晴。以参谋部之意，电禀督宪。未初，发火车，三时半至枥木县，在东京之北，近卫师团一军大演操于此，日皇次日亲阅驻跸，侍从文武、外邦之臣，军医、兽医、赤十字社、报馆之人，皆止于是。参谋部先为预备旅馆，别遣警察防卫于门。夜二鼓，本军司令部以号

观近卫师团操演

25,10,12

令来，别纸译之。今年为一军常年大操，大旨以一师团军分为南北二军，南军冠白缘，北军冠红缘为记。北军作俄兵，北来寇东京；南军为主兵，自东京来御之。南北军皆立本队、枝队。其进兵先后，则先独立骑兵，任谍间，遇敌之谍间则战。次前卫兵，次步兵。本队，次炮兵、工兵，次步兵大队，次行李兵、炊爨之兵。次辎重兵，在最后。操演之时，兵皆裹六七日粮而行。两军之队长，各运其方略，以上于司令部，而号令于其部，秘密不可闻。南军队长少将伊濑知好成，北军队长中将长谷川好道，司令本部则野津大将主之，而与陆军桂大臣皆任审判官者也。 南北二军

十三日，晴。为骑兵交战之日。质明，与井大尉骑马，偕行数十里，至佐野。见南、北两军皆伏于林谷之间，探马四出以搜。伏兵皆怀远镜，执地图以行。南军在西山林中放枪，北军则自东山出大队攻之；南军乃出奇兵抄北军之后，北军四顾，则南之正兵亦至于是。地方土人、报馆记者皆大呼，而马队之胜负决矣。骑兵往来无常，相遇不定，骑而从之，不下百里，其仓皇激烈奔命之状，则不知为演也。申正，明治帝驾临，驰回栃木，则驾初过，勒马立迎，随赴小学校行在请安而反。 骑兵交战

十四日，晴。是日为步兵支队相击之日，质明，骑马行七八里，赴岩舟一带，观两军之进退。巳刻，明治帝自行在乘汽辇，至岩舟易马行里许，至小野寺，关川两地之间，择阜驻跸。鸿臣与外国武官先至，驾临，趋前鞠躬为礼。帝亦答礼，赐问数语。侍从者备御椅一，帝则立而 步兵相击

观，操远镜、地图以证。南北军各据一山，相遇炮击，声动山岳。一时许，而北军稍却，胜负遂决。驾还，先乘马至岩舟山麓，与大臣席地。散膳已，驾汽车反。鸿臣等恭送，亦反。是日观者如堵，一以爱君，重帝驾之临；一以讲武，重兵操之事，皆足见其民气者也。

十五日，晴。是日，两军大队合战之日。辰，骑马行十许里，至壬生渡桥。南军军桥南，北军军桥北，鸿臣止桥北之广原。北军长谷川队长在焉。骑兵谍者踵至，以报南军来攻之状。未几，报者亟，炮声发，疾北行半里，趋近御座，则两军攻击方厉，北军中界以路，右炮左步，先炮后枪。南军忽分其重兵，涉河袭北军左翼。北军觉之，疾移炮队于左，又亟调屯于壬生町之大队至左，以护之。南军涉者方半，北援卒至，发枪如连珠，是为大冲突。又十五分，时北军驰据高阡，南军卑地形绌，而胜败决，止军之号令作矣。当北军觉察南军涉河之时，左翼队长飞骑汗喘，以报于右。右之炮兵方发炮，急卸炮齐队，有不及齐者，卒负之以趋，若救死不及者，不知其为演试也。收兵，讫于广原，张御幕，日皇亲莅，立而集两军之将校，论其是非，奖其已得，策其未尽，而以时局之危、修武之不可缓诏之。约一小时，然后南北军合一行，观兵礼如天长节式，以兵之满三年者，当退为预备也。礼讫，驾反。是日，陪观者英二人，俄、美、德、奥各一，中国则四川派遣之人。福建阅操者，赴东京之东，观第一师团合操，是日未至。统观演操之状，骑兵之相谍、相搜、相避，步

近卫师团南北两军合战演习

25,10,16

兵之未战徐行、当战疾奔，工兵、辎重、军医各队及随带物之繁重，与夫方略之运用，攻击之猛烈，两军之相仇，虽真敌无以过之。盖其平日所以作军气，而备军用者，无不至也。

十六日，晴。驾还东京，诣车栈恭送。午初，亦发。四时至东京，接奉督宪咸电，教习缓聘，当即婉达参谋本部。而数日阅操旅费，鸿臣与沈丹曾观察二人皆参谋部预备，却之不可，至为不安。

十七日，晴。日曜，休息。闻法人广州湾之事，心皇皇。

十八日，晴。往观东京第一高等学校。通国凡六所，一东京，一仙台，一西京，一金泽，一熊本，一山口。初为大学入门，后改高等中学校，再定高等学校，皆为预备大学校之用。其学科如寻常中学校，而加精深。亦分文、法、理、农、工、医六科，于普通之中，寓专门之意。三年毕业，就其所修专门，以入大学校。其不入大学校者，如法科，即出而为判师、律师；工科，即出而为官民各厂二等技师；医科，即出而自作医士。规模大于寻常中学校，学者七百五十人，岁费约十二万元。观学生之兵操，亦立南、北军之战法，诸学兵操以此为最。中国留学士四人于此。午后，往观东京大学校。规模宏敞，室宇庄严。凡分文、法、理、农、工、医六大科学，立总长，职视文部大臣；科立科长，如校长，皆有特别之所。文、法二科无可观览，故先至工科。工科之中，又分建筑、土木、兵

参观东京第一高等学校

参观东京大学校

器、造船、机器、采矿、冶金七小科，科有讲堂、列品室、如建筑，则列各种购造之式、分合之式、器具之式，本国、外国皆备。制图室、先画图，后制器。实验室、图书室。凡学于大学校，三年得卒业凭者，名曰学士，视中国之进士。由学士再入大学院，大学院，无专署，即附于大学校中。又三年得卒业凭者，是名博士，如中国之翰林，为其国学校出身之至荣者。历观各种学校，实与三代时立法，遥遥千古，暗相符合。自秦始皇焚书坑儒以后，中国失其传授遗制，流于海邦，犹有存者。迨至今日，西欧、东亚扩而充之，遂成绝学。所谓礼失而求诸野，不信然欤！

士官学校毕业典礼

十九日，晴。为士官学生卒业之日，向例日皇亲临，授与证书。偶值违和，因派小松宫亲王恭代。井大尉约鸿臣等，先往候王至，先于校中练场，行观兵式，如天长节礼。观兵已，王退至讲堂。合优等生，卒业七百五十人，优等八人，内侯爵一人。令一人讲其所学，王与诸陆军官坐而听之。讲毕，王复出校，行授证礼。王中立，诸陆军官陪立，诸生区分中队而列。校长朝服，捧证书。队长敬趋至前，受证书，退而予诸生。优等生以次进，受褒赏。受证已，王又至骑兵操场，视骑兵学生走阵搴旗诸法。毕，具酒果。饮已，王还。于时诸生之亲属皆至，庆幸作贺，如中国之高掇巍科者。而重以御临，则鼓舞将材之意深矣。小松亲王现任陆军，温恭和蔼，垂询甚殷。

参观理科大学

二十日，晴。往观理科大学，即大学校六科之一，中分九小科，凡天文、地质、算学、格物、化学、动物、植

25,10,20

物、人类、地震之学属之。各科之中，皆有讲室、列品室、实验室，如工科，列品之繁，不能遍纪。地质、动物，列品尤多，凡火山之形质、地质之结构、介族化羽毛、羽毛化人之理，皆有证明之物。地震一学，惟日本所独有，以其国常患地震，故汲汲讲求其学，造表以测其动之轻重，又讲求构造屋舍之法，以为防御。此则专门名家，而日人之精其业者，亦寥寥也。

午后，观医科大学，大抵如前所观军医学校暨卫戍病院之制。而此多一人身全体标本室，上下二楼，胥立死者之骨，或半身，或一首，一腰脊，一手足，一肺肝，皆解剖之，复以酒浸之，资考验者也。又有解剖室，横列新死之人十数躯，覆以白布，鲜血淋漓，目不忍睹，又一室，陈二尸，二医者方解剖，一割腿，一割胫，从容不迫，若无事者然。附属医院，规模如赤十字病社，而解剖之室尤精。四壁皆饰玻璃，光明无纤垢。凡疾当解剖，医者先浴，去其不洁，然后著白衣，闭门而治疾。病者亲属、医院之人，皆不得入。解剖危事，故慎重如此。日本医学校、医院甚夥，解剖一科则大学所独有。其人皆死者之家，自愿送其尸于大学解剖者。晤大学总长菊池大麓，款接甚殷。 参观医科大学

二十一日，晴。青木外务大臣约至其邸。谈四时。其言曰：中国受西人侵割屡矣，十九起于仇教。万教皆有是非，耶稣、天主岂宜仇者，若教民挟教自恣，治教民而已。地方有司若露轩轾民教之意，则民愈激，而事愈多 晤青木外务大臣

矣。若夫开风气之事，则闻不如见，下不如上，宜由京邸派遣亲王大臣，出游各国，归而以所见闻行之于政，其力大，政乃易举也。兴学、练兵皆当务之急，而兴学之效缓，不如以全力倾注于兵。比者俄以旅顺、大连开为欧罗巴通商马头，而亚细亚不与，此东方之大耻，不可不力争。若中国不强，日本不能独竞。故凡中国有需于日本者，无不竭诚尽力以图之也。又述钦慕督宪之意，且云：将派明白之员，常驻四川，以备谘询。晚，与沈观察会禀视学大概及内渡日期。

参观邮便电信学校

二十二日，晴。往观邮便电信学校。专究邮便电信之学，学生百八十馀人，学限二年，卒业分任各邮便、电信局之事。其学分三科：曰技术，曰行政，曰通信。技术以穷理，行政以办事，通信以实用，而有电信实践室，如电局之制，楼上下互相通电，学生以时实验于此，凡电话，有字电、无字电、海电，皆具。别有标品室，储各种电机，以资研究。邮便则多行政之法，无可实视者。二者皆朝野一日不能或缺之物，然不教育其才，则事立而法弊，终无以善其后也。

参观华族学习院

午后，往观华族学习院。初为教育皇族华族之子弟而立，后又兼许士民之子弟入学，惟华族不纳费而已。院中，自小学、中学、高等学、大学诸级皆备。华族子弟不得不入学，有愿入它学者，必先请于内务大臣许可，而后自便。华族为国之腹心，民之耳目，转移风气必自上始，故督责亦甚严。视其小学、中学二科，一如民间学之程

25,10,22

度。小学习字，中亲王一人，每放学，皆负革囊以行。中学则体操、兵操、骑马甚重，使之习劳，而袪其华贵骄佚之习。张芗帅文孙、刚孙在此中学校，于时亦负皮囊、习兵操初级也。大学则重外交之事，以华族为国表望多，以之出使，则不可不究其学。学生大小七百馀人，岁费十馀万。规模宏大，前年惜毁于火。别有华族女学，校制亦如此。午后，李星使召饮于使馆。

二十三日，晴。往观警察监狱学校。九月始立，为培植警察、监狱人员之地。学生分二种：一自警察、监狱署，择其吏员之良而遣之来者，半年毕业；一则中学校卒业，志愿二事而检查中格者，一年毕业。二种凡二百六十人。其学之程度，警察课警察法，监狱课监狱法，而宪法、民法、刑法、诉讼法、卫生学、实务演习、体操、兵操，则二者之所兼课。在学者官与之费，月十元，岁费约四万元。遣来者，本管署资之。其第一种生徒，皆常为官者，亦循循听讲，如子弟然。警察、监狱，系于民命至重，故教之勤也。 参观警察监狱学校

午后，赴天狗烟草厂。东京第一烟厂，岁交易五百万，役工五万。主人岩谷君，尝为武官，以兵故烬其家，乃业烟草，致巨富。日本初亦购烟草于外国，近且输出外国，富贵何常之有？亦在人之自力而已。是夜，富士制纸会社社长村田一郎召，视精养轩，以汽力制纸，佣工千二百人，纸厂之大者，其意将通商于四川，故致其款曲之谊。 参观烟草厂、造纸厂

二十四日，阴。日曜，即礼拜日。休息。是日为日本商业会开始之日，自农商务大臣、东京知府、其它巨商大贾，皆至。来柬约观，鸿臣以治装辞，而使幕友代往。闻会者千人，会馆宏大，规制如议院，便于群商会议，以企商业之进步，用心甚至。晚，赴黎仲茀参赞之约，饮于使署。

参观盲哑学校

二十五日，晴。往观盲哑学校。通国皆有之，此则岸田吟香八君子所立，岁以七万金生息所入，与国助二千金，养盲六十、哑二百有八。教盲之术，为左行不平以纸凿孔之字，使之摩其不平，而知其字；摩其断续，而知其义。教之学科：历史、地图、亦不平之图，甚精。算术、弹琴、唱歌、按摩之学，皆教之。教哑之术，以口之开合作四十九式，如日本字母之数，哑者视教者口之开合，而知其字，视其断续而知其义，以明镜使其自验其用口之理。教之学：雕刻、杂嵌、图画、裁缝，皆教之。哑之学，三年。盲五年。盲心灵可以及中学之程度，哑及小学则弥满矣。教习甚劬。皆专门习盲哑教术者。其教科之旨，皆以足养其生为主。工品之制造者，又时售之，半给本生，半助学费，可谓仁至义尽。

晤高平小五郎

日晡，赴外务次官高平小五郎之召于红叶馆，同席蜀、闽之官及使馆参赞翻译。高平次官离席，就客位，洗盏奉酒以前，至隆之礼。鸿臣等依式回敬。席散将行，执手言曰：甚愿诸公以日本视察之状，归告长官，速练一省之兵，奏达于朝，行之天下，数年之后，腾美报章，使五

25,10,26

洲之人想望东方，非徒中国之福，抑亦日本之庆。反是，则二三年中，患有不可胜言者。其言盖甚激也。以上盲哑学校各亲王同立。

二十六日，晴。往观农科大学校。农之试验，必广场，故于东京市外辟地为之。其学科为农学、农艺、化学、林学、兽医学。农学科备养虫室、即害木华之虫，而考其性质。养蚕室，如暖室，究养蚕之术。备畜舍，养六畜以考其卵、胎繁杀之术。备农具场。机器、犁获之类，以教学者知其用而已，日本地小，以人力耕可也。农艺化学科，则讲分晰燃烧、淘汰土之原质，以求肥料相当之用。林学科，备内国森林之品五百种，与寒暖带关系森木之图。别辟广圃，树本邦、外邦诸种类之木，以便学者之考证。又有实验圃，则学者手植，以观其长成，而知林之性。而别有樟脑木精制造场，以通于林之用。兽医科，则一切如人。医兽之用，比于人，则保救之法亦备至。林与兽，皆农之所需，故属于农科。学者二百人。日本农学校，以札幌者为最，大于东京大学。其他公私所立，所在而有，生人不可缺之物，故讲求亦不遗馀力。晚，赴福岛大佐之约。言俄图中国之急，非可从容镇静以待也。欲求救急之法，外则遣武弁与文学生游学于日本，内则延日本武官、文学士为教习。而分正、变二法，正法则多立小学、中学，以收循序渐进之效；变法则兼程并进，求至简至捷之法，苟适于用，不必精深。二者并营，则三年可得救急之才，十年可收兼备之士。福岛君虑中国之事至久，故所规画皆合于事势。促膝深谈，交有

参观农科大学校

福岛大佐言中国救急之法

缱绻之意。

二十七日，晴。火车一时半至横滨，游其市廛。中人之商于此者，可四千人。商业大于神户，而规模较小。又拜领事邹小村大令。

桂大臣言中国

二十八日，晴。商议宴客之事。参谋大山总长赠古刀一具，世界大图、支那全图各一分。晚，赴陆军桂大臣之约，饮于其邸，同座湖北学生监督钱念劬太守，及福岛大佐、宫岛大八。桂大臣言其倾慕督宪及岘帅、芗帅甚至，而惜无暇可游中国。而劝鸿臣等回川，速禀督宪，筹练兵之事，勿谓一省之力弱，一唱而百和，则全局转矣。忆日本三十年前之气象，而竟有今日者，亦二三豪杰肯为之倡。以中国地大物博，但能发愤为雄，则自强之效不难立睹也。又云：将送三十年式新枪二具，一上督宪，一赠鸿臣，俟井大尉来蜀，使之携上。意至殷拳。鸿臣亦称督宪规画辛苦之意谢之。

辞行、宴请日本诸大臣

二十九日，晴。赴各大臣邸辞行，晤大山总长、西乡大臣、景明中将，福岛、吉田两大佐，它俱未见。晚，西正，于帝国客寓宴请大山参谋总长、桦山文部大臣、高平外务次官、内田全权公使、三桥外秘书官、杉村通商局长，大生、上原、福岛、田村、吉田五大佐，柴中佐，宇都、宫明石两少佐，井户川大尉，小林译官，及使馆黎参赞、罗翻译。请者三十二人，适小松亲王是日宴客，故来者十八人而已。席用西式，亥正方散，宾主酬酢极欢。此行，日廷及政府邦人士之相待至为款洽，皆中东同心之

25,10,30

切，而又倾慕督宪之久，乃克臻此。

三十日，晴。野津大将、西乡大臣、宫岛大八、西川小佐、李公使、黎参赞均来送。大迫中将送舆图一分，与桦山大臣、长谷川中将、长刚子爵俱遣人来送。整饬行李，摒挡琐务。

冬月初一日，晴。李星使遣罗翻译来，同谒伊藤侯、清浦大臣，皆适赴议院，不得见。福岛大佐及岸田吟香，皆赠图书之类。晚六时，火车发新桥。大迫中将、福岛大佐、外务省、参谋部、公使馆，来送者十馀人，车发始反，耿耿于中。此行，东邦士夫相遇极厚，即参谋部预备一切费用，每看学校兵队，皆由参谋部代具酒食，坚辞数次，不允。亦且千元，不知何以报贶也。夜，火车发。井大尉与中岛裁之必欲伴送至神户，辞之，不可。（送别）

初二日，晴。巳初，抵西京，止旅馆。登东山，以览西京，景物华美，十得七八。西京为日本旧都，虽不及东京之大，而风景冠于一国。至东本愿寺，晤其方丈伯爵大谷和尚。西京有东、西本愿寺，二为日本第一大庙，皆雄于资，初合为一，德川氏虑其势大而分之，各于庙立小学、中学、大学，以教诸僧。僧亦可以服官，而于中国上海、广东、福建、杭州，分遣僧众，建学于彼。其庙之制如国制，僧皆有室，茹荤酒。其先，大谷亲鸾所立净土真宗之派，方丈皆世袭。顷将广立学于中国，故颇优礼中官，具赠本寺图谱及诗集，其意良厚。（至西京参观东本愿寺）

初三日，晴。子爵品川弥次郎，约视所创川岛织造会（参观川岛织造会社）

社，专仿各国新奇嗜好之物织之，输出外国，数得各国博览会之褒赏。别有组织陈列场，列古今内外组织之式，凡五万种，有埃及二千年之古锦，织造之观止矣。又至它绣店，一观西京绣磁，皆著名于日本者。日人言，东京之人务官，西京之人务文学、工艺，大阪、横滨通商之口务商，而一国皆知务于兵，其然哉！又至西本愿寺，如东本愿寺，其方丈游欧美未还。中有中国学生二人，乃大谷方丈去年游湖北，阅自强学堂，选其东文之善者二人，留学本寺，为备一切之用，明年将送之入东京官立学堂，相待甚渥。二生亦颇负气概也。寺僧送图谱诗集，乃西寺之掌故也。

西本愿寺

初四日，晴。九时发，本愿寺僧及学生二人送于车前。十时又半，抵大阪，止旅馆。往视炮兵工厂。东京造枪，此造炮。明治三年创始，费一千万元，工匠三千馀人，岁费四百五十万元。炮架八厂，炮身三厂，子弹四厂，锅炉熔化三厂。厂宽十三万坪，岁成二十八吨，海岸大炮六尊，攻城炮三十尊，野战、过山炮各七八十尊，小炮百馀尊。海岸炮向购自泰西，一尊辄三万元，现能自造，仅一万八千元。资于人者，不良于用，且以多费也。总长它出，代理总长大田少将言：日本今日之枪炮，可无求于外人。监督工者，皆通制炮之人也。又至大阪古城，为丰臣秀吉所筑，已四百年，为日本第一坚城。现在第四师团分屯于此。晤其副长大迫中佐，指示去年大阪合操之地，某军驻某处，以远镜窥之，大概可见。中人商于大阪

参观大阪炮兵工厂

大阪古城

25,11,5

者二三百人，生业所资，渐见繁富。

初五日，晴。往观造币局。一切如武昌之制，特其一国金银铜钱皆出于此，故规模较大，而办事章程较严。用工二百四五十人，日出二十钱金币二十万元，十钱金币十万元；五十钱银币四万元，二十钱银币三万元，十钱银币二万元；五钱铜币七千五百元，一钱铜币一千二百元。用工少，而出货多，是其立法之善。又通国皆用一律货币，无畸轻畸重之币。而限制外国货币甚严，即所以保本国之利权也。炮工、造币，皆秘密之地，先由参谋部、外务省电语照会，导鸿臣等往观，意至周密。当即申电致谢。第四师团长男爵小川次郎，与其副长遣人来送。大阪为日本内地商业最盛之区，比于汉口，而整齐过之。 参观造币局

初六日，晴。九时发大阪，一小时抵神户，憩西村旅店。井大尉置酒为别，情真意挚，桃花潭水不及其深，此行照料鸿臣等之周备，辛苦匪言可罄，惟有一言心感而已。是时，神户疫盛，医者检查甚严。午后，登西京丸，井大尉与中岛君复送于船而别。 抵神户

初七日，晴。神户造船公司松方查次郎来拜，系大藏大臣松方氏之公子也。合资数百万，以制造大小轮船、各种机器，用工二千馀人。云中国如有购船及器械之事，皆可代办。云日本造船厂，以大阪公司为最大，其馀神户、长崎、横滨皆有之。海港便于停泊，故并立船厂也。巳正，展轮，小风。寅刻，至马关。 晤松方查次郎

初八日，晴。医生、警察、海关来船检查，停泊。至

申正，展轮。寅刻，抵长崎。日本警察，全国岁费二百馀万元，皆以地方税为之。每二百户立一巡查所，每所三人一巡、一守、一立门外，昼夜循环为之。衣服有定式，别有机密，巡查则如常人之服，以刺探非常之事。其费分三等，自十五元、十二元至九元。巡查之上立警部，警部之上立警视，县立警察署，而统于东京之警视厅。分行政、司法二端，行政以保卫国民，凡有害于国民者，皆禁之；犹有犯者，则司法以治之。充其权，可以约束皇族；严其限，则无故不得入人家。常有东京之警察，昼夜操笔游行市中，一车马酒食细微之事皆记之，外国之歧于道者，则指而引导之，内足以崇夜不闭户之化，外足以致宾至如归之乐，皆警察之功。海、陆两军以御外侮，巡捕、警察以靖内乱，二者固不可偏废也。

日本警察

离长崎返国

初九日，晴。泊长崎，人不适，未上岸。午后，六时，展轮。此次，日本陆军学校之未阅者，惟陆军经理学校及陆军大学校。经理学校教以军队会计支发之事。大学则尉官之愿，深求战术者可以入学，三年卒业，不入大学，不得任参谋部员也。文部学堂之未阅者，则专门学校、伯爵大限重信私立，专教法律、政治之学，三年卒业，可以得大学生之权利。庆应义塾，为福泽谕吉一人私立，盖在维新之前，君感时变，挺然独立学堂，以究维新变政之事。维新以后，一时国家需才，皆出其中。现在学生数千百人，自小学至大学皆具，为私立学堂之最大者。又独开时事新报，亦报馆之第一。福泽君今既七十，犹矍铄也。以及公私特立之中学校、小学校，以时之甚迫也。日本今年，官公、私立学校大小二万八千四百五十三处，教习八万七千四百五十五人，学生四百十六万八

25,11,9

千七百十七人，卒业学生五十七万三千七百九十六人。其通国之男丁女口仅四千万有奇，而在学者已十分之一。故言日本之日富强，皆三十年来学堂扩张之力，所发见而在三十年前，不过二三先觉之人，拮据胼胝，营数小学，以倡天下而已。中国地大于日本二十分之十九，民多于日本十分之九，今日之不竞，不过如三十年前之日本，则奚不可为哉！

日本之富强皆学堂扩张之力

初十日，晴。风浪静息。日本现在陆军，凡十三师团，一师团万二千四百馀人，凡兵十六万有奇，而退备、后备之兵，战时听遣者，尚不在此。海军三镇，大小兵轮四十三艘，兵不及二万，陆军盛矣。海军不及英国六分之一，然其全力可注太平洋。言东方之局，日本兢兢联中国以免其危，此其逊下之词，实则日本今日之强，可以独立于东方。又采其朝野之论，日之恨俄张威于中国，而侮东方，妇人孺子皆思与之一角。二三年内，日俄之战祸万不可免，其所以汲汲劝中国练兵自强者，盖以唇亡齿寒，理所必然，势所必至也。

论日俄必有一战

十一日，晴。正午，抵上海。往返凡七十五日。日本总领事小田切使人来候。

十二日，晴。拜小田切领事，谢其政府优待之笃。渠亦属归蜀代候督宪，致其拳拳。

二十四日，晴。附吉和轮船上驶。

十二月初一日，抵汉口。

抵汉口

初三日，过江谒张芗帅，询东洋事甚悉，亟称其兵

张之洞谈出洋学习

制、学校之善。湖北业已选派学生出洋学习，特以经费不足，不能大有展布，为可惜耳。并劝归陈乐帅，务必选聪强子弟出洋学习，以开四川风气，虽收效稍缓，然蓄艾之谋，不可不急讲也。鸿臣唯唯。坐谈良久，方兴辞。

初五日，附快利轮船，十三日抵宜昌。

十四日，雇小船溯江西上。

十六日，至新滩，遇王爵帅泊舟于此。晋谒之下，备蒙慰劳。比将日本兵制、学校及阅操情形，大略陈明。索日记，对以尚未誊好，容候另寄。

二十四日，舟抵万县，雨雪正大，遂在万县度岁。

返抵成都

光绪二十六年正月初二日，自万县起程晋省，十六日抵成都省城。

附　上四川总督奎乐帅禀

窃鸿臣猥以庸愚，渥承恩遇，委以游历东瀛，考察其学校、军政，纪载回华，以广闻见。受命之后，夙夜警惕，深恐陨越，贻诮邻邦。既至彼都，凡观其政治，接其士夫，恒惴惴焉，沈潜反复，以求略通其循致富强之由，与其交际中国之诚伪。两月以来，阅视海陆两军之操演，暨文学、工商、农医、制造之规制，旁及其公卿、士大夫、工商之议论，其可纪载者，既已逐日择记，恭呈宪览，而综合以观其国之情，又内以度吾华今日之势，实有可亲、可畏、可法而难于尽法者，谨为宪台缕晰陈之。

观其政治接其士夫以求其富强之由

慨自甲午一役之后，情见势绌，□□藐□□□无自主之权。于是以洞辟重扃之计，变而为划分方罫之谋。夫日本诚可谓崛起有为矣，然其地才足当中国十六分之一，其人才足当中国十分之一，地褊而人寡，虽充其崛起之势，而进不能有所兼并者，亦退不足以图自存。中国为其近邻，与彼有唇齿辅车之势，中立则日存，中危则日亦不能独安。甲午之役，日本虽获战胜之名，而使中国材力重困，则其关系于日本者亦巨。故其朝野有识之人太息，而悔甲午之祸者，不惟见于文章、辞色已也。自戊戌以后，分遣其外务参谋诸部之明达者，以来京都及东南各行省，敦信修睦，游说当轴，表其乐助悔祸之诚者，不啻项背之相望。即鸿臣奉命游历彼都，觐见其国皇，以至官绅士商，其所以相待有加礼者，非仅虚文相饰也。诚欲输其悬忱，借箸前筹，意谓□□，苟能力图自强，彼虽胼胝手足，而有所不辞，群□□忌而有所不避。察其意，若惟恐□□信之不深，不能尽副其望者。盖利害存亡之相与共，其势有不能膜视者在也。诚能因其势而利导之，必费约而效博，事半而功倍，较之倚恃不可测之□□，固万万也。曩者英法相亲以拒俄，俄德相亲以制法，德奥相亲以主欧东之政。彼其先，皆仇敌也，一旦释怨修好，全局为之转移。前事之得，后事之师也。所谓可亲者此也。而何以又谓其可畏也？夫彼之所以助我，以□危则彼不能独安，我用其助，而能相与以图安，则彼心既慰，虽竭其忠，尽其欢可也。否则，彼既不能离我以独存，势不能不谋我以自私。□□能力图自强，则划分方罫之祸，可以幸免；若犹未也，则扶桑虬髯，将不免逞渠邱之怠，思染子公之指矣。且甲午之役□□□□□□□□□□□□□□□□□□□□□□虽妇人孺子，一言及□，莫不眦裂发张，若不共戴天者。观其上下卧薪尝胆，二三年后日俄之必以兵戎相见

相待加礼非仅虚文

可亲可畏之所在

者，势也。以言乎师之节制，则俄不如日，以言乎人之众多，则日不如俄；以言敌□，则胜负之数不可常恃，得中国自强之力，以保其辅车之依，则可立于不败之地。故今日日本尤愿助中国以练兵。其言曰：救中国之急者，莫先于兵将，尽三年力以□□之法练□□之兵，至与俄决裂时，欲收中国一臂之助也。然是无损也。中国诚能以三年之力练兵，日俄战起，吾兵果强，则助日可，助俄亦可，即中立而守局外之约，亦无不可。否则，无论日俄之孰胜孰负，其先必以中国为战场，其后必以中国为鱼肉，此事之所当预虑也。不特此也，日既不能以独力御俄，则未战之先，不能不筹一回旋之地，以为自固之谋，□□□□，殷鉴不远。此事之尤当预虑也。逆料其事，不出三年。所谓可畏者，此也。

日人议论中日俄三方之关系

至其政治之能御外侮，而强大不敢犯者，海陆两军也。能靖内乱，而夜不闭户者，巡捕、警察也。能使妇孺无不识字之人，充其智能，而皆知忠君爱国者，公私学校也。能使一国之人必趋于学校者，选举之公也。能使五洲之变迁，日系于国人心目中者，报也。使征调、运输无迁延之患，民物货财无淹滞之苦者，铁路也。使一国消息，若臂指之相使者，邮便、电信、德律风也。使外产不能输入，以夺本国之利者，工商制造也。使内产竞进于精美，而畅

日本富强之各方面

销于外邦者，工商学校，与夫保护激励之条例也。使一国货币，无轻重低昂之患者，行银元也。使货币胥总于官，而民无匮乏重累之虞者，行钞票也。使钞票之足信于民，而畅行无阻者，银行也。其他善政，纲举目张，洪纤悉具，未易枚举。而其循致富强，使民增益其智力，以安其身家，而谨守其教化者，实不越此数大端。中国苟求富强，则不可不法者，此也。然亦有难于尽法者，今试执□□以比例。日本有久暂，有名实，有本末，有大小之别。日本之强，极于今日，而不始于今日。盖积朝野上下三十年苦心经营，而后有此一日也。夫民之服教从化，必有循序渐进之功，而不可以骤□□。方当草创之际，万难一规纯备之法，此久暂也。且其得力之处，则在乎立贤无方，不以资格限人，即如维新功臣、文武大僚，如小松宫亲王、伊藤侯博文、青木大臣周藏者，皆当日与□□，一同出洋肄业之生徒也。日本生徒卒业回国，能执其斧柯，而变其国俗。□□生徒归来，多仅给文武职衔，发往□军效力，湮没无闻，彼此互勘，则名实之异也。夫法必有本末相系者，不揣其本而齐其末，鲜有不偾事者。日本之兵强，操练之善也。其所以强，则在乎立志以帅气。其所以有此志气者，则由征兵于学校，无老羸愚猾之辈，有同仇敌忾之忱，皆以当兵三年，为应有报国之事。中国苟仍旧法，无论练之不善，即令善矣，及至临事，断不能与之抗衡。则学校当先于操练也。然言之甚易，行之实难。以今日中国之兵，而皆欲尽出于学校，此不啻缘木以求鱼也。

不可不法又难于尽法之缘由

又如日本之富，以行钞票为货币之本也。其钞票行，而民信不疑者，则在国立银行，以储一国货币。有若干之货币，而后造印若干之钞票，无空言，无虚券也。民知货币无歉于钞票，由是不胫而自走矣。公家乃得以所储货币为之母，而息其子，故能上下交利，而无弊实。中国徒知钞票之难行，而不知银行之足以取信于民也。此本末也。夫日本之所自歉者，地褊而人寡也。惟其褊且寡，则号令易周，指挥易集，縻费甚廉，期限甚短，而成功甚大。中国广众既殊，则凡日本行之而利便者，行于中国，则皆若凿枘之不相入，此大小之别。所谓难于尽法者也。虽然中国处今日之势，而必事事求乎安全而后行之，则终无可行之日。而今日之中国，又非复前数年之中国，犹可纡徐以待祸机之缓也。比观五洲之势，其能有维持□□之意者，□□□也。□守局外之例□，则彼急而我犹缓，其能戢诸不逞之心，而不敢为戎首者，□也，乃者□又有事于中国，其力不能东顾，故览□□之报章，参以士大夫之言论，与夫□□相制之形势，惧不数年中国将有防不胜防者。而巴蜀则居中国之上游，古所谓天府之国，四塞之地也。虽为群强之所环伺，而实足以自树立者也。夫日本既有可亲、可畏、可法而难于尽法者在，则当此力有未逮之际，因其可亲，而杜其可畏，以法其可法者，则联络日本亦实巴蜀目前最要之策也。夫关系大局之事，非鸿臣所敢言也。即关系四川一省之事，其宜兴宜革者，在

必事事求安全而行则终无可行之日

杜其可畏法其可法目前要策

宪台自有权衡，亦非鸿臣所敢参末议也。惟以仰荷知遇之深，而又略知内外情形，不敢自安缄默，谨就愚见所及，缕晰陈之，临禀不胜杞忧待命之至！伏维宪台幸垂察焉。提督丁鸿臣谨上禀。

附　覆日本驻华参赞楢原陈政书

楢原副使尊兄足下：于役扶桑，获亲丰采，快聆伟论，胜读名书。重以缱绻之情，稠叠之谊，桃花潭水，莫喻其深。赋别以来，耿耿在抱，天涯地角，我劳如何。当轺车之发轫也，蒙适有枥木之游，握手临歧，阙焉增愧。正月旋蜀，乃辱台电，远颁殷殷，垂注关怀，苔契情见乎词，感篆之私，心藏心写。鸿臣谬以诠材，猥承川督奎公之命，泛舟瀛澥，观政贵邦，自帝后以逮亲王，政府三事大夫，罔不青睐有加，优礼相待，自维下走，何以克当！又以谫陋，迫于期会，于贵邦学校、军制精意微眇，鲜有领会。第就入疆之所闻见，翻译之所指陈，以暨贤士大夫之崇论宏议，盘桓两月，粗得通其大要，未尝不叹贵邦郅治之隆，规画之善，盖卓然有三代遗意焉。所尤难及者，君臣同德，上下一心，苞桑臻磐石之安，萌隶尽忠爱之实，兴也勃焉，固其宜也。而况孳孳矻矻，日进无疆，譬

先叙情谊

再叙游日所见所慨

再告返川之后川督部署情形

如为山，既已登峰造极矣，而覆篑者犹视为平地焉，是岂可以疆索限哉！吁，可畏也！已旋蜀之日，详达节楼，乐帅雅歆隆盛之轨，又感款接之诚，慨然奋兴，务欲联合两国欢好，呼将伯于东瀛，立磁基于西蜀，分命统将，更营改制，旌旗壁垒，焕然一新。仍令鸿臣督率所部，屯军汉嘉，革去旧染，一准新法教练。尚拟遴选聪强子弟，仿闽鄂章程，资遣出洋，附入学校，为蓄艾计焉。今岁之冬，为贵邦特别大操，鸿臣已陈明乐帅，届时当拣派哨官之明练者数人，前往阅操，扩其眼界，而启其心机，归以任教练之事。鸿臣不揣绵薄，亦拟私订贵邦士官教习一员匡我不逮，行否未定，俟井户川大尉来川，当与一为商决。此鸿臣近状，及乐帅新令，堪以藉告于左右者。沈丹曾观察由沪返闽，尚无来川确耗，知廑附陈。方今西风猛鸷，尘土污人，执事抱负雄伟，藐焉寡俦，凡所以赞襄贵星使，筹画保全亚东和局者，必当犁然有以慰苍生之望也。仰止高山，曷胜景企，风便尚希，时锡指南，俾资开益，毋以子阳井蛙见待也，幸甚！

东瀛阅操日记跋

日本，一岛国耳，仿泰西法以致富强，蒸蒸云上，与欧西各大国相颉颃，非必风俗政教特异也。观其学校之设，以知兵为本。盖环顾欧洲，皆以兵立国，舍此则无以为自强之基耳。故其国民自十岁以上，即讲体操，习兵事。无论智者、愚者、强者、弱者，以及妇女、废疾、盲哑而无告者，一律俾之娴正业，熟手技，自食其力。一旦有事，可以执干戈，卫社稷，不须召募练习，而后成军。此无他，所学适所用，异乎中国之所学非所用，而遂得使国如身，营卫舒畅，无痿痹不仁之患也。然而日本之强为日甚浅，三十年前，弱甚中国。乃者经之营之，敝己之法，修人之法，不数年而暴兴。夫以日本之褊小孱羸，且能振奋若是，而我中国于制枪炮、造轮舟、通电音、修铁路，创办亦历有年矣，卒未获一收其效，其故何欤？岂真地广人稠，声教未易讫，风气未易开耶？抑徒知守法，不

学校之设知兵为本

不知用民祸烈至此

知变法，徒知愚民，不知用民之祸烈至此，诚可叹也！虽然中国凡二十一行省，人民四百兆，其材力聪明，心思血气，非日本所可同日语，假令教之有术，学之有基，一隅倡之，天下和之，将有不终安于孱剪者，矧四川为天下奥区，幅员未必狭于日，人民未必少于日，山林原隰之物产未必逊于日，果能祛我固陋，撷彼精华，不仅于整军经武，力求变通，凡有关于学业，克增我智能者，严立法程，广开私塾，为培养人材根本，使人怀自强之心，具自强之力，并于铜山铁矿之可为火器，锑砂之可为炸药，燕粪之可制牙硝者，求其术以宏其用，行之以渐，持之以恒，则我西蜀之自强，将为天下倡矣。虽有智慧，不如乘势，虽有磁基，不如待时。此正时势所迫也，安得以系诸寐者，而观成于眉睫耶！鸿臣知识简陋，何敢妄有纪述，第以奉命游历东瀛，凡耳闻目见者，不得不粗汇成编，以尽厥职，期会迫促，于彼之精诣所在，犹未免呈一漏万，阅者谅之。

耳闻目见粗汇成编

光绪二十有六年，岁在庚子，暮春之初，长沙丁鸿臣延氏跋于汉嘉军次。

丁鸿臣东瀛阅操日记

人名索引

七画

十画

十一画

十二画

十三画

十四画

十五画

走向世界丛书一百种

初编三十五种以＊标出

谢清高 **海录**（附三种）
＊ 容　闳 **西学东渐记**
＊ 林　鍼 **西海纪游草**
＊ 罗　森 **日本日记**
＊ 斌　椿 **乘槎笔记**
＊ 张德彝 **航海述奇**
＊ 王　韬 **漫游随录**
＊ 志　刚 **初使泰西记**
＊ 张德彝 **再述奇**（欧美环游记）
＊ 张德彝 **三述奇**（随使法国记）
王　芝 **海客日谈**
＊ 祁兆熙 **游美洲日记**
＊ 李　圭 **环游地球新录**
＊ 郭嵩焘 **伦敦与巴黎日记**
＊ 张德彝 **四述奇**（随使英俄记）
＊ 黎庶昌 **西洋杂志**
＊ 刘锡鸿 **英轺私记**
李凤苞 **使德日记**
钱德培 **欧游随笔**
＊ 何如璋 **使东述略及杂咏**
＊ 张斯桂 **使东诗录**
黄遵宪 **日本国志**
＊ 黄遵宪 **日本杂事诗**〔广注〕
陈兰彬 **使美纪略**
＊ 曾纪泽 **出使英法俄国日记**
＊ 王　韬 **扶桑游记**
＊ 徐建寅 **欧游杂录**
谭乾初 **古巴杂记**
王之春 **谈瀛录**
＊ 李筱圃 **日本纪游**
池仲佑 **西行日记**
蔡　钧 **出洋琐记**
袁祖志 **瀛海采问纪实**
张祖翼 **伦敦竹枝词**
王以宣 **法京纪事诗**
潘飞声 **西海纪行卷**
潘飞声 **柏林竹枝词**
潘飞声 **天外归槎录**
张荫桓 **三洲日记**
邹代钧 **西征纪程**
王咏霓 **道西斋日记**
张元济 **环游谈荟**
余思诒 **楼船日记**
缪祐孙 **俄游汇编**
张德彝 **五述奇**
＊ 傅云龙 **游历日本图经馀纪**
傅云龙 **游历美加等国图经馀纪**
洪　勋 **游历闻见录**
崔国因 **出使美日秘国日记**
＊ 薛福成 **出使英法义比四国日记**
＊ 薛福成 **出使日记续刻**
陈道华 **日京竹枝词**

严　修 **东游日记**
姚鹏图 **扶桑百八吟**
凤　凌 **游馀仅志**
* 黄庆澄 **东游日记**
吴宗濂 **随轺笔记**
宋育仁 **泰西各国采风记**
王之春 **使俄草**
伍廷芳 **美国视察记**
* 蔡尔康等 **李鸿章历聘欧美记**
张德彝 **六述奇**（附 七述奇未成稿）
刘学询 **考察商务日记**
黄　璟 **考察农务日记**
罗振玉 **扶桑两月记**
罗振玉 **扶桑再游记**
丁鸿臣 **东瀛阅操日记**
沈翊清 **东游日记**
* 梁启超 **新大陆游记**
张德彝 **八述奇**
载　振 **英轺日记**
吴汝纶 **东游丛录**
双　寿 **东瀛小识**
缪荃孙 **日游汇编**
周学熙 **东游日记**
* 单士厘 **癸卯旅行记**
凌文渊 **籥盦东游日记**
张　謇 **癸卯东游日记**
蒋　煦 **西游日记**
王景禧 **日游笔记**
陈　琪 **环游日记**
* 康有为 **意大利游记**
康有为 **德意志等国游记**
康有为 **英国游记**
* 康有为 **法兰西游记**
韩国钧 **实业界之九十日**
李濬之 **东隅琐记**
盛宣怀 **愚斋东游日记**
* 戴鸿慈 **出使九国日记**
金　鼎 **随同考察政治笔记**
* 载　泽 **考察政治日记**
程　淯 **丙午日本游记**
康有为 **西班牙等国游记**
杨泰阶 **东游日记**
文　恺 **东游日记**
左湘钟 **东游日记**
吕珮芬 **东瀛参观学校记**
* 林汝耀 **苏格兰游学指南**
* 单士厘 **归潜记**
金绍城 **十八国游记**
附 艾儒略 **职方外纪**
附 南怀仁 **坤舆图说**
附 丁韪良 **西学考略**
附 艾约瑟 **西学启蒙**

图书在版编目(CIP)数据

东瀛阅操日记/丁鸿臣著．—长沙：岳麓书社，2016.12
（走向世界丛书/钟叔河主编）
ISBN 978-7-5538-0584-9

Ⅰ.①东… Ⅱ.①丁… Ⅲ.①军事教育—研究—日本—近代
Ⅳ.①E13

中国版本图书馆 CIP 数据核字(2016)第 078621 号

DONGYING YUECAO RIJI
东瀛阅操日记
作　　者：丁鸿臣
校 点 者：伍成泉
责任编辑：杨云辉
责任校对：舒　舍
封面设计：吴颖辉　贺红梅

岳麓书社出版发行
地址：湖南省长沙市爱民路 47 号
直销电话：0731—88804152　88885616
邮编：410006
岳麓书社网址：www.yueluhistory.com

2016 年 12 月第 1 版第 1 次印刷
开本：890×1240　1/32
印张：4
字数：89 千字
印数：1—3 000
ISBN 978-7-5538-0584-9
定价：25.00 元

承印：长沙超峰印刷有限公司

如有印装质量问题，请与本社印务部联系
电话：0731—88884129